中亚五国史研究

土库曼斯坦卷

蓝琪 著

图书在版编目（CIP）数据

中亚五国史研究. 土库曼斯坦卷 / 蓝琪著. —北京：商务印书馆，2024
ISBN 978-7-100-21144-4

Ⅰ.①中… Ⅱ.①蓝… Ⅲ.①土库曼－历史－研究 Ⅳ.①K360.7

中国版本图书馆CIP数据核字（2022）第077880号

权利保留，侵权必究。

责任编辑：程景楠
版式设计：智善天下
封面设计：武守友

中亚五国史研究
土库曼斯坦卷
蓝琪 著

商 务 印 书 馆 出 版
（北京王府井大街36号 邮政编码 100710）
商 务 印 书 馆 发 行
三河市尚艺印装有限公司印刷
ISBN 978-7-100-21144-4

2024 年 5 月第 1 版　　开本 880×1240 1/32
2024 年 5 月第 1 次印刷　　印张 10 7/8

定价：68.00 元

前　言[*]

近四十年来，笔者一直致力于中亚通史的构建。2012年，在完成了六卷本《中亚史》（始于石器时代，终于苏联解体）的撰写后，笔者的研究目标自然转向了独立以后的中亚五国史的研究。

本书主要论述土库曼斯坦独立后二十七年（1991—2017）的历史。为了让读者有一个全面的了解，本书上编对土库曼斯坦的地理，以及1991年以前的历史文化做了一个概述。与六卷本《中亚史》致力于中亚地区共性的研究不同，笔者在概述中强调的是土库曼斯坦地理、历史和文化的个性：介绍了土库曼斯坦的地势、地貌和交通特征；梳理了土库曼斯坦历史文化发展的基本线索，追溯了印欧种人、突厥人、土库曼人、蒙古人、俄罗斯人在其上的统治；探讨了土库曼族的形成和土库曼斯坦国土的形成过程。

在上编中，本书提出了以下观点。在论述土库曼斯坦悠久的历史文化时，笔者指出：今土库曼斯坦所在地域是原始人类的居住地，也是东西南北的交通要道，在这片地域上发现的最早的文化遗址属于旧石器时代晚期；新石器时代早期的哲通遗址是中亚最具代表性的农耕文化遗址。在论述土库曼族的形成时，笔者指出：远古时期，今土库曼斯坦境内的居民是欧罗巴人种中的印欧种人；10世纪中叶以后，蒙古利亚人种中的突厥人陆续到来，并与

---

[*] 本书为国家社科基金西部项目"中亚五国史研究"（批准号：14XSS001）最终成果。

当地居民杂居融合；16世纪，在今土库曼斯坦地域内出现了蒙古利亚人种与欧罗巴人种的混合型民族——土库曼人；17世纪至18世纪，土库曼人经历了两百多年的迁徙，至19世纪下半叶迁徙结束，大批土库曼人从游牧转为定居，现代土库曼族的形成过程基本完成。

在论述独立的土库曼斯坦历史时，本书以2003年为界将其分为中编和下编两个阶段：第一阶段（中编）主要论述独立国家的创建，在此时期（1991—2003），土库曼斯坦开始了国家政权机构的建设和经济转型，对外寻求中立地位；第二阶段（下编）论述了土库曼斯坦走向巩固和发展的历程，在此时期（2003—2017），土库曼斯坦对内继续进行政治、经济改革，并启动了社会改革，对外继续发展与邻国及周边国家的友好关系。

在中编中，本书论述了土库曼斯坦政治体制、市场经济体系的构建和意识形态的重构，探讨了土库曼斯坦在转型过程中出现的民族、宗教和社会问题。

1992年，土库曼斯坦独立后颁布的第一部宪法规定：土库曼斯坦国体为民主的、法制的世俗国家，实行行政、立法、司法三权分立的总统共和制。宪法对行政权的规定：内阁由总统直接领导，不设总理，总统在全国各地派驻常设代表，代表总统负责检查各州、市、政府各部、各委员会所属机构执行宪法、法律、总统和政府命令的情况。宪法对立法权的规定：宪法让总统分享了立法权，议会可以把颁布有关某些问题的法律权力转交给总统，而议会却无权对总统表示不信任或罢免总统。宪法对司法权的规定，所有法院的法官都由总统任命，总检察长、副总检察长和州检察长也由总统任命，总检察长在其活动中应向总统报告工作。此外，土库曼斯坦设立了一个凌驾于三权之上的人民会议，宪法规定：人民会议的工作由总统或者由人民会议从其成员中选出的某个人进行领导；总统利用人民会议以全民公决的形式延长了自己的任期。笔者指出：土库曼斯坦的政治转型选择了渐进、平稳的过渡方式，特别强调国家稳定的重要性，因此，1992年宪法赋予总统至高无上的权力。笔者强调：在尼亚佐夫时代，土库曼斯坦民主化前进的步伐是缓慢的，实际上走的是总统具有绝对权威的威权政治道路。

本编论述了土库曼斯坦的政党制度。笔者指出：尽管1992年宪法规定公民有权建立政党，但实际上多党制只停留在宪法条文上，国家领导人多次强调现阶段土库曼斯坦还不具备实行多党制的条件，对政党实行严格控制。独立十几年来，能够参与土库曼斯坦政治生活的只有一个拥护总统的民主党，多党派没有形成，反对派政党更无立身之地。

独立初期，土库曼斯坦确立了以市场经济为导向的经济改革。在从计划经济向市场经济的转轨中，土库曼斯坦走自己的道路，既没有照搬西方的经验和模式，也没有采用俄罗斯式的休克疗法，而是强调逐步和渐进地向市场经济过渡。笔者指出：土库曼斯坦经济改革的进程一直处于以尼亚佐夫总统为首的国家权力的绝对控制之下，实际上保留了国家计划和管理的体制，如大部分商品的价格仍然由国家确定。

独立以后，土库曼斯坦以法律形式保障了对所有制的改造。1992年初，《国有财产非国有化和私有化法》出台；1993年颁布的《企业法》对企业的创立、改组等一系列活动做了规定；在《关于国有项目非国有化和私有化的一些措施》的总统令中，拟定通过拍卖、股份化和投标竞买等形式实现私有化。笔者指出：私有化进展顺利，最初在服务业、食品业和小零售批发业行业展开；从1996年下半年起，私有化开始在大中企业、建筑业和军工企业中展开；农业私有化进展缓慢，最初推行了租赁制和土地使用权的转让，1998年，一部分人获得了土地所有权，土地可以继承而不准买卖。在所有制改造过程中，土库曼斯坦采取了国家调节与市场相结合的方法，有效阻止了独立初期的经济衰退。产业结构的调整是土库曼斯坦经济改革的任务之一。独立初期，土库曼斯坦在产业结构调整中并未采取实质性的政策，能够带来外汇收入的石油、天然气的开采仍然是优先发展的领域。

本编论述了独立后土库曼斯坦构建国家意识形态的过程。苏联解体前夕，在苏共中央总书记戈尔巴乔夫的提倡下，土库曼共和国放弃了共产主义信念，各种思潮泛滥；独立初期，土库曼斯坦以复兴伊斯兰教和弘扬民族文化为凝聚民心的社会意识，缓和了信仰危机。笔者指出：与塔吉克斯坦不同，土库曼斯坦在复兴伊斯兰教之时，伊斯兰教激进思想始终未成为土库曼斯坦的主流意识。原因之一是政府一再坚持宗教仅仅是纯洁人们心灵的力量，不能与国家政治等同起来的立场；原因之二是在构建国家意识形态中利用了游牧社会中的臣属意识，利用了土库曼族王权至上的历史文化。事实证明，作为民族英雄的尼亚佐夫成了土库曼斯坦的精神支柱，被国民视为国家的象征，民众通过对他的崇敬，达到了对国家的认同。

本编论述了土库曼斯坦独立以后出现的民族问题。土库曼斯坦是多民族国家，土库曼族是土库曼斯坦的主体民族，乌兹别克族是该国人口居第二的族群，俄罗斯族是仅次于乌兹别克族的第三大民族。由于乌兹别克族在语言、文化、风俗习惯方面与主体民族较为接近，民族关系相对稳定，因此，土库曼族与境内俄罗斯族的关系成为政府关注的民族问题。笔者指出：1992年宪法的一些规定降低了以俄罗斯族为主的欧洲移民的政治地位。宪法规定土库曼语是土库曼斯坦的国语，对俄语未做出任何特别规定；总统候选人必须是土库曼族，通晓土库曼语者才能竞选议会议员。以俄罗斯族为首的欧洲移民被排除在国家最高权力机构之外，于是，俄罗斯族与土库曼族之间的矛盾尖锐起来。为了缓和两族之间的矛盾，土库曼斯坦政府加强了民族和睦的宣传，把争取社会稳定、保持大小民族和谐视为最重要的民族政策；民族和睦政策从承认双重国籍开始，1993年，土库曼斯坦与俄罗斯签署了双重国籍的协定，对居住在土境内的数十万俄罗斯族采取了灵活立场。笔者认为：与其他中亚国家相比，族际之间的冲突在土库曼斯坦并不尖锐，政府对俄语地位一直未有明确的规定，只泛泛提到在发展和扩大使用土库曼语的同时，注意保障其他民族语言的自由发展，在处理民族关系时，政府始终以保证国内政治形势的稳定为宗旨。

本编还论述了土库曼斯坦在经济转型中出现的社会问题。在社会资源的分配和再分配的过程中，土库曼斯坦社会发生了两极分化：一方面是生活水平远远低于社会平均水平的大量的赤贫人口，另一方面是财富迅速积累起来的少数富裕人群。两极分化是土库曼斯坦独立后面临的主要社会问题。1998年，土的基尼系数超过了 0.4 的警戒线，达到 0.408，进入了国民收入分配"高度不平均"的行列。笔者指出：两极分化迅速扩大是源于收入不平等、通货膨胀、高失业率、福利保障的缺失，以及私有化过程中出现的违规违法、巧取豪夺、欺诈、贿赂、偷税漏税等等因素；其中，收入不平等是两极分化迅速扩大的直接原因。独立以后，土库曼斯坦的收入开始从单一的劳动报酬向多元的合法的非劳动收入过渡，收入已经不仅仅只是劳动报酬，还包括了生产要素的投入。因此，一部分人的收入除了工资以外，还有债券、资金和财产性等各种非劳动的合法收入，如股息、红息、利息的收益。由于占有的资金、不动产、技能、社会关系等方面的不同,收入差距逐渐拉大,社会阶层迅速分化。笔者认为:在土库曼斯坦,分配不均的现象不仅未能得到控制,而且还有进一步扩大的趋势,2008年的基尼系数达到0.4302。

在下编中,笔者以宪法修正案为基础,论述了土库曼斯坦的政治转型。独立以来,土库曼斯坦确立了三权分立的总统共和制政体,然而,随着总统权力不断扩大,土库曼斯坦实际上实施的是总统具有绝对权威的威权政治体制。笔者指出:2003年以后,土库曼斯坦对1992年宪法进行了三次(2003、2008、2016)修改。在尼亚佐夫主持的2003年宪法修正案中,坚持了内阁是国家权力执行机关,由总统直接领导的原则,并且将总统控制的人民会议确立为常设的最高权力代表机构。可以说,2003—2006年,土库曼斯坦继续沿着威权政治的道路前行。

2006年,总统尼亚佐夫去世,2007年,土库曼斯坦实现了权力的平稳过渡,第二任总统别尔德穆哈梅多夫上台以后开始推动民主进程的改革。笔者指出:在新总统主持的2008年宪法修正案中,注入了推进民主政治的内容,凌驾于三权之上的人民会议被取消,其职能分别归属于议会、总统和最高法院;议会权力扩大,议会人数从原来的50人增加到125人,议会不仅负责通过、修改和补充宪法,审议国家政治、经济和社会发展纲要,而且还有权决定全民公决、总统选举、议会选举,以及批准或废除相关国际协议、国家边界的变更,审议和平与安全等事宜。2012年新的政党法出台,写明了在土库曼斯坦实行多党制,同年,组建了工业家和企业家党,这是土库曼斯坦的第二个政党;2013年,为打破执政党民主党的垄断地位,别尔德穆哈梅多夫退出该党。笔者强调:尽管法律为推进民主进程做了以上规定,但在具体的权力运作中,别尔德穆哈梅多夫却继续在威权政治的老路上前行。如频繁更换高官，建立以总统部族成员为核心的官僚集团；修改宪法以延长总统任期，2016年的宪法修正案将总统任期从原来的5年延长到7年，取消了总统任职年龄的限制，并且对总统的任职次数未做任何规定；树立对自己的崇拜，其镀金塑像立了起来。笔者认为：别尔德穆哈梅多夫实施的也是威权政治，与尼亚佐夫不同的是，他的威权政治是通过制度化的政治安排实现的。

2003年以后，土库曼斯坦继续进行经济改革。首先制定了中长期发展战略，提出了提高人均国内生产总值、增加生产性项目建设和达到世界发达国家水平三项任务。笔者指出：以上任务基本完成，2012年，世界银行将土库曼斯坦定义为中高收入国家。

土库曼斯坦在独立初期制定了循序渐进向市场经济过渡的战略国策，2011年以后，所有制改造的步伐加快。2013年，登记注册的私人企业占总登记数的67%，2014年，私营企业在国内生产总值（不包括油气行业）中的占比为68%。笔者指出：尽管如此，土库曼斯坦的非国有经济改造还存在以下问题：一、油气企业、航空公司等大型企业的改造没有实质性进展，2015年拍卖的国有资产清单表明，油气部门的私有化进展不大，2012年出台的《土库曼斯坦航空法》拟将国家航空公司改建成股份制公司，几年过去了，航空公司的私有化也没有动静；二、土地私有化步伐缓慢，截至2004年，土库曼斯坦90%的灌溉地仍是国有或集体所有，预计到2020年，大部分灌溉地将属于非国有经济成分。

本编论述了土库曼斯坦社会保障的情况。独立初期，土库曼斯坦在社会保障方面制定了专门性法律和有关的战略规划，并依托本国丰富油气资源，实行了高福利的社会政策。土库曼斯坦的社会福利制度，以及除了救济外的大部分价格补贴制度都具有全民性，导致政府在社会领域的开支巨大。1995年,政府提出以市场经济为导向,建立社会保险制度,但是没有贯彻实施;2007年《社会保障法》出台,根据该法,雇主必须为在职职工投保,投保金额为员工工资的20%。笔者指出:时至今日,以社会保险为核心的社会保障体系仍未建立起来;政府仍然是社会保障的主体,社会福利、政府补贴和优抚等形式的社会保障仍占主导地位,国家社会福利制度不但增加了财政负担,还阻碍了市场经济的改革。

本编论述了土库曼斯坦的对外政策,并且探讨了土政府与中亚其他四国以及与俄罗斯、与美国、与欧盟国家的关系。独立初期,土库曼斯坦因受阿富汗和塔吉克斯坦内战等不安定因素的影响,提出了中立的外交政策,这一定位在1995年得到了联合国的承认。笔者指出:中立地位的确立为土库曼斯坦争取到宽松的外部环境,土库曼斯坦效仿瑞士、奥地利等中立国家,积极介入到地区和国际社会事务中,并在其中发挥了重要作用。

与邻国及周边国家发展友好关系是土库曼斯坦外交政策的重要方向。俄罗斯是土库曼斯坦外交关系的重点,土以创始国身份加入了以俄罗斯为主导的独联体,在重大国际问题上与俄罗斯基本保持一致。笔者指出:尽管如此,土库曼斯坦与俄罗斯在天然气出口和运输上仍存在着矛盾,土俄关系不像哈俄、吉俄、塔俄关系那样紧密。

本编在论述土库曼斯坦与美国关系时指出:土库曼斯坦没有像一些中亚国家那样追随西方的所谓民主化,因此,独立初期的土美关系没有实质性进展;从2007年起,土美两国开始了频繁的高层互访,并在反恐、能源、民主、健康、教育以及改革等问题上开始对话。土美关系的重点是经济合作,主要集中在能源的开发和运输管道的建设。

本编论述了土库曼斯坦参与国际组织、地区组织的情况。为了获得国际社会的承认和扩大本国在国际上的影响，1992年以来，土库曼斯坦先后加入了联合国、欧安组织、独联体、伊斯兰会议组织、亚洲开发银行等四十余个国际和地区组织。其中，与联合国、欧安组织、独联体关系密切，并在其中发挥了积极作用。

蓝 琪

2019年1月18日

目 录

上编 悠久的历史文化

第一章 自然地理与原始文化 3
 第一节 荒漠覆盖的低地之国 3
 第二节 典型的原始绿洲文化 11
 第三节 丝绸之路中道和南道的必经之路 17

第二章 土库曼斯坦古代史 24
 第一节 西方帝国治下的印欧文明 24
 第二节 阿拉伯人的总督统治 33
 第三节 东伊朗人的王朝 39
 第四节 突厥人的统治 49
 第五节 蒙古人的统治 58
 第六节 乌兹别克人的政权 67

第三章 土库曼族的形成 75
 第一节 族源与族名 75
 第二节 土库曼族的形成 81
 第三节 塞尔柱帝国在土库曼族形成中的作用 88

第四章 土库曼斯坦近现代史 95
 第一节 沙俄的殖民统治 95
 第二节 土库曼共和国的兴衰 101

第三节　共和国时期迅速发展的经济 107
第五章　国土的形成 116
　　第一节　国土形成的漫长过程 116
　　第二节　国土形成的决定因素 123

中编　独立国家的创建

第六章　走向独立 129
　　第一节　独立的内外因素 129
　　第二节　从容有序的独立进程 136

第七章　独立国家的政治建设 141
　　第一节　具有民族特色的国家标志 141
　　第二节　理论上的国体与政体 146
　　第三节　进展缓慢的政治改革 150
　　第四节　一党执政的制度 156
　　第五节　不断完善的军队建设 160

第八章　独立国家的经济建设 166
　　第一节　迈向市场经济的改革 166
　　第二节　进展不大的结构调整 171
　　第三节　开放政策下的对外经贸 177

第九章　意识形态与宗教、文化 183
　　第一节　意识形态的构建 183
　　第二节　以伊斯兰教为主的多元宗教 189
　　第三节　弘扬土库曼族文化的举措 193

第十章　民族问题与民族政策 198
　　第一节　保证国家稳定的民族政策 198

第二节　矛盾重重的土库曼族 203

第十一章　社会问题 208
　　第一节　市场经济导致的两极分化 208
　　第二节　雪上加霜的贫困与失业 213
　　第三节　难以控制的毒品问题 218

下编　走向稳定与成熟

第十二章　新时期的政治改革 225
　　第一节　政权的平稳过渡 225
　　第二节　拟促进民主进程的改革 232

第十三章　稳步推进的经济改革 240
　　第一节　加速实施的市场经济改革 240
　　第二节　起支柱作用的油气产业 248
　　第三节　优先发展的电力工业 256
　　第四节　致力于农牧产品加工的纺织业 260
　　第五节　继续开放的对外经济 266

第十四章　社会改革与社会保障 270
　　第一节　以福利为主的社会保障 270
　　第二节　以法律为基础的就业保障 275
　　第三节　覆盖全体公民的医疗保障 280
　　第四节　有待完善的教育保障 284

第十五章　对外关系与外交活动 290
　　第一节　理解与信任的中亚国家关系 290
　　第二节　若即若离的土俄关系 296
　　第三节　从冷到热的土美关系 302
　　第四节　以能源合作为主的土欧关系 309

第十六章 国际组织与国际地位 314
　　第一节 积极支持联合国、欧安组织的活动 314
　　第二节 立足本国利益的独联体关系 320

参考书目 325
后　记 329

上编
悠久的历史文化

　　土库曼斯坦位于中亚西南部，国土北抵乌斯秋尔特高原和萨雷卡梅什盆地，东沿阿姆河西岸延伸，南临科佩特山脉，里海东岸构成了它的西部边界。目前，在这片土地上发现了早期人类活动和迁徙的踪迹，最早在此活动的是欧罗巴人种的印欧种人。10世纪以后，蒙古利亚人种的突厥人、蒙古人先后进入这片地区，开始与当地的土著居民融合。到16世纪，具有民族特征的新突厥语民族——土库曼人形成。17—18世纪，土库曼人经历了大迁徙，到19世纪，土库曼人已经遍布今土库曼斯坦。然而，直到20世纪初，这片土地仍未统一起来，它分属于周边的布哈拉汗国、希瓦汗国、恺加王朝和阿富汗。19世纪下半叶，沙皇俄国在这片土地上建立了殖民统治。20世纪初，土库曼人在苏联中央政府的计划下组建了自己的民族国家——土库曼苏维埃社会主义共和国（简称"土库曼共和国"）。

第一章
自然地理与原始文化

今土库曼斯坦是原始人类居住和生活的地区，也是东西南北的交通要道。在这片地区发现的最早文化遗址属于旧石器时代晚期；此后，在里海东岸和南岸发现了大量中石器和新石器时代的文化遗址，其中最具代表性的是在科佩特山支脉的狭窄地带发现的哲通农耕文化遗址；铜石并用及青铜时代，科佩特山北麓平原发现了有灌溉建筑和使用红铜器的安诺遗址；早期铁器时代的文化遗址遍布里海东南岸、穆尔加布河三角洲、南土库曼山区，在这些文化遗址上发现了贫富差异的现象，由此推断，土库曼斯坦迈入了阶级社会。

第一节 荒漠覆盖的低地之国

土库曼斯坦是中亚西南部内陆国家，北部领土是一直向乌斯秋尔特高原延伸的卡拉库姆沙漠，东北部是萨雷卡梅什盆地，东部和东南部是阿姆河流域，南部是以科佩特山为主的丘陵地带，西南和西部是捷詹河流域，里海东岸的半岛、岛屿和冲积的沙嘴占据了西北部地区。

土库曼斯坦以低地为主，国土平均海拔高度为100米至200米，国土呈东南高、西北低的地势，由东南向西北倾斜；卡拉库姆沙漠的阿克贾卡亚洼地是最低点，海拔-92.5米。总体上看，国土的自然地理风貌大致呈现为荒漠、绿洲和山区。

荒漠占据土库曼斯坦国土面积的90%,其中,横亘在土库曼斯坦中部的卡拉库姆沙漠覆盖了国土面积的70%。卡拉库姆沙漠是世界第四大沙漠,东西长880千米,南北宽450千米,面积约35万平方千米。卡拉库姆沙漠向北延伸至萨雷卡梅什盆地,向东北延伸至阿姆河三角洲,向东延伸至阿姆河中游的谋尔夫绿洲,向东南抵达卡拉比尔高地及巴德希兹干草原,向西南沿科佩特山延伸,向西北延伸到乌兹博伊古河道。卡拉库姆沙漠按地理条件从北向南可划分为外温古兹-卡拉库姆沙漠、中卡拉库姆沙漠和东南卡拉库姆沙漠,其中外温古兹-卡拉库姆沙漠地势较高,有"外温古兹-卡拉库姆高原"之称。卡拉库姆沙漠是世界上最干旱的地区之一,年降水量不足200毫米,蒸发量是降水量的3倍至6倍;沙土由黑色石岩风化形成,在突厥语中卡拉库姆意为"黑沙漠",沙漠中遍布着沙丘、沙垅、沙脊、盐碱地。尽管如此,卡拉库姆沙漠的大部分地区常年可以放牧,有"沙质牧场"之称。[1]1967年,引阿姆河河水的卡拉库姆运河开始修建,运河东起阿姆河中游左岸博萨加镇,向西流经沙漠的东南部、中卡拉库姆沙漠南缘界,最后沿科佩特山北坡流入里海,全长1450千米[2],灌溉面积大约30万公顷;运河的建筑扩大了沙漠的畜牧范围。

除卡拉库姆外,乌斯秋尔特高原是土库曼斯坦北部的荒漠地带。乌斯秋尔特高原的面积约为20万平方千米,这片荒漠分属于哈萨克斯坦、土库曼斯坦、乌兹别克斯坦三国。乌斯秋尔特高原南端嵌入土库曼斯坦境内,高原东南部为黏土-碎石荒漠,北部地段

---

[1] 施玉宇编著:《土库曼斯坦》,社会科学文献出版社,2005年,第11页。
[2] 陈联璧、刘庚岑:《略论苏联中亚地区经济和文化的发展》,《中亚研究资料》1984年第3期;另有一说是卡拉库姆运河于1954年开工建设,全长1375千米。

为沙漠，其他地段为盐渍和沙质荒漠，荒漠上生长着蒿属、猪毛菜属植物。

在土库曼斯坦西北部还有克拉斯诺沃沙漠高原，地处土库曼巴什湾和卡拉博加兹湾之间，占据了从北到南长约100千米，从东到西宽约100千米的整个克拉斯诺沃半岛。高原景观大致为平坦的隆起与宽阔的洼地交替出现；高原南部为黏土质碎石荒漠，植被主要为蒿属、猪毛菜属植物，可以放牧，高原北部以沙体为主，生长着木猪毛菜和黑色梭梭属植物，高原东部为低洼盐碱地。在里海东岸还有近海低地，大部分为盐沼地和松散的沙地。

除荒漠外，占国土面积7%的绿洲是土库曼斯坦低地的组成部分之一。绿洲主要为冲积平原，分布在河流和三角洲地带。按地理位置，土库曼斯坦的绿洲可以划分为阿姆河中下游绿洲、穆尔加布-捷詹绿洲、科佩特山前绿洲和阿特列克-松巴尔绿洲。

阿姆河中游绿洲大约长300千米，从东南向西北延伸；河谷的冲积层由沙子和黏土构成，其上有0.5米至2米的土壤层。绿洲年平均温度为13℃至17℃，降雨量为120毫米至200毫米。阿姆河下游三角洲为冲积平原，绿洲年均温度为12℃至14℃，降雨量为60毫米至70毫米。

穆尔加布-捷詹绿洲位于穆尔加布河和捷詹河两河流域及三角洲洼地。穆尔加布河流域宽2千米至3千米，是一个向北倾斜的冲积平原，土质为壤土；捷詹河三角洲南北之间大约有200千米，土质为沙土和龟裂发育的盐碱地。穆尔加布-捷詹绿洲夏季干旱、炎热、缺雨，冬季凉爽、多雨，年降雨量为120毫米至280毫米。

科佩特山前绿洲是土库曼斯坦最大的一片绿洲，由科佩特山收集的山涧溪水形成，绿洲从科佩特山脚一直延伸到卡拉库姆沙漠边缘，呈长条形。绿洲土壤层主要由灰钙土构成，洼地为龟裂土壤，局部分布有盐碱地。绿洲气候温和，阿哈尔地区年平均温度16℃，年降雨量为160毫米至130毫米，此地盛产享誉世界的阿克哈·塔克马种。

阿特列克-松巴尔绿洲位于土库曼斯坦西部的阿特列克河与松巴尔河两河流域，其中包括阿特列克下游河谷和松巴尔河与长岱尔河谷地带。阿特列克河河漫滩地带主要为草原，个别地段为盐碱地。松巴尔河上游和河漫滩阶地内绿洲少，是植被发育的草地-沼泽地带。阿特列克-松巴尔绿洲属于亚热带气候，年平均气温为17℃，年平均降雨量为200毫米至300毫米。阿特列克-松巴尔绿洲适宜种植橄榄、葡萄、无花果、石榴等。

历史上的土库曼人以游牧为生，随着灌溉系统的修建和完善，游牧经济逐渐边缘化，绿洲农业支撑的人口占据了绝对优势；其中，阿姆河下游流域和阿哈尔绿洲是国家经济的两大核心板块，其次还有捷詹河、谋尔夫绿洲。从阿姆河中游引水的卡拉库姆运河的修筑，将分散和孤立的绿洲连成一片，在阿姆河与伊朗高原之间形成了一条绿色农业带。

土库曼斯坦国土的15%为山地，山地主要分布在南部和西部。西南部有科佩特山，东南部有帕鲁帕米苏斯山，西部有大、小巴尔汉山脉，北部有库吉唐套山。

科佩特山是兴都库什山的余脉，绵延645千米，大部分在今伊朗境内，仅北部的一小部分支脉在土库曼斯坦境内。科佩特山呈西北—东南走向，西北部宽达200千米，东南部宽40千米。科佩特山脉在土库曼斯坦境内的第一高峰是萨安达克山岭的里泽峰，海拔2942米，除此之外，在土库曼斯坦境内1000米以上的高峰还有沙赫沙赫峰（2912米）、杜沙克-埃列克大可峰（2483米）、塔加列夫峰（2243米）、阿尔兰峰（1880米）、哈萨尔达克峰（1617

米)、叶列乌什峰(1332米)、达利布拉克峰(1123米)。科佩特山区是土库曼斯坦降雨量最高的地区,首都阿什哈巴德在科佩特山北坡。科佩特褶皱山系为地震高发区,1948年科佩特山大地震给山脚下的阿什哈巴德市造成了惨重的人员伤亡,阿什哈巴德在此次地震中变成了一片废墟。

帕鲁帕米苏斯山的主体在阿富汗境内,只有北麓伸入土库曼斯坦东南部,在此被穆尔加布河分成两部分。穆尔加布河以西、捷詹河以东部分为巴赫德兹高地,海拔1267米;穆尔加布河以东、阿姆河以西部分为卡拉比尔高地,海拔984米。巴赫德兹和卡拉比尔高地从南向北地势逐渐降低,最后延伸至卡拉库姆沙漠。巴赫德兹和卡拉比尔高地的土地为致密的沙石、沙壤土、壤土,地理景观与草原相似。土库曼斯坦在巴赫德兹设有自然保护区。

占据国土西部的巴尔汉山是科佩特山余脉,呈西北走向;巴尔汉山又分大、小巴尔汉两支。大巴尔汉山大约长70千米,海拔800米以下基本上为荒漠地貌,800米以上为半荒漠、山地草原地貌,生长着旱生植物和稀疏的杜松;小巴尔汉山大约长30千米,最高点海拔777米。

库吉唐套山在土库曼斯坦北部,它是吉萨尔山的支脉,在乌兹别克语和塔吉克语中,库吉唐套意为"多峡谷的"。库吉唐套山是土库曼斯坦的最高山,其中的阿伊雷巴巴峰海拔3139米。库吉唐套山前是半荒漠地带,山脚是亚热带山地草原,生长着旱生灌木、阿月浑子树和稀疏的土库曼杜松等。库吉唐套山矿产资源丰富,盛产钾肥、盐岩、石膏、天青石、重晶石、大理石、各种有色金属矿和建材等。

土库曼斯坦境内的河流主要有阿姆河、捷詹河、穆尔加布河、阿特列克河等,此外,在科佩特山脉中有一些规模很小的溪流。这些河流主要以冰川、积雪、地下水补给。河水除了用于灌溉外，或者消失于荒漠，或者注入内陆湖泊。土库曼斯坦最大的河流是阿姆河，其水流量约占境内总水流量的84%左右。阿姆河起源于帕米尔高原东南部兴都库什山脉北坡的山岳冰川，向西流汇入帕米尔河（源出帕米尔高原）后称喷赤河，再曲折西流，汇合瓦赫什河后始称阿姆河。阿姆河流经塔吉克斯坦、阿富汗、乌兹别克斯坦、土库曼斯坦四个国家，从源头算起，全长2620千米，土库曼斯坦境内1000千米。阿姆河是土库曼斯坦的生命之河，河水灌溉了土境内90%—95%的土地，因中上游大量取水，下游没有补给，阿姆河下游的河床逐渐变浅，现今河水已经到达不了咸海。

穆尔加布河是土库曼斯坦第二大河。穆尔加布河发源于阿富汗西北部海拔2600米的帕鲁帕米苏斯山，全长978千米，在土库曼斯坦境内有350千米。穆尔加布河由阿富汗山区的冰雪融水补充，每年只有一次春季汛期，夏季河水干涸河床出露。为了储存汛期水，在穆尔加布河上建造了很多水库。谋尔夫绿洲的灌溉主要依靠穆尔加布河，穆尔加布河流经小谋尔夫（上谋尔夫）后向北流到大谋尔夫（下谋尔夫），在大谋尔夫南"一天行程处"，穆尔加布河的河床挖有人工堤。10世纪，人工堤由一个专门的埃米尔监管，他充当了水政法警的角色，有1万工人处于他及其骑兵卫士的指挥之下，其任务是护养沟渠，保持供水。河堤上有一个记录洪水高度的测量器，当雨水充足的时候，测量器高于60颗大麦粒；在干旱岁月里，测量器只有6颗大麦粒的高度。人工堤对面筑有防止河床改变的木头工事。在大谋尔夫南"1里格处"，穆尔加布河水被水坝拦住，回流入一个圆形的大水池中，水池的高度由水闸控制，涨洪水的时候，水闸打开，洪水有规则地分流出去。从水池引水的水渠有4条，分别是向西流的胡尔姆兹法拉赫水渠，向东流的马赞水渠、纳赫尔·扎尔克水渠（或阿尔·拉济克水渠）及纳赫尔·阿萨迪水渠。其中，马赞水渠引水最多，它流经谋尔夫城的各郊区，然后流向沙漠平原，最终消失在沼泽地中。马赞水渠流到大谋尔夫城以西，浇灌了马赞的大郊区。离谋尔夫一天行程处的库什梅罕，位于通往不花剌的道路上，东北耕地的尽头。这些耕地也由一条大水渠浇灌，那里还有许多客栈和澡堂。[1]

土库曼斯坦境内的库什卡河和卡尚河是穆尔加布河的支流。库什卡河发源于阿富汗，全长447千米，水流量不大，3月至5月汛期时水流量大，7月至8月河水还没有流到穆尔加布河时就干涸。卡尚河也发源于阿富汗，全长500千米，其主要部分在阿富汗境内，水流量不大，即使在春天水流量也很小，很难给穆尔加布河提供补给。

土库曼斯坦与伊朗的界河捷詹河是土库曼斯坦第三大河。捷詹河的中上游名为哈里河，哈里河发源于阿富汗兴都库什山中部崎岖陡峻的巴巴山西北坡，由东向西流经以赫拉特为中心的肥沃谷地，在伊斯兰堡处转向北流，流入土库曼斯坦后始称捷詹河。哈里-捷詹河全长1150千米，在土库曼斯坦的长度大约有300千米，最后在基洛夫斯克西北30千米处消失在卡拉库姆沙漠的荒地之中。捷詹河水靠雨水和阿富汗境内的融雪补给，全年有半年以上干涸无水，在土库曼斯坦境内支流较少，水量匮乏。捷詹河上兴建有捷詹水库（蓄水量1.8亿立方）和霍尔霍尔水库（蓄水量1.42亿立方）。

阿特列克河发源于伊朗东北部科佩特山，向西进入土库曼斯坦，最后注入里海（河水只有在汛期才可以到达里海），是土库曼斯坦里海地区唯一的河流，全长635千米，在土库曼斯坦境内长约140千米。河水水流湍急，含沙量大，河水主要靠地下水和雨水

---

[1] 施玉宇编著：《土库曼斯坦》，第13、397—400页。

补给。阿特列克河有很多支流，最大的支流是松巴尔河。松巴尔河发源于伊朗海拔高1600米的山地，全长262千米，几乎都在土库曼斯坦境内。阿特列克河是亚洲最浑浊的河流，浑浊度高出阿姆河6倍，中游每立方河水中沙石含量高达22公斤。松巴尔河在土库曼斯坦境内有很多支流，其中最大的是长岱尔河，在突厥语中意为"多筋肉的"。长岱尔河发源于科佩特山南坡，流经伊朗后进入土库曼斯坦，春季汛期河流长度超过100千米，夏秋河流长度不到100千米，主要靠雨水和泉水补给，夏季常干涸。

土库曼斯坦的湖泊不多，规模不大，面积从数百平方米到数十平方千米不等，绝大部分是咸水湖。湖泊主要分布在里海沿岸、古河道和绿洲边缘地带，科佩特山中有喀斯特成因的地下湖。

里海是世界上最大的咸水湖，南北长约1200千米，东西平均宽320千米，面积约386400平方千米，湖水总容积为76000立方千米。苏联解体以前，里海是苏联和伊朗的内湖；苏联解体后，里海被五国瓜分，其中，土库曼斯坦拥有东南里海的部分水域，海岸线长1200千米，卡拉博加兹戈尔湾、土库曼巴什湾在土库曼斯坦境内。

库乌里湖在里海东岸的乌兹博伊古河道上。乌兹博伊古河道地处卡拉库姆沙漠西北边缘地带，从萨雷卡梅什盆地南坡开始，一直延伸到土库曼斯坦西部抵达里海，全长约550千米。乌兹博伊古河道如今是干涸的河道，在古河道上形成了一些湖泊，其上的库乌里湖咸度很高，成为土库曼斯坦重要的采盐地之一。里海近岸的莫拉加拉湖是咸水湖，湖水水位随季节变化，湖水最浅时深度为60米，最深时深度为150米。湖水含盐度极高，人可以漂浮在湖面上不下沉。

萨雷卡梅什湖是土库曼斯坦最大的湖泊，地处萨雷卡梅什盆地中央，在突厥语中意为"黄色的芦苇荡"。萨雷卡梅什湖是土库曼斯坦与乌兹别克斯坦的界湖。萨雷卡梅什湖长125千米、宽90千米，面积5000平方千米，容水体积12立方千米，湖水最大深度40米，平均深度8米，含盐度15%—20%。萨雷卡梅什湖一度因阿姆河断流而干涸，1971年，萨雷卡梅什洼地（海拔-40.5米）被淹，萨雷卡梅什湖再次形成。

亚斯汉湖位于巴尔坎州，由乌兹博伊古河道的地下水补给。亚斯汉湖是淡水湖，湖面积很小，仅有0.44平方千米。亚斯汉湖为巴尔坎纳特市、杰别尔市、土库曼巴什市居民提供饮用水，湖边生长着茂密杨树，湖区栖息着珍贵的鱼种和水鸟，被誉为沙漠上的"明珠"。

第二节　典型的原始绿洲文化

今土库曼斯坦所在地很早就有原始人类活动的踪迹，他们在这片土地上创造了丰富多彩的原始文化。在土库曼斯坦境内目前发现的最早的原始文化遗址属于旧石器时代晚期，此后这一地区的原始文化遗址没有中断过。其中，新石器时代的哲通文化、铜石并用时代的安诺文化和铁器时代的达希斯坦文化在中亚地区具有重要意义。

在里海东南岸的克拉斯诺沃茨克半岛发现了属于旧石器时代晚期的扬加贾遗址，在此发现了石叶和石片工具，以及高侧面的石核刮削器。在土库曼斯坦境内发现了丰富的中石器时代文化，其中，桑伊查克马克和杰贝尔遗址最具代表性。

桑伊查克马克遗址位于里海东南的戈尔甘平原，遗址由东、西两个小丘组成，它们大约处于公元前6000年。西丘遗址是一个高约三米的土墩，可分为五个文化层，在此出土了黑曜石制作的石叶和三块碎陶片，考古学界认为，西丘文化层居民虽然知道了如何制作陶器，但只是制陶的初始阶段，不能代表该遗址文化的总体发展水平，因此，该遗址属于中石器时代文化。在西丘的五个文化层中都发现了建造房屋的遗迹，有些房屋的地面经过夯实，上面覆盖着一层石灰泥，间或有红色痕迹。房屋建筑分为两类：一类筑有炉灶，墙头残留着被烟熏过的痕迹；另一类没有炉灶，房间分隔很小，地面经过铺垫和粉刷。

杰贝尔遗址位于里海东岸，由杰贝尔、凯利和旦旦查什马三个洞穴组成，时间处于公元前9000年至前6000年之间。凯利洞穴位于克拉斯诺沃茨克半岛上，在此出土的石器形体细小，多呈几何形。洞穴可能是狩猎者的季节性营地，在此发现了绵羊、山羊和波斯羚羊等动物的骨骸，说明这里的人类仍处于狩猎阶段，狩猎的对象主要是小动物。

土库曼斯坦新石器时代文化的代表是哲通文化。哲通文化分布于科佩特山支脉的狭窄地带，得名于阿什哈巴德城以北30千米的哲通遗址，时间在公元前6000年至前5000年间，属新石器时代早期文化。

哲通文化遗址出土了具有新石器时代特征的器物：磨制石器和陶器。石器种类有石斧、磨盘、石杵等；陶器为手制，器形有碗、罐、大杯等。陶器采取泥条盘筑法制作，胎中掺大量草末，有的陶器用红彩，横向或纵向的波浪纹、直线纹、三角纹等装饰。

在哲通文化中发现了大麦和小麦，以及石锄和装有骨柄的石镰刀等原始农业的遗迹，这些遗物表现了哲通文化的原始人类是以农业为主兼营狩猎的混合型经济。在较晚的遗址中，狗、山羊（或绵羊）和牛等遗骸在动物遗骸中占据多数，由此推断它们可能已经被畜养。

在哲通文化遗址发现了房屋的遗迹。房子为半地穴式，墙壁用截面呈椭圆形的草泥块砌筑，墙面抹有灰泥，并经过施彩。房屋为单间住室，每间面积13—39平方米不等，其中，中间房屋为面积64平方米的大屋，可能是聚会场所，其他建筑有粮仓、窝棚和地窖。有的屋内建有土灶。

哲通文化遗址在许多方面与西亚的耶莫遗址、耶利哥遗址有相似之处，但石器仍保持着本地中石器时代细石器的传统。

1904年，美国考古学家庞普里在今阿什哈巴德东南12千米处的安诺发现了属于铜石并用时代的遗址。此后，在安诺附近又发现了卡拉德佩、纳马兹加、乌卢格德佩、阿尔丁特佩和吉奥克修尔遗址，它们被统称为安诺文化遗址，其年代大约在公元前5000年至前3000年。

在安诺文化遗址发现了红铜铸造的锥、斧、刀、镞、矛、凿、镜、镯、环和别针等制品。除了红铜制品外，还出土了很多手制彩陶，彩陶为深褐色的单彩或红、黑双彩，绘有三角、菱形、方格、十字、平行线等几何纹或山羊等动物纹。主要器物有平底钵、碗、罐等。

在安诺文化遗址发现了石锄，以及小麦和大麦等原始农业的遗迹。研究发现，当地的农业生产已经不只是靠天作业，还引入了人工灌溉。大约处于公元前4000年至前3000年的吉奥克修尔遗址最具代表性。吉奥克修尔遗址位于科佩特山前平原地带的古捷詹河河口，在此发现了人工开掘的沟渠，约长3.5千米，宽2.5—5米。[1] 此外，有浅沟分布于农田各处，浅沟水漫出时对农田进行灌溉，这种灌溉使农作物获得了多次供水。史学界把这种灌溉方式称为"吉奥克修尔"农耕。随着灌溉面积的扩大，出现了占地10公顷以上

---

[1] 〔巴基斯坦〕A. H. 丹尼、〔俄〕V. M. 马松主编：《中亚文明史》第1卷，芮传明译，中国对外翻译出版公司，2002年，第163页。

的较大中心,其中具有代表性的是阿尔丁特佩和纳马兹加。

阿尔丁特佩遗址地处科佩特山北麓,时间大约在公元前3000年至公元前2000年间,遗址占地面积达到了25公顷,其内建筑为多室住宅。每一住宅有12—15个房间,其中有厨房、谷仓和庭院。这类住宅表明,多居室住宅是一个大家庭的聚落,由有亲缘关系的若干小家庭居住,他们共同参与大家庭的活动,家庭聚落可能是当时社会的基本单位。在阿尔丁特佩遗址发现的墓地大多数是集体墓地,一个墓穴大约有12—15具遗骸。

从布局、居住建筑、墓葬建筑等遗迹来看,阿尔丁特佩不仅仅是一个大型农业中心,而且已经具备一个城市的规模。大聚落有厚约两米的生砖围墙,墙体外有矩形扶垛加固。围墙开有一扇大门,通往大门的道路宽15米,它被两条纵向墙隔成三条道路,中央大道供车辆行驶,道上铺设石子和大块碎陶片,两边的小道为步行小路。聚地的房屋建筑出现了按职能划分的小区,北部有占地面积约为两公顷左右的工匠区,在此发现了50多个烧陶窑炉。区内建有多室住宅,在住宅之间有弯曲的小路。按照房屋的密度估计,阿尔丁特佩的居民人口可能达到了6000—7500人。[1]

纳马兹加遗址位于科佩特山麓到穆尔加布河下游一带,时间大约在公元前2500年至公元前1500年间,公元前2300年左右达到鼎盛。[2] 纳马兹加遗址的第四至六期属于青铜文化,在此发现了冶炼的熔炉和矿渣,出土了青铜器具。青铜器有印章、针、锥、钻、凿、斧、镰、矛、短剑、镞和罐等。从青铜器的种类和特征推断,在第四至六期的纳马兹加遗址上,冶炼和金属制作已经专

---

1 〔巴基斯坦〕A. H. 丹尼、〔俄〕V. M. 马松主编:《中亚文明史》第1卷,芮传明译,第171页。

2 同上书,第169页。

门化了。

在纳马兹加遗址还发现了面积达20公顷以上的城市遗迹。纵横交错的街道把纳马兹加城分隔为多个居住区,有的居住区四周建有土坯砌成的防御围墙。在一些居住区发现了手工业生产的遗迹,根据遗迹推测,城市居住区可能是按职业划分的。

全盛时期的青铜文化中心阿尔丁特佩和纳马兹加在公元前2000年表现出明显的衰落。阿尔丁特佩被完全废弃;纳马兹加遗址在公元前1500年左右衰落,相当一部分已成为废墟,留下来的是面积不超过一两公顷的小居地。

在纳马兹加文化衰落之时,邻近地区出现了特肯德佩、厄尔肯德佩等新文化中心。在新文化遗址,看不到纳马兹加遗址中以几何图案装饰的红、黑彩陶,陶器的质量变得粗糙了,从前的双彩绘演变为单彩绘,甚至没有彩绘,仅以划纹修饰,或者干脆是素陶。陶器上的动物图案反映出北方草原文化的特征。

公元前2千纪中叶,在穆尔加布河三角洲、阿姆河中游出现了新开发区。发源于兴都库什山北缘的穆尔加布河蜿蜒向北流,在马尔吉亚那分成几个支流,形成了肥沃的三角洲。在阿尔丁特佩和纳马兹加文化衰败之际,马尔吉亚那文化区形成。早期遗址的面积不大,只有0.5至3公顷。[1] 居地遗址大多数由一个城堡和邻近的墩丘组成,城堡呈正方形,四角建有圆塔,墩丘面积很大,没有规则。城堡内划有专门的工匠区,发现了窑炉等设备。出现了饰以简单划纹的模制陶器,它们与草原青铜时代部落的器物十分类似,不过,轮制陶器仍然保留着中亚南部的传统,而且还出现了新的形制。在

---

1 〔巴基斯坦〕A. H. 丹尼、〔俄〕V. M. 马松主编:《中亚文明史》第1卷,芮传明译,第251页。

马尔吉亚那晚期遗址塔希尔贝，越来越频繁地见到制作粗糙、通常没有装饰图案的模制陶器，器形中也出现了草原文化常见的有细长流的陶器。

土库曼斯坦早期铁器时代文化分布在里海东南、穆尔加布河三角洲、南土库曼山区。里海东南达希斯坦遗址处于公元前1100年至前750年前后，遗址上出现了大大小小的聚落，小聚落一般占地在5000平方米左右，大聚落面积达数十公顷。其中，最大的聚落遗址是伊扎特库利，占地面积大约有50公顷。在伊扎特库利聚落遗址中央发现了一座呈五边形的城堡遗迹。城堡坚固，四周环绕着许多呈小丘状的房屋，城郊多处地方出土了制作陶器的轮盘。

达希斯坦文化遗址的另一个典型聚落是马道德佩。这一文化植根于当地青铜时代的土朗特佩文化，在聚落遗址上出土了铁器遗存，即铁渣，以及先进的灌溉系统和城堡建筑。聚落的平面布局与伊扎特库利聚落大体相似，聚落中央有一座城堡，城堡的墩丘高达13米。从建筑遗迹来看，城堡可能是该地区的行政中心；从坚固的围墙来看，当时部落之间可能经常发生战争。

穆尔加布河三角洲的铁器时代文化遗址有塔希尔贝、亚兹德佩和阿拉瓦利德佩。它们大致处于公元前10世纪至前7世纪中叶，遗址上分布着大大小小的聚落，其中，最大的阿拉瓦利德佩聚落占地面积大约7公顷，最小的亚兹德佩聚落面积只有1公顷。

在塔希尔贝遗址发现了建筑遗迹，即矩形小城堡。在小城堡的西面有一些小墩丘，是居住区的遗迹。在亚兹德佩聚落遗址发现了丰富的文化遗迹，在公元前450—前350年的地层上发现了建在巨大平台上的中央城堡的遗迹，城堡坐落在由未经焙烧的砖砌成的高达8米的平台上。阿拉瓦利德佩的城堡建在聚落中央的一个平台上，城堡高达10米。根据聚落的遗迹推测，塔希尔贝、亚兹德佩和阿拉瓦利德佩的城堡可能是当时穆尔加布河三角洲的经济和文化中心。

南土库曼斯坦山区铁器时代的典型文化遗址是厄尔肯德佩。厄尔肯德佩居住区达12公顷，聚落四周有城墙围绕，城堡坐落在6米高的平台上。厄尔肯德佩可能是这一地区的文化中心。据研究，穆尔加布河三角洲和南土库曼斯坦山区的遗存与里海东南部的达希斯坦遗址文化的遗存相似。

在土库曼斯坦早期铁器时代遗址中发现的铁器并不多，有的遗址上甚至没有铁的遗迹。然而，先进的灌溉系统和带防御措施的城堡遗迹在大多数遗址中都可以看到，因此，学者们认为大型灌溉系统和城堡的建造是土库曼斯坦早期铁器时代的重要特征。

第三节　丝绸之路中道和南道的必经之路

公元前4千纪，在欧亚大陆上畜牧与农耕基本已经按地带形成，以北纬40度为分界线，其北是大草原上的畜牧者，其南是在绿洲进行农业的耕种者。南北之间虽有高山和内陆大湖的阻隔，但也有许多通道可以通行，其中，从里海东岸南下可以到达伊朗高原和土库曼斯坦。

现已考证出来的最早南北交往的大事件是公元前3千纪至前2千纪的印欧人大迁徙。在黑海、里海和咸海以北的草原上生活着说印欧语的各族，他们过着游牧的生活。在公元前3千纪，他们进入铜器时代后，便分批从他们的故乡向外迁徙，形成了一个个规模巨大、范围很广的迁徙浪潮。此次迁徙中，在南方站住脚的畜牧者先后建立了希腊、赫梯、米底、波斯、印度等国家。其中，与土库曼斯坦联系紧密的是波斯人。考古和文献资料证实，定居在波斯湾北岸的波斯人是沿里海东岸南下的。

波斯人于公元前6世纪建立了一个东起印度河、西抵爱琴海、北起亚美尼亚、南达尼罗河第一险滩的大帝国。波斯帝国在此范围内修筑了四通八达的御道，形成了驿道网。驿道网中有一条运输天青石的东西通道，被称为"天青石之路"，它的起点在今阿富汗境内的巴达赫尚。天青石是一种在特殊地质条件下产生的矿石，伊朗高原和亚洲其他地区也有少数形成这种矿石的地质条件，但在古代得到开采且至今也是世界上质量最好的天青石矿，只有巴达赫尚一处。从巴达赫尚西运的天青石分海、陆两路。海路是由巴达赫尚运到印度河，然后从印度河出海进入波斯湾后再经陆路运到伊朗和美索不达米亚等地；陆路是从巴达赫尚往西南到喀布尔，然后向西到赫拉特，再从赫拉特北上经谋尔夫绿洲、里海东南岸到伊朗高原、美索不达米亚等地。两河流域的奴隶制国家以及北非埃及古国用天青石装饰神庙和王宫，需求量很大，这条商路上的天青石贸易非常兴旺；这条商路上西来的商品主要有美索不达米亚的粮食、油类、羊毛、椰枣、芦苇、鱼类等物品，以换取天青石、木材和一些金属。

公元前4世纪，亚历山大东征基本上是沿天青石陆路而来。亚历山大在征服波斯帝国统治中心伊朗高原后，折向西北方向占领米底，最后再向东征服土库曼斯坦境内的帕提亚地区，然后南下伊朗高原与兴都库什山脉衔接的哈里河流域，由此进入巴克特里亚，渡阿姆河到河中地区。

公元前2世纪后期，中国使臣张骞出使西域，来到了巴克特里亚的"蓝氏城"，蓝氏城的位置大致在今阿富汗的巴尔赫市（古称巴克特拉、巴里黑）。在此，张骞派副使北上谋尔夫绿洲，抵达安息王朝。当时，谋尔夫城（又译为木鹿、马鲁）是安息王朝最东部的马尔吉安那地区的首府。张骞出使西域之后，东西方交通有了很大发展,形成了被称为丝绸之路的东西大动脉。

丝绸之路中道从中国新疆喀什噶尔西行,翻越天山行至大宛,经阿赖河谷,沿克孜勒苏河—瓦赫什河南下,进入巴克特里亚,也可从大宛东行至撒马尔罕再南下至巴克特里亚;丝绸之路南道从中国境内的塔什库尔干向南沿塔什库尔干河到明铁盖山口,经帕米尔高原南缘或瓦罕走廊进入巴克特里亚;丝绸之路北道的"庭州入碎叶道"和"安西入碎叶道"翻越天山后在吉尔吉斯斯坦的碎叶城汇合,再往西至怛逻斯城,由此沿锡尔河南下进入泽拉夫善河流域,与丝绸之路中道汇合进入巴克特里亚。丝绸之路从巴克特里亚绿洲北上抵达谋尔夫绿洲,经谋尔夫城和尼萨城出土库曼斯坦境,然后沿里海南岸西行,可达地中海东岸。在土库曼斯坦境内,谋尔夫城和尼萨城是丝绸之路的重要枢纽。

谋尔夫古城遗址在今土库曼斯坦第二大城马雷市东北郊30千米。公元前6世纪,波斯帝国在此建城堡,城堡顶端建筑了一个拜火教祭坛,站在此处可以一览谋尔夫遗址。公元前4至前3世纪,从亚历山大帝国分裂出来的塞琉古王朝在谋尔夫城之南又筑一个城堡。公元前2世纪,谋尔夫古城归属安息王朝统治,在此时期,统治者在原谋尔夫城堡的基础上兴建了名叫埃尔克卡拉的城市,古城面积约60平方千米,由内城、城区和外廓三部分组成,两条大道从四个城门通往内城中央呈直角相交,以此为中心建筑街坊。公元前2世纪至公元3世纪,埃尔克卡拉城一直是安息王朝东部地区的首府。萨珊王朝时期,埃尔克卡拉城的文化生活丰富,遗址上保留着这一时期建筑的佛教寺院、拜火教祭坛和基督教修道院的遗迹。考古发现了这一时期的陶壶,此物现存阿什哈巴德的国立历史博物馆。

阿拉伯人统治时期,谋尔夫城占地面积达300公顷,按今天的居住情况估计,谋尔夫城居民大约有6万人。[1]阿拉伯帝国时期,中央政府通过原波斯帝国建立起来的驿站体系与呼罗珊行省保持着密切的联系。呼罗珊行省管理的地域很大,北起花剌子模绿洲,南到兴都库什大雪山,在呼罗珊行省内的交通被称为呼罗珊大道。呼罗珊大道从谋尔夫出发,向西经尼沙普尔和雷伊(雷伊城遗址在今伊朗德黑兰以南74米处)与阿拉伯帝国中央政府相连;向南抵达阿姆河以南的吐火罗斯坦,向西渡阿姆河以后与河中地区的交通相连。

谋尔夫城不仅是古代丝绸之路的交通要道,也是如今历史悠久和保存最完好的绿洲城市。11—12世纪上半叶,谋尔夫城成为塞尔柱帝国东部的首都。塞尔柱帝国伟大苏丹阿尔普·阿尔斯兰的墓就在谋尔夫。塞尔柱帝国之后,谋尔夫城是花剌子模帝国的一大中心。1221年至1222年间,谋尔夫城被蒙古西征军摧毁,将近一百万居民遭到屠杀。帖木儿帝国时期(1370—1507),汗王们曾在谋尔夫城遗迹的西南3千米处建筑了阿布杜拉汗城堡。18世纪,印度莫卧儿王朝的军事将领巴延·阿里在此城堡较远的地方又筑了新城堡。然而,两处城堡的规模和繁荣已经不复当年。

1999年,谋尔夫城被联合国教科文组织列入世界文化遗产。从谋尔夫绿洲西北行抵达尼萨城,从尼萨城进入埃克巴坦拉后出土库曼斯坦,然后穿过巴格达、大马士革,抵地中海东岸西顿或贝鲁特。因此,尼萨是土库曼斯坦境内东西交通中的重要城市。

尼萨城遗迹位于今土库曼斯坦首都阿什哈巴德西北18千米的巴吉尔村,遗址包括新、旧尼萨城区。旧尼萨城区是尼萨城政权所在地,面积大约14公顷,四周有厚约10米的土坯城墙,墙上建有

---

[1] 〔俄〕B. A. 李特文斯基主编:《中亚文明史》第3卷,马小鹤译,中国对外翻译出版公司,2003年,第412页。

望楼，城门开在东墙，城门附近是墓地。城内建筑分南北两部分，城南耸立一座城堡，城堡外四面是房舍；城北有一座由方形回廊改建的王室仓库，面积约3600平方米。坐落在东西交通要道的尼萨遗迹展示了东西方文化的影响，不仅保留着与希腊罗马文化融合的痕迹，而且还保留着中亚地区的装饰形式。2007年，尼萨的帕提亚要塞被联合国教科文组织列入世界文化遗产名录。

除了巴克特里亚—谋尔夫绿洲—尼萨这一频繁往来的交通外，经花剌子模绿洲南达中亚泽拉夫善河流域和渡里海北上的道路也是土库曼斯坦的交通要道。

经花剌子模绿洲南达中亚泽拉夫善河流域的道路十分艰苦。在古代中国旅行家中，唐朝佛僧慧超走过这条路。慧超从海路前往印度，后来取道陆路回国。据《往五天竺国传》记，他的返程线路是从印度北上到吐火罗国，又从吐火罗国西行一月，至波斯国。他在波斯境内见到："土地出好细叠，国人爱煞生，事天，不识佛法。"从波斯国北行十日入山至大食国。[1] 此后，他没有南下巴克特拉，而是直接进入地处中亚泽拉夫善河流域西段的安国（布哈拉）。可以推断，他是由花剌子模绿洲进入泽拉夫善河流域的。

在古代外国旅行家中，摩洛哥人伊本·白图泰和西班牙使臣克拉维约走过这条路，并留下了记载。1333年至1334年间，伊本·白图泰记："我从花剌子模出发时，雇了骆驼，购置了驼轿，……另一部分马匹，都披上了马衣以御寒。我们走进花剌子模和布哈拉之间的荒原，全程为十八日，一路沙土，除一镇外，绝无人烟。……在此沙漠中，行程六日无水。后至一斡布克奈镇，这里去布哈拉为一

---

[1]（唐）慧超著，张毅笺释：《往五天竺国传笺释》，中华书局，2000年，第101、108页。

日行程。"[1]

　　15世纪的西班牙使臣克拉维约对从呼罗珊到河中地区的道路有更加详细的记载。克拉维约前往撒马尔罕城时，从伊朗的尼沙普尔来到呼罗珊，从伊朗北部的徒思一路东行，8月18日抵达吐火罗斯坦巴里黑（巴克特拉），渡阿姆河后到渴石（今沙赫里夏勃兹）城，前往撒马尔罕。1404年，克拉维约在返国途中绕道布哈拉，在此停留七天后，从布哈拉城往西渡阿姆河去花剌子模绿洲："沿阿母河两岸，到处村落相望。我们曾在一村内稍息，作穿行一段沙漠地带之准备。沙漠地带之长，须行6日，方能穿过。在村中作20日休息之后，即于12月10日动身，渡过河，河之两岸沙滩甚宽，经风力昼夜吹煽，滩上细沙，作海浪形。阳光映照其上，所反射之强光，明耀夺目。在沙漠上往来，或寻觅路径，极为困难；只有善追人踪者，方能寻出途径而行。……即使向导，亦不免有时迷失途径。沙漠中，只于每日路程之尽处，设有一口井；井上建有高亭，以便寻识。12月14日，停息在一座村内。星期一及星期二未行，星期三起，五日之中，又继续穿行另一片沙漠，而至有充畅水源之处。过沙漠时，见其中有沙山一座，其炽热之程度，虽在12月之中，尚有难于忍受之势。沙漠间行走数日，其辛苦迥异乎寻常。"[2] 不难看出，这条道路非常艰辛。

　　从花剌子模绿洲西行，沿里海东岸北上的路线自古就是游牧民南下的通道。这条路经过了土库曼撒洛尔部游牧的曼格什拉克，沿这条道路南下的商品有皮毛、皮革、呢绒、金属制品，北上的商品

---

[1] 〔摩洛哥〕伊本·白图泰：《伊本·白图泰游记》，马金鹏译，宁夏人民出版社，1985年，第296、297页。

[2] 〔西班牙〕罗·哥泽来滋·克拉维约：《克拉维约东使记》，杨兆钧译，商务印书馆，1957年，第168—169页。

有棉织品和丝织品,以及刀剑和香料。

从花剌子模绿洲西行,渡里海北上的道路从16世纪开始繁忙。此路从花剌子模西部城市出发,渡里海到达伏尔加河河口,再经陆路到达伊蒂尔和保加尔城。16世纪中叶,喀山汗国和阿斯特拉罕汗国被纳入俄国领土之后,阿斯特拉罕城取代了原保加尔城的商业地位。贸易中心的南移使花剌子模绿洲的地位重要起来,它成了联系中亚与三海(咸海、里海和黑海)北岸地区的便捷之地。1558年,从莫斯科出发前往中亚访问的英国人安东尼·詹金森走的就是这条路。从18世纪起,除了以往的阿斯特拉罕、喀山等城市外,奥伦堡、特罗伊茨等要塞成了俄国与中亚交往的政治和商业中心,这些要塞的建立加强了土库曼斯坦与俄国的经济联系。

第二章

土库曼斯坦古代史

公元前7世纪，阿姆河下游三角洲的雅利安人在花剌子模绿洲建立了政权，这是在今土库曼斯坦境内建立的第一个国家。此后，在今土库曼斯坦境内建立的政权有帕尔尼人的阿尔萨息王朝（安息王朝），波斯人的塔希尔王朝，突厥人的花剌子模王朝和塞尔柱帝国，乌兹别克人的希瓦汗国；在今土库曼斯坦境内实施过统治的政权有波斯人的波斯帝国、萨珊帝国、萨法尔王朝和萨法维王朝，希腊人的塞琉古王朝，阿拉伯人的呼罗珊总督，突厥人的伽色尼王朝，蒙古人的伊利汗国和突厥化蒙古人的帖木儿帝国，以及乌兹别克人的布哈拉汗国。

第一节 西方帝国治下的印欧文明

上古时期，印欧种人在今土库曼斯坦境内建立了花剌子模古国和阿尔萨息王朝两个政权，其中，花剌子模古国是今土库曼斯坦境内最早形成的国家。

公元前7世纪，花剌子模绿洲兴建了规模巨大、技术复杂的灌溉系统，绿洲上建筑了城堡，这些遗迹表明花剌子模已经存在着能够调动大批人力和管理公共设施的集权。公元前6世纪，花剌子模一名在波斯铭文中出现，它在中国史籍中被记为宛西小国"骠潜"。

花剌子模古国的西界抵达萨雷卡梅什湖东岸,南界抵达卡拉库姆沙漠。

公元前6世纪后期,花剌子模古国成为波斯帝国的属地,波斯国王居鲁士二世之子巴尔迪亚是花剌子模古国的长官;大流士一世时期,波斯帝国在花剌子模古国建立郡,它与河中地区一起每年向波斯帝国上贡300塔兰特银币。[1]希罗多德记录了波斯帝国对花剌子模古国的盘剥:"自从波斯的统治开始以来,这些人就倒霉了。国王(指波斯帝国国王)封锁了山中的峡谷并用一个闸门把每一个山路给封闭起来,这样水既不能流出来,山中的平原就变成了一个湖,因为水流到平原上来而没有泄出去的地方。结果以前使用这条河的河水的人们不能再用了,因而处于十分困难的地位。因为在冬天,他们和其他的人一样有雨降下来,但是夏天他们却需要水灌溉他们播种的小米和胡麻。因此只要没有水给他们,他们就和他们的妇女到波斯去,在国王的宫殿门前高声哭号。国王终于下令把通过他们中间最需要水的人那里去的闸门放开,而当这块地方把水吸收足了的时候,闸门就关上了,于是国王下令再为其他那些最需要水的人开放另一个闸门,而据我所听到和知道的,在开放闸门的时候,他在租税之外,还要征收大量的金钱。"[2]

公元前330年,希腊马其顿王国亚历山大大帝灭了波斯帝国,花剌子模绿洲摆脱了波斯帝国的统治,成为独立国家。亚历山大攻占玛拉坎达(今撒马尔罕)城后,与花剌子模古国国王发拉斯马尼斯进行了谈判。据古希腊学者阿里安《亚历山大远征记》记:"发拉斯马尼斯带着一千五百名骑兵也来了。他说他们住在科其亚

---

[1] 〔古希腊〕希罗多德:《历史》(上),王以铸译,商务印书馆,1959年,第237页。

[2] 同上书,第245页。

和阿马宗女人国的边界上，如果亚历山大打算讨伐科其亚和阿马宗，把居住在攸克塞因海（黑海）附近一带的各部族征服的话，他愿意当向导，并为远征军筹备一切供应。"[1] 亚历山大随后向发拉斯马尼斯表示感谢，并与他友好结盟。花剌子模古国国王所说的"科其亚和阿马宗女人国"指的是咸海和里海北岸的游牧民马萨革泰人，当时，马萨革泰人给花剌子模古国造成了很大威胁，花剌子模人企图与希腊人结盟以对付他们。

公元前4世纪至前1世纪，花剌子模古国的经济有了长足的发展。考古发现，在东起阿克恰河三角洲、西至萨雷卡麦什低地之间形成了灌溉网，而阿克恰河三角洲以南的丁吉尔泽形成了绿洲。在花剌子模绿洲上发现了粟、大麦、芝麻、胡麻、水果等农作物和经济作物的遗迹，牛、马、羊等牲畜遗骸，以及制陶、铜器制作、纺织、开矿等行业的遗迹。其中，在布坎套南的克里切套山区发现了开采冶炼铜器的铜渣堆，出土了用于开采露天矿的绿岩锤子和重达8公斤的大石锄；在克孜尔库姆发现了开采绿松石矿石的遗迹。[2] 此外，还发现了带城墙的城市建筑，其中，阿姆河下游右岸的詹巴斯·卡拉城具有代表性。

詹巴斯·卡拉城呈正方形，面积约为34000平方米，一条大街将城区一分为二，每一部分约有房屋200间。城市被厚度为1—1.3米的双层围墙围住，墙高10—11米。内外城墙都有箭孔，外围墙上的箭孔密布，每三孔一组。入城门后，要迂回曲折五次才能进入城中。当时，花剌子模古国的西北、正北和东北面都是游牧民，这

---

[1] 〔古希腊〕阿里安：《亚历山大远征记》，李活译，商务印书馆，1979年，第138—139页。
[2] 〔匈〕雅诺什·哈尔马塔主编：《中亚文明史》第2卷，徐文堪、芮传明译，中国对外翻译出版公司，2002年，第358页。

样的设计是防御游牧民的。

花剌子模古国的文化深受游牧文化的影响。在制作精美的陶器上绘有动物、鹰头、狮身和斯基泰骑士的图案；公元前3世纪，书写在羊皮、木片、陶罐等器物上的花剌子模文是用阿拉美字母书写的，古花剌子模文字至今尚未释读成功。花剌子模人最初崇拜日、月、星辰等自然物，廓克里甘卡拉神祠的建筑特征和其上出土的香炉、祭台、祭品反映了自然崇拜的痕迹；从盛放尸骨坛罐的摆放仪式和数量来看，以后花剌子模人信奉了琐罗亚斯德教。许多学者认为，花剌子模古国是最早开始传播琐罗亚斯德教的地方。

公元前323年，亚历山大去世，土库曼斯坦归亚历山大部将塞琉古，塞琉古的统治中心在叙利亚，土库曼斯坦由帕提亚总督统治。"帕提亚"一名指从里海东南岸到穆尔加布河三角洲之间的地区，此名可能来自在此地区活动的帕尔尼人。公元前10世纪至前7世纪，帕提亚地区出现了城堡建筑，因此，有学者推断，在波斯帝国统治之前帕提亚地区已经形成了国家。

公元前673年，亚述国王阿萨尔哈东进，帕提亚人接受了亚述的统治；米底强大起来以后，帕提亚人又向米底纳贡；波斯帝国形成后，居鲁士任命波斯人维什塔斯帕任帕提亚总督，居鲁士长子冈比西斯统治时期，波斯王族成员巴尔迪亚统治着包括帕提亚在内的东部各省；大流士时期，其父维什塔斯帕又成了帕提亚的统治者。当时，帕提亚与花剌子模绿洲等地划为一个单位，即第16区，该区向帝国缴纳300塔兰特银币的赋税。波斯帝国在帕提亚的统治持续了两个世纪。

波斯帝国灭亡后，帕提亚经历了希腊人的统治。亚历山大东征之时，经帕提亚南下攻巴克特里亚；亚历山大去世之时，帕提亚的统治者是弗拉塔费涅斯。塞琉古统治时期，希腊将领佩松之弟攸达模斯取代弗拉塔费涅斯成为帕提亚总督，帕提亚成为塞琉古王朝的属地（前312—前250）。公元前250年，帕提亚总督摆脱塞琉古王朝宣布独立。由于在帕提亚绿洲东部和北部地带的帕尔尼游牧民的侵扰，帕提亚地区很快落入帕尔尼人手中，最终帕尔尼部首领阿尔萨息在谋尔夫绿洲建立了自己的政权，史称阿尔萨息王朝。阿尔萨息王朝在中国史书中称安息王朝或安息帝国，它持续统治帕提亚近500年（前247—公元224）。

塞琉古王朝不能容忍帕提亚分裂出去，多次出兵讨伐。公元前209年，塞琉古国王安条克三世组织十万步兵和两万骑兵大举进攻，打败了安息王朝国王阿尔塔巴努斯的军队，安息王朝被迫承认了塞琉古王朝的宗主权（前209—前192）。公元前192年，塞琉古王朝与罗马帝国发生战争，安息王朝利用这一机会重新获得了独立。

安息王朝在公元前2世纪开始强大起来，它的领土覆盖了今伊朗、土库曼斯坦、乌兹别克斯坦西部和阿富汗北部地区。安息王朝的都城最初在今阿斯特拉巴德附近的尼萨城，随着西进战争的顺利，安息王朝首都逐步往西迁移，先后迁到今伊朗东北达姆甘西南附近的赫卡托姆皮洛斯城（意为"百门之城"，中国称之为和椟城）和埃克巴坦纳。

安息王朝是一个组织松散、文化多元的政权。国王直接统治的地区零星分散。领土大部分由国王的代表即贵族武士家族、臣服藩王、亲属和各地统治者控制着。东部社会可以划分成四个阶层：最上层的"阿札特"（āzāt）是自由人，主要是帕尔尼人，他们中的贵族把持着国家权力，是安息王国的统治阶级；第二阶层由军队主体构成，其中，装备良好的骑兵依附于帕尔尼贵族，为统治阶层服务；第三阶层由农村村民组成，他们拥有一定的财产，在村社中也享有一些权益，但他们没有完全的人身自由，集体依附于统治阶级，给统治者提供赋税；生活在社会最底层即第四阶层的是奴隶，他们在经济中的地位现在还不清楚。

安息王朝以农业为主，兼有畜牧业经济。农业大多数靠灌溉。在安息王朝时期，灌溉范围比以往有了长足的发展。国家严格控制着税收，尼萨的考古材料反映了各种类型的税收项目，它们随着农田种类的不同而有所区别。其中，专供国王使用的税收名为帕特巴兹，此外，还有一种专供宗教活动使用的税收，类似以后的什一税。

安息王朝时期，手工业得到了很大发展。在东部地区，马尔吉亚那制作铁器，如武器和盔甲，毯子也很有名；该地还出土了陶器、玻璃器、铁兵器、盾牌的青铜护手、印章和铸有希腊文的钱币，出土物表现出希腊风格。除手工业外，建筑业也十分发达。城市建筑的平面图几乎都呈圆形或椭圆形，具有军营传统的性质。

古典作家强调安息国王以亲希腊而自豪，他们似乎与希腊文化相处得非常融洽。直到公元1世纪中期，他们仍然使用希腊语和希腊字母书写王家铭文和钱币面文；不过，他们也有自己的语言和文字，这种文字后来出现在钱币、陶器和其他物品上。安息王朝早期房屋的建筑风格受希腊人的影响，采用平屋顶石柱，墙壁带壁龛；后期的建筑有了自己的风格，屋顶为拱穹结构，希腊式的柱子转变为柱壁。

安息王朝对各种宗教持宽容态度，神秘崇拜、基督教、佛教在安息王朝共存。安息人可能已经把希腊化宗教和伊朗宗教的成分融合起来。总的来说，他们尊奉的是琐罗亚斯德教的某种形式，保留了火祠和暴露尸体的习惯。

在胜利的凯歌中，潜伏的危机开始出现。公元前140—前130年，游牧的塞克人开始入侵安息王朝的东部领土。公元前127年，安息国王弗拉阿特二世（前138—前127）在与塞克人的战斗中阵亡。在抵抗无效的情况下，安息国王把一些游牧人从帕提亚本土迁移到德兰吉亚那（今伊朗南部的锡斯坦-俾路支斯坦省）和阿拉霍希亚（今阿富汗的坎大哈），这些地区在接受安息王朝宗主权的情况下，由游牧民自治管理。在安息王朝的西部地区，希腊化城市为了维护自己的权力起来反对安息王朝。在随后的两百年中，安息王朝境内的这些希腊化城市成了反对安息王朝中央政权的主要力量。

公元前1世纪，罗马军队开始入侵安息王朝的领地。为了对抗罗马军队，安息王朝于公元前1世纪中叶将首都从里海东南迁至濒临底格里斯河岸的泰西封城。公元前53年，罗马将军克拉苏大举入侵，结果兵败身亡，他的十万大军中逃回叙利亚的不足一万；公元前36年，罗马将军安敦尼的入侵也以失败而告终；此后，双方又发生过多次战争，互有胜负。安息王朝抵抗罗马入侵者的斗争阻止了罗马帝国的东扩，但也削弱了自己的力量，226年，安息王朝被新兴的萨珊王朝所取代。

公元226年，波斯人阿尔达希尔在法尔斯创建了萨珊王朝（226—642）。233—234年，萨珊王朝军队横扫了帕提亚地区、花剌子模绿洲、巴克特里亚等地，今土库曼斯坦的大多数地区遭到蹂躏。阿拉伯著名学者、历史学家泰伯里（838—923）描写阿尔达希尔在谋尔夫绿洲的战争时说："他（阿尔达希尔）杀死了许多人，并将他们的头颅悬挂在阿娜希德祭火神庙中。"[1]此后，萨珊王朝以泰西封为都城，统治了今土库曼斯坦大部分地区。

245—248年，萨珊王朝夺取了贵霜属地花剌子模绿洲，贵霜

---

[1]〔匈〕雅诺什·哈尔马塔主编：《中亚文明史》第2卷，徐文堪、芮传明译，第383—384页。

帝国被迫向萨珊王朝称臣纳贡。在花剌子模绿洲发现了沙普尔一世（？—272）的铸币，没有发现贵霜的钱币。沙普尔二世时期，萨珊王朝对贵霜帝国发起大规模战争，贵霜帝国遭到决定性的失败。公元5世纪30年代，从北部草原南下的游牧民嚈哒人打败了贵霜人的寄多罗王朝[1]，国王寄多罗率部向兴都库什山以南迁徙。公元5世纪70年代末，南迁的贵霜残余势力被嚈哒人灭亡，贵霜帝国终结。

嚈哒人是一支游牧民族，最初在阿尔泰山游牧，力量很弱，受漠北游牧政权柔然汗国的役使。公元366—376年间，嚈哒人离开阿尔泰山故地，南迁到中亚河中地区。5世纪初，嚈哒人在河中地区建立了自己的政权，史称嚈哒汗国（5世纪初—562年）。[2] 此后，嚈哒人开始对外扩张，向西侵犯波斯萨珊王朝，向南征服贵霜寄多罗王朝。

据泰伯里的记载，萨珊王巴赫拉姆五世在位期间（420—438），嚈哒人攻入萨珊王朝东部边境地区。巴赫拉姆曾佯装前往阿塞拜疆狩猎野驴，暗中在东部边境集结军队，出其不意地在今谋尔夫的库斯梅罕打败了嚈哒，嚈哒国王被杀，王后被俘。巴赫拉姆五世迫使嚈哒人与之签订和约，接受了以巴里黑西400千米的塔里罕为界的条款。

公元5世纪末期，嚈哒人卷土重来，不断劫掠波斯东部，击败萨珊国王卑路斯一世（457—484年在位）后，其后数年索取巨额

---

[1] 寄多罗王朝是一个短暂的地区政权，公元5世纪二三十年代，寄多罗人把曾经贵霜的领土占为己有。当嚈哒获得权力之时，吐火罗斯坦和犍陀罗处于寄多罗王朝的统治之下。以后，在嚈哒的压力下，寄多罗人向西迁移，与帕提亚人和萨珊人发生冲突。

[2] 嚈哒汗国世系：阿赫雄瓦（5世纪下半叶）、头罗曼（5世纪末至6世纪初）、摩酰逻矩罗（约502—542）、摩酰逻矩罗之弟（？—562）、法甘尼什或阿弗甘尼什（562—？）。

的贡金。卑路斯之子居和多在第一次统治期间（488—496）企图摆脱波斯贵族的影响，导致被幽禁在苏萨的"忘却之城"，他的弟弟贾马斯普继位（496—498年在位）。498年，居和多逃脱监禁，到嚈哒人中求援。在嚈哒人的协助下，居和多率领大军重返泰西封，贾马斯普逊位，居和多重新登上王位（498—531年在位）。为了感谢嚈哒人，他将萨珊王朝的部分领土划给嚈哒汗国，并且向嚈哒汗国纳贡称臣。

542年，嚈哒汗摩酰逻矩罗去世，嚈哒汗国迅速走向衰落。545年，萨珊王朝不仅不再向嚈哒汗国纳贡，而且还联合东北方的突厥人共同对付嚈哒汗国。554年，萨珊王朝与突厥人建立了军事联盟；562年，两国分别从西南方和东北方出兵夹击嚈哒，嚈哒汗国灭亡，领土被萨珊王朝和突厥汗国瓜分。双方以阿姆河为界，西突厥占其北，波斯占其南。

567年，西突厥可汗室点密派使团前往波斯，要求入波斯境内贸易，遭到萨珊王朝的拒绝。为了阻止突厥使者再来，波斯王毒死使者后，散布谣言说生长在冰雪之乡的突厥人不适应波斯的干燥气候。从此，双方关系破裂，战争不断。在战争中，阿姆河以南的吐火罗斯坦的昆都士和巴里黑城成为西突厥的属地。在626—628年的战争中，西突厥人联合东罗马帝国共同讨伐萨珊王朝，这次出击为西突厥人参与波斯的宫廷斗争提供了机会，导致萨珊王朝向西突厥汗国称臣纳贡。

7世纪初，阿拉伯人在伊斯兰教的旗帜下团结起来，632年以后，阿拉伯人开始向外扩张。以萨珊王朝为一方，西突厥汗国和东罗马帝国为另一方的战争削弱了萨珊王朝的统治，642年，阿拉伯人以少胜多，占领萨珊王朝都城泰西封，萨珊王朝灭亡。

第二节 阿拉伯人的总督统治

642年，阿拉伯三万军队与萨珊王朝十五万大军在哈马丹以南80千米的尼哈温展开激战[1]，萨珊王朝都城泰西封被阿拉伯人占领，国王伊嗣俟三世向东撤退。阿拉伯人紧随其后，占领了尼沙普尔城，接着向呼罗珊的其他城市挺进。649年，阿拉伯驻巴士拉总督阿布杜拉·本·阿米尔经法尔斯和克尔曼从南面向呼罗珊进军，陆续攻占了徒思、阿比瓦尔德、尼萨、萨拉赫斯和谋尔夫等城。

661年，阿拉伯驻叙利亚总督穆阿维亚夺取哈里发之位，以大马士革城为都建立了倭玛亚王朝（661—770）。倭玛亚王朝初期，呼罗珊由巴士拉总督阿布杜拉·本·阿米尔的部下管辖；664年，在济雅德·本·阿比·苏非亚任巴士拉总督期间，呼罗珊地区被划分为以主要城市命名的四个区：尼沙普尔区、谋尔夫区、赫拉特区、巴里黑区。673年，济雅德之子奥贝杜拉·本·济雅德被任命为呼罗珊行省总督（673—676），阿拉伯人的呼罗珊行省制度确立，行省总督驻谋尔夫城（736年曾迁到巴里黑城，以后又迁回谋尔夫）。[2]

在古波斯语中，呼罗珊意为"东方的土地"。中世纪时期，呼

1　Clement Huart, *Ancient Persia and Iranian Civilization*, tr. by M. R. Dobie, Routledge, 1923, p. 136.
2　倭玛亚王朝时期呼罗珊行省总督世系表：阿勒·哈卡姆（？—670）、伊本·济雅德（670—673）、奥贝杜拉·本·济雅德（673—676）、赛义德·本·乌特曼（676—681）、萨里姆·本·济雅德（681—684）、阿布杜拉·本·喀西姆（684—691）、布开尔（692—693）、乌玛亚·伊本·阿布杜拉（693—697）、穆哈拉布·本·阿比·苏弗拉（697—701）、耶济德·伊本·穆哈拉布（701—704）、法德勒·本·穆哈拉布（704）、屈底波（705—715）、也即德·伊本·穆哈拉布（715—717）、加拉赫（717—719）、赛义德（720—721）、萨亦德·哈拉什（721—722）、穆斯里姆（722—727）、阿什拉·本·阿布达拉（727—730）、朱奈德（730—734）、阿西姆（734—735）、阿萨德·本·阿布达拉赫（735—738）、纳斯尔·伊本·萨雅尔（738—748）。

罗珊的范围很大,东西方向包括了从伊朗高原东部一直到阿姆河西岸之间的广大地区;向南包括了今阿富汗的西北部,一直到巴达克山;向北到花剌子模沙漠。倭玛亚王朝时期,呼罗珊行省是阿拉伯人管理东方事务的中心,吐火罗斯坦、河中地区和花剌子模绿洲都归呼罗珊行省总督管辖。

早期的阿拉伯人从一般平民、士兵,到贵族、首领分等级在国库领取年金,年金从战利品和贡赋中划拨。因此,倭玛亚王朝时期呼罗珊总督的主要活动是继续向东向南进行征服战争,掠夺战利品。总督们每征服一地,就与当地统治者签订条约,规定每年给阿拉伯人支付的贡金数目,以及当地必须提供的兵员人数。其中,奥贝杜拉总督一次要求不花剌城缴纳的赔款数就是十万迪拉姆,相当于不花剌全城五年的税入。[1]

除征服战争外,呼罗珊总督在呼罗珊横征暴敛,实施竭泽而渔的统治政策,因此,呼罗珊行省各地的反阿拉伯起义此起彼伏。712年,花剌子模绿洲发生叛乱,据比鲁尼记,叛乱被镇压下去以后,阿拉伯人对花剌子模进行了野蛮的掠夺,许多有价值的文物和花剌子模文手稿被摧毁。在阿西姆总督时期(734—735),谋尔夫城发生灾荒,总督采取严厉手段在中亚各地征集粮食。在阿萨德总督时期(735—738),谋尔夫城受到来自呼罗珊东面和南面的威胁,736年,呼罗珊首府不得不迁到吐火罗斯坦的巴里黑城。

这种掠夺性统治在纳斯尔·伊本·萨雅尔任呼罗珊总督期间(738—748)开始转变。纳斯尔实施联合当地德赫干(即贵族、地主)的政策,注意维护当地贵族的特权,娶了河中地区统治者不花

---

[1] 许序雅:《唐代丝绸之路与中亚历史地理研究》,西北大学出版社,2000年,第200页。

刺·护达之女。此外，纳斯尔实行比较宽松的经济政策，把税赋从穆斯林转到非穆斯林的头上，皈依伊斯兰教的人日渐增多。

750年，阿拔斯王朝建立，继续实施倭玛亚王朝在东部地区的总督统治。艾卜·穆斯里姆被任命为阿拔斯王朝第一任呼罗珊总督（749—754）。艾卜·穆斯里姆是呼罗珊人，早年沦为奴隶，流落库法城。746年，在呼罗珊波斯人的支持下，组织了一支什叶派武装，参与到阿拔斯革命的轨道[1]，武装起义的火焰在呼罗珊各地熊熊燃烧，起义的声势震撼了整个帝国东部。748年，艾卜·穆斯里姆打败了呼罗珊总督纳斯尔的军队，占领谋尔夫城。749年，艾卜·穆斯里姆成为阿拔斯王朝在呼罗珊的第一任总督。

艾卜·穆斯里姆在呼罗珊和河中地区的势力不断扩大，754年，被哈里发暗杀。此后，他的部下对阿拔斯王朝心怀仇恨，呼罗珊爆发了起义。据塔巴里记载，起义发生在艾卜·穆斯里姆被杀当年，起义者很快形成了浩荡大军，占据了尼沙普尔、雷伊等地，夺取了艾卜·穆斯里姆在雷伊的财宝库。哈里发出兵，双方决战于德黑兰与哈马丹之间地区，起义军被打败，首领辛巴德被杀。

由于波斯贵族在阿拔斯革命中起到重要作用，因此阿拔斯王朝的呼罗珊总督大多由波斯人出任，其中，巴里黑城的波斯显贵伯尔麦克家族就有多人出任。787年，哈里发哈伦·拉希德任命该家族的加法尔·阿勒·阿什阿斯为呼罗珊总督（787—？）。哈伦·拉希德后期，哈里发开始削弱该家族势力，加法尔于803年被斩首，财产被没收，在呼罗珊握有重权的伯尔麦克家族从此衰落。

808年，哈伦·拉希德任命自己的儿子麦蒙为呼罗珊总督（808—813）。麦蒙在呼罗珊得到广泛的支持，组建了自己的军队，

---

1 纳忠：《阿拉伯通史》（上），商务印书馆，1997年，第417页。

由著名的波斯将军塔希尔·伊本·侯赛因指挥。麦蒙夺取哈里发之位（813—833年在位）后，任命塔希尔为呼罗珊总督。821年，塔希尔在尼沙普尔建立了独立于哈里发的割据政权——塔希尔王朝（821—873）；822年，塔希尔在祈祷中不再以麦蒙的名字念胡特巴。塔希尔王朝的建立标志着阿拉伯总督在土库曼斯坦的统治结束。

呼罗珊行省总督上任后，在地方上修建了总督府宫和政府办公大楼，如呼罗珊总督在尼沙普尔城广场附近修建了总督宫殿[1]，在谋尔夫城广场建筑了政府办公大楼[2]。呼罗珊总督管辖地区官员要到总督所在地朝拜，因此，782年阿布尔·阿拔斯·阿德尔·伊本·苏莱曼·吐什出任呼罗珊总督以后，不花剌的长官、大小封建主及贵族到谋尔夫城朝拜，向新任总督表示祝贺。

呼罗珊总督有权召集地方军队。阿拉伯人在东部大城市驻有军队，重要地区的军队由帝国中央派驻，而大多数地区的驻军是行省总督在本地召集。呼罗珊总督艾卜·穆斯里姆在镇压穆坎纳起义之时，曾在不花剌人中召集军队，制造了作战器械和石弩、石炮之类的石头发射器，并组织了一支配备长、短柄斧铲子和提桶等工具的三千工人的队伍。[3] 此外，阿拔斯王朝在东部各地设置了监狱，其中，归呼罗珊行省管辖的大城市尼沙普尔有三幢监狱，修在四分之一里格的范围内，一幢接着一幢。[4]

呼罗珊总督有权向统辖地区派遣官员，如河中地区和花剌子模

1　Le Strange, *The Lands of the Eastern Caliphate*, Cambridge University Press, 1930, p. 383.

2　Ibid., p. 399.

3　Narshakhī, *The History of Bukhara*, tr. by R. N. Frye, The Medieval Academy, p. 71.

4　Le Strange, *The Lands of the Eastern Caliphate*, p. 383. 1里格约合3英里或5千米。

绿洲的长官由呼罗珊总督派遣，819年，呼罗珊总督伽桑·本·阿巴德任命巴里黑的萨曼家族成员担任撒麻耳干、不花剌、拔汗那等地的长官，以他们为首的地方势力迅速增长。[1] 以上这些省区的总督大多数世袭，为地区割据政权的形成铺平了道路。

呼罗珊行省总督的统治促进了当地封建经济的发展。阿拉伯人征服萨珊王朝后，原王室领地、庙宇和祭司的土地、战死者或逃亡者的土地、无主的荒地被称为"萨瓦斐"，它们被分给阿拉伯人。在倭玛亚王朝时期，分封地的世袭继承得到承认，分封地的私有权得到默许，伊克塔制盛行起来。伯尔麦克家族在呼罗珊获得了大量封地。随着疆土的进一步扩大，土地税开始成为国家岁入的最重要来源。

阿拉伯穆斯林和早期皈依伊斯兰教的少数非阿拉伯穆斯林的土地只缴纳什一税（除缴纳十分之一的天课外，免除一切捐税），纳斯尔任呼罗珊总督期间将人头税和土地税加以区别，据规定，穆斯林免交人头税，但要负担土地税。

阿拔斯王朝时期，按人定税的制度改为按地定税，即把全国土地分为什一税地和贡税地，耕作什一税地和贡税地的农民，须向地主缴纳一半收获的地租，其中谷物和货币各半。由于农民必须把部分产品出售，换取货币缴纳地租，于是土地税成为居民的沉重负担，有的地区要上交收成的一半。此外，农民还要负担其他杂税和实物贡赋。除了租税外，劳役也是农民的沉重负担，农民要为建筑房屋、桥梁和城墙，以及开挖渠道等提供无偿劳动。

8世纪初，呼罗珊地区还存在着自由农民，花剌子模绿洲的伯库特-卡拉遗址反映了当时农村公社的布局。该遗址沿一条渠道展开，狭长的居住区大约长40千米，宽4—5千米。这个绿洲遗址

---

[1] 金宜久主编：《伊斯兰教史》，中国社会科学出版社，1990年，第466页。

被划分为几个大村社,大部分农庄很小,拥有的耕地面积与它们的大小成正比,在设防的村庄有一些带院子的大房子,它们之间相隔200—300米。若干村庄以一个城堡为中心聚集在一起,形成一个"巢",共有8—13个"巢"。遗址上的总人口大约有七八千人。绿洲最大的城堡是伯库特-卡拉,城堡脚下的小镇是手工业生产中心。[1]

阿拉伯人在呼罗珊兴修水利,开垦荒地,呼罗珊地区一些荒芜和不毛之地变成了良田。简单而有效的取水装置将河水引入灌溉主渠,主渠再流入分支,形成灌溉网。渠道长达数十千米,有的竟长达数百千米。这些水渠需要保护,于是,一支人数众多的维护灌溉网的队伍形成。呼罗珊地区以开凿的坎儿井为主要灌溉方式。

呼罗珊在8世纪中叶成为农业发达地区。据《经行记》记,谋尔夫"村栅连接,树木交映,四面合匝,总是流沙。南有大河(指穆尔加布河),流入其境,分渠数百,灌溉一州"。[2]关于农作物种植情况,从怛逻斯一直到西海(里海)的中亚广大地区,自三月至九月,天无云雨,皆以雪水种田,宜大麦、小麦、稻禾、豌豆、毕豆(即青斑豆)。谋尔夫牲畜有黄牛、野马、水鸭、石鸡;另有羔羊皮袭,"估其上者,值银钱数百"。[3]

手工业的发展主要是纺织业。呼罗珊生产棉布的地方有谋尔夫、尼沙普尔,这两个城市也是丝织业发达的城市。此外,还有酿酒、制毡、制革等手工业。在怛逻斯战役被俘虏的唐朝人中有许多手工业者,这些俘虏成为呼罗珊总督济雅德的奴隶,在服役中,他们将唐朝的先进技术传给了当地居民,对当地手工业的发展起到了

---

1 〔俄〕B. A. 李特文斯基主编:《中亚文明史》第3卷,马小鹤译,第409页。
2 张一纯笺注:《经行记笺注》,中华书局,2000年,第59页。
3 同上书,第59—60页。

积极作用。

中央政府与地方政府之间的关系是阿拉伯帝国需要认真对待的问题。中央政府通过原波斯帝国建立起来的驿站体系与呼罗珊行省保持着密切的联系。原波斯帝国的驿站体系在阿拉伯帝国时期继续发挥着重要作用,其中呼罗珊大道是联系了中央与地方的重要通道。呼罗珊大道从谋尔夫出发,向西经尼沙普尔和雷伊与中央政府相连,能够迅速了解国家的动向。驿站使中央政府在较短的时间内了解边远省份的情况,因此,驿站实际上成为哈里发的间谍机构,中央政府通过驿站监视各省的总督。[1]

尽管阿拔斯王朝采取了维护中央集权的措施,然而,以哈里发为首的中央政权与以地方贵族为首的地方势力之间的斗争始终贯穿于阿拔斯王朝的历史。随着世袭封地制的发展和封建割据格局的形成,哈里发的权力在与地方封建割据的斗争中遭到削弱,中央的统治崩溃。821年以后,在今土库曼斯坦境内的土著和东伊朗人在阿拔斯帝国东部先后建立了独立于阿拔斯王朝的三个波斯王朝。

第三节 东伊朗人的王朝

塔希尔王朝是以谋尔夫绿洲为中心在今土库曼斯坦境内建立的政权。821年,哈里发麦蒙任命塔希尔为呼罗珊总督,塔希尔在此建立了脱离阿拔斯王朝的独立政权,与此同时,塔希尔王朝的历代埃米尔又接受了哈里发授予的呼罗珊总督一职。创建者塔希尔是说东伊朗语的波斯人,因此,塔希尔王朝被认为是波斯政权。塔希尔王朝立国半个多世纪(821—874),经历了塔希尔、塔勒哈、阿

---

[1] 〔英〕威廉·穆尔:《阿拉伯帝国》,周术情等译,青海人民出版社,2006年,第331页。

里、阿布德·阿拉赫、塔希尔二世、穆罕默德·本·塔希尔几位埃米尔的统治。

塔希尔家族以充当阿拉伯人的顾问起家。在倭玛亚王朝时期，塔希尔先祖鲁宰克是锡斯坦长官手下的一个小官吏，其子穆萨布参加过阿拔斯家族推翻倭玛亚王朝的革命；阿拔斯王朝建立以后，穆萨布被任命为赫拉特总督，塔希尔家族由此发迹。

穆萨布之孙塔希尔·伊本·侯赛因于809年至810年间参与了阿拔斯帝国镇压河中地区的反阿拉伯人起义，接着又参与了麦蒙推翻其兄哈里发艾敏的战争，对麦蒙继任哈里发起到了重要作用。821年，麦蒙任命塔希尔为呼罗珊总督。822年，塔希尔在穆斯林聚礼中不念哈里发麦蒙的名字，在他发行的钱币上也未铸哈里发之名。这些行动表明塔希尔有摆脱阿拔斯王朝的独立倾向。在理论上，塔希尔王朝没有任何实质性的变化，而实际上，第一个独立的穆斯林王朝已经在伊朗的土地上建立起来，波斯人的政治复兴开始了。麦蒙意识到，塔希尔在呼罗珊的统治可以保证阿拔斯帝国控制东部地区的延续性和稳定性[1]，所以，他对塔希尔家族的独立倾向未采取任何公开行动。822年，塔希尔在谋尔夫猝死，死因不明。

塔希尔死后，他的儿子塔勒哈获得了呼罗珊军队的指挥权，他承认了哈里发的最高权威。827年，哈里发任命塔勒哈继任呼罗珊总督（827—828），他的大部分时间和精力都投入到镇压锡斯坦的喀里吉特运动之中，对塔希尔王朝没有任何建树。[2]

828年，塔勒哈去世，其弟阿里成为塔希尔王朝统治者，哈里发承认他代理呼罗珊总督职务。830年，哈里发任命塔勒哈的另一

1　R. N. Frye, *The Cambridge History of Iran*, Vol. 4, Cambridge University Press, 1975, pp. 90, 96-97.

2　Ibid., p. 97.

个兄弟阿布德·阿拉赫为呼罗珊总督（830—844）。833年，哈里发麦蒙去世，其弟穆塔西姆继任为哈里发（833—842）。穆塔西姆对阿布德·阿拉赫抱有很深的成见。据迦尔迪齐记载，阿布德·阿拉赫在麦蒙宫廷之时，曾对穆塔西姆不恭或表现出怠慢。尽管如此，穆塔西姆还是承认了阿布德·阿拉赫的呼罗珊总督职位，继续依靠他统治着帝国东部地区；而阿布德·阿拉赫尽管我行我素，但仍然小心谨慎地维系着与哈里发的关系。

阿布德·阿拉赫是塔希尔王朝中有作为的君主，在他统治期间，塔希尔王朝达到极盛。他在国内建立起强大的统治，并将王朝都城从谋尔夫迁到尼沙普尔。对外，阿布德·阿拉赫于834年确立了对今伊朗的一些地区（塔巴里斯坦、雷伊和起儿漫）的统治，向这些地区派出收税官员。塔希尔王朝对呼罗珊南部的锡斯坦（赫尔曼德河下游盆地，在今阿富汗与伊朗之间）派驻总督，驻扎军队，甚至发动了对河中地区的军事行动，进军锡尔河以北草原消除来自突厥游牧民的进攻。阿布德·阿拉赫统治后期，反塔希尔王朝的起义不断发生，最激烈的反抗来自里海沿岸地区的什叶派运动。844年底，阿布德·阿拉赫在尼沙普尔城去世。地理学家雅库比在他的墓志铭中写道："他在呼罗珊的统治是前人无法比拟的，因此所有的土地都隶属于他，他的命令被人们普遍地遵守。"[1]

阿布德·阿拉赫死后，哈里发任命其子塔希尔·布·阿布德·阿拉赫为呼罗珊总督，史称塔希尔二世（844—862）。历史学家们用华丽的辞藻颂扬塔希尔二世，称赞他的统治是公正的，雅库比说："他用正直的方式统治呼罗珊。"[2] 塔希尔家族在阿拉伯帝国东部的地

---

[1] R. N. Frye, *The Cambridge History of Iran*, Vol. 4, pp. 99-101.
[2] Ibid., p. 101.

位不可动摇,后继的三位哈里发穆塔瓦基(847—861年在位)、蒙塔西尔(861—862年在位)和穆斯塔因(862—866年在位)都承认了塔希尔家族在呼罗珊的统治。

塔希尔二世统治时期,塔希尔王朝面临内忧外患。850—851年,塔希尔家族内部发生纠纷,哈里发出面调解。862年,哈里发穆斯塔因任命穆罕默德·布·塔希尔为呼罗珊总督(862—873)。穆罕默德·布·塔希尔是一个软弱的酒色之徒,他统治期间,塔希尔王朝被推翻。

结束塔希尔王朝的是锡斯坦统治者。852年,布斯特城的阿亚尔党领袖萨利赫·布·阿勒·纳德尔占领锡斯坦,塔希尔王朝承认了萨利赫对锡斯坦的统治。随后,萨利赫的一位名叫雅库布·布·莱斯的军官于861年夺取了锡斯坦统治权。雅库布出生于锡斯坦的一个小村庄,早年从事铜匠行业,铜匠在阿拉伯语中为萨法尔(Saffār),以后,他建立的政权被称为萨法尔王朝(867—1002)。

萨法尔王朝是以伊朗东南部和阿富汗东部为中心建立的政权,建立之初致力于巩固在锡斯坦的统治,867年以后开始扩张领土,目标对准了塔希尔王朝的属地。在萨法尔王朝向呼罗珊南部地区扩张之时,塔希尔王朝埃米尔穆罕默德·布·塔希尔把锡斯坦、喀布尔、起儿漫和法尔斯四省让给了雅库布。871年,雅库布把目标对准了塔希尔王朝都城尼沙普尔,他以追捕萨法尔逃敌为借口,率军向尼沙普尔进发。874年,雅库布不战而取尼沙普尔城,俘虏穆罕默德·布·塔希尔,结束了塔希尔王朝的统治。塔希尔家族成员阿布·塔勒哈偏安于谋夫绿洲,在此进行复辟斗争。雅库布在尼沙普尔金库中获取了塔希尔王朝的大量金钱、武器,用它们武装了萨法尔军队,据说其盾牌、利剑、金制和银制的铁锤武装了两千突厥奴隶卫兵。[1]

879年，雅库布在尼沙普尔城去世，其大弟阿木尔·布·莱斯经过夺权斗争登上了萨法尔王朝埃米尔的宝座；是年，阿木尔确立了对呼罗珊地区的控制权。883年，偏安于谋尔夫的塔希尔家族首领阿布·塔勒哈承认了阿木尔的宗主权，阿木尔把尼沙普尔交给阿布·塔勒哈管理；是年，阿木尔和阿布·塔勒哈的名字一起出现在尼沙普尔铸造的钱币上。然而，两人之间很快发生了争夺呼罗珊的战争，阿布·塔勒哈兵败后逃往河中地区投奔萨曼家族。

885年，在萨曼家族的支持下，阿布·塔勒哈重新夺取谋尔夫城。在这种情况下，阿木尔又与阿布·塔勒哈达成了如下协议：阿布·塔勒哈在名义上承认萨法尔王朝的宗主权，阿木尔则任命阿布·塔勒哈为谋尔夫城统治者，并以阿木尔之子穆罕默德·布·阿木尔的名义实施呼罗珊总督的职能。

与阿布·塔勒哈言和之后，阿木尔开始向阿姆河以东地区发展势力，与萨曼家族发生了冲突。900年，双方在阿姆河南岸打了一仗，阿木尔战败被俘，被送到巴格达。902年，阿木尔在巴格达被哈里发处死，此后，哈里发将萨法尔王朝东部领地转赐给萨曼家族，萨法尔王室的大多数成员被迁往巴格达囚禁。在萨法尔王朝中苟且偷生的塔希尔家族也走向没落，据萨阿利比记载，10世纪后半期的塔希尔家族成员阿布·塔伊布主要靠以往积聚的财产以及萨曼王朝的恩赐维持生活。

获得萨法尔王朝东部领地后，包括谋尔夫绿洲在内的呼罗珊地区接受了萨曼家族的统治。萨曼是巴里黑城有名的大家族，先祖萨曼在巴里黑地区建萨曼村，并担任村长。8世纪上半叶，萨曼家族

1　R. N. Frye, *The Cambridge History of Iran*, Vol. 4, pp. 114, 115.

在吐火罗斯坦的政治斗争中失败,时任呼罗珊总督的阿萨德出兵相助,萨曼家族得以重返故土。此后,萨曼改宗伊斯兰教,并给长子取名阿萨德,以此表达他对呼罗珊总督的感激之情。

以后,萨曼长支阿萨德家族以中亚河中地区为中心建立了萨曼王朝。萨曼家族在河中地区的统治最初隶属于塔希尔王朝,尽管他们以自己的名义铸造铜币,且可以在自己的领地上征兵。821年,塔希尔表现出独立倾向后,阿拔斯王朝开始将河中地区与塔希尔王朝统治的呼罗珊地区分开来,从各方面加强了河中地区与阿拔斯哈里发的直属关系。

萨法尔王朝埃米尔阿木尔去世以后,萨曼王朝陆续兼并了锡斯坦,粉碎了呼罗珊各地的分裂势力,在西起里海沿岸、东至锡尔河畔之间确立了萨曼王朝的统治。10世纪初,阿拔斯王朝哈里发承认了萨曼王朝在呼罗珊,塔巴里斯坦和古尔甘,河中地区和突厥斯坦,以及在印度河流域信德地区的统治。萨曼王朝在呼罗珊实施总督统治,直至伽色尼王朝的建立。

呼罗珊地区曾是塔希尔王朝的统治中心所在地,该王朝在呼罗珊的统治是比较巩固的。萨法尔王朝在这一地区的统治并不巩固,争夺呼罗珊统治权的既有塔希尔王朝的残余势力,如胡吉尼斯坦和拉菲,也有萨法尔王朝埃米尔任命的塔希尔王室后裔,如阿布·塔勒哈。因此,在萨曼王朝接管之时,呼罗珊地区处于混乱无序的状态。

902年,萨曼王伊斯迈伊尔在尼沙普尔设立呼罗珊总督府,任命当时萨曼王朝最高军职,即军队总司令兼任呼罗珊总督,以后,最高军事长官担任呼罗珊总督的情况成为惯例。在阿合马德埃米尔时期(907—914),呼罗珊总督一职甚至由埃米尔本人兼任。这些安排反映了呼罗珊在萨曼王朝中的重要地位。

萨曼王朝向呼罗珊派出的总督有十多位[1]，最初，总督人选都是萨曼家族成员或东伊朗语族的波斯人，945年以后，出任呼罗珊总督的大多数是突厥军队将领。其中，伊卜拉希姆·本·西木居尔是曾经率领三万突厥人[2]随伊斯迈伊尔出征的突厥将领，他之后的曼苏尔·本·喀喇特勤，以及其后的阿尔普特勤也是突厥将领出身。

塔希尔、萨法尔和萨曼三个波斯王朝在今土库曼斯坦境内的统治近两百年（821—999），它们的统治提升了呼罗珊地区在阿拉伯帝国的地位。阿拉伯人征服以后，呼罗珊被纳入阿拉伯帝国的版图，属阿拉伯帝国东部的边远省份。与两河流域相比，东部省份无论在政治上还是经济上都落后于西部。塔希尔王朝建立之前，中亚地区的总督或长官是哈里发委派的，这些总督的任期一般都不长，无论是主观还是客观上他们都很少关注这些地区的持久稳定与进步。9世纪20年代之后相继建立起来的波斯王朝分别以呼罗珊、锡斯坦和河中地区为统治中心，这些地区的政治、经济、文化得到了迅速的发展，它们在阿拉伯帝国中的地位也上升了。萨曼王朝的建立，结束了中亚地区近两百年的分裂，呼罗珊与河中地区统一起来，中亚在一个多世纪中免遭外来入侵。萨曼王朝建立起强大的中央集权，几乎整整一个世纪的鼎盛时期坚守了河中地区和呼罗珊，使之未受到来自草原方面的大规模入侵和攻击。相对稳定的社会环

1　萨曼王朝时期的部分呼罗珊总督：阿合马德埃米尔（907—914）、阿布·阿里·查干尼（930—945）、伊卜拉希姆·本·西木居尔（945—？）、曼苏尔·本·喀喇特勤（？）、阿尔·法干尼（al-Farghani）家族的阿布·沙耶德·巴克尔（Abu Sa'id-i-Bakir, 954—？）、阿尔普特勤（960—962）、阿卜达尔·拉札克（962）、伊卜拉希姆·西木居尔（962—？）、塔斯（982）、阿布·阿里（989—994）、马合木（994—997）、贝克吐祖（997—？）。

2　Narshakhī, *The History of Bukhara*, The Medieval Academy of America, 1954, pp. 62-84.

境为呼罗珊地区的农业、手工业和商业的发展提供了可靠的保障。

从经济方面看，塔希尔王朝建立以前，呼罗珊地区处于阿拔斯哈里发总督的统治之下，总督们很少关心中亚地区的持久繁荣，一有机会就盘剥税收、中饱私囊，特别是呼罗珊总督更换频繁。波斯王朝的统治者们则注意发展本地区经济。据说，塔希尔王朝埃米尔塔希尔不愿意滥用民力修建新宫殿，他曾拒绝征集岁收，理由是他不想背上压迫和暴政的恶名。[1]塔希尔王朝埃米尔阿布德·阿拉赫十分关心农业，为了调整农村因争灌溉用水而常常发生的纠纷，他曾召集来自呼罗珊和两河流域的学者编写了一部关于实施浇灌权的法律著作《河渠书》，书中对水资源的使用做了规定。据阿拉伯作家迦尔迪齐说，在此后的两个世纪中，《河渠书》仍然是审理这类案件的指南。萨曼王朝时期，呼罗珊已经形成人工灌溉网，即河渠或地下水渠（坎儿井）灌溉。据报道，谋尔夫绿洲的庄稼第一年的产出是种子数量的100倍，第二年还能收获种子数量的30倍，第三年甚至还可收获最初所播种子数量的10倍。[2]上谋尔夫或小谋尔夫的周围地区非常肥沃，葡萄和甜瓜大量种植，生活很便宜。[3]谋尔夫周围地区的花园一直以甜瓜著称，它们出口到呼罗珊的各个地区。

据史书记载，萨法尔王朝尽可能地减少对农民征收其他各种杂税。《锡斯坦》一书强调雅库布具有同情心和正义感，拒绝向非常贫穷的人征税，他常常听取人们对官员不当行为的抱怨，强调掌管分配农业灌溉用水的官员要重视农业灌溉，书中判断："这是东部各省农业繁荣的一个重要因素。同样，埃米尔阿木尔在修建新的清真寺、宫殿、桥梁、通往沙漠的石路等慈善工作中，也没有滥

1　R. N. Frye, *The Cambridge History of Iran*, Vol. 4, p. 127.
2　Ibid., p. 402.
3　Ibid., p. 405.

用民力。"[1] 萨曼王朝埃米尔伊斯迈伊尔曾采取了与民休息的统治政策。有一次，他发现雷伊城用于称实物税的砝码太重，下令校正砝码重量，并把多征的实物扣除，校正后的砝码上刻有伊斯迈伊尔的名字。

波斯三个王朝的统治有力地促进了中亚地区文化的发展。一方面，波斯王朝的君主们为了恢复民族自信心而积极推行波斯文化，歌颂古代波斯帝王和英雄们开疆辟土的丰功伟绩，这些历史和文化的活动唤起了当地居民的民族情感；另一方面，为了给王朝增添光彩和荣誉，波斯王朝的君主们兴建图书馆，搜集古代和当代书籍，大力延揽学者、文人及艺术家，资助和扶持文化事业的发展，学者和文人以及有志之士纷纷效力于这些王朝。于是，古波斯文化在吸收伊斯兰文化的基础上焕发出生机，形成了波斯-伊斯兰文化。

波斯-伊斯兰文化是中古世界文化的一颗璀璨的明珠，塔希尔王朝是它诞生的起点。从塔希尔·布·侯赛因起，塔希尔家族的几乎所有重要人物都获得了学者或诗人的名声，王朝创建者塔希尔在夺取巴格达之时写给哈里发麦蒙的书信，以及他在接管拉卡总督职位之时写给儿子阿布德·阿拉赫的训令尤为著名，麦蒙下令将此训令抄写多份送给其他总督。阿布德·阿拉赫的侄儿曼苏尔以"塔希尔王朝的智慧"著称于世，他写了许多有关哲学、音乐、天文学和数学的著作。

萨法尔王朝对波斯-伊斯兰文化的诞生起到了催化作用。雅库布鼓励锡斯坦的喀里吉特派诗人从事新波斯文学的创作，据《锡斯坦》一书记，雅库布在从塔希尔王朝手中夺取赫拉特和布申格城之时，积极拉拢诗人，这些诗人用阿拉伯诗文颂扬他。雅库布不懂阿

---

[1] R. N. Frye, *The Cambridge History of Iran*, Vol. 4, p. 127.

拉伯文,就问他的宫廷秘书穆罕默德萨·布·瓦西夫:为什么要念一些我不懂的东西给我听?于是,穆罕默德萨·布·瓦西夫用波斯文创作了一些诗文。

萨曼王朝在文化方面的贡献尤为突出,从萨曼王朝开创者伊斯迈伊尔起,大批文人、学者从伊斯兰世界各地汇集文化发达的中亚地区,在此学术背景下,中亚地区产生了一大批著名学者。不花剌人被伊本·豪卡尔称赞为生性殷勤、举止大方、较少错误、决心坚定、意识纯洁的人,在呼罗珊居民中出类拔萃。[1] 9—10 世纪,产生了一批如鲁达基和费尔多西这样的世界著名的作家。这一时期的文学作品散发着一种激昂慷慨的阳刚之美,最具代表性的是费尔多西的《王书》,这部史诗般的作品追述了萨珊王朝灭亡以前伊朗历代帝王的文治武功和勇士们勇猛善战的英雄业绩,全书充满了激昂的爱国主义思想。[2] 随着精神生活的发展,巴里黑、谋尔夫、尼沙普尔等城成为当时的文化中心。

10 世纪中叶以后,呼罗珊总督职务之争成为萨曼王朝动乱的因素。随着突厥军人担任呼罗珊总督,呼罗珊地区出现了摆脱萨曼王朝控制的独立倾向。其中,巴里黑总督喀喇特勤·伊斯菲加比率先独立出去,在今阿富汗东南部的布斯特和路卡吉建立了独立政权。969 年,以贝吐兹为首的突厥军事集团在布斯特建立了独立政权;970 年,贝吐兹在布斯特发行了自己的铜币,从保留至今的一枚铜币来看,他的铸币上没有萨曼王朝埃米尔的名字。[3]

989 年春,突厥人阿布·阿里继任萨曼王朝军队统帅,兼任呼

---

[1] Narshakhī, *The History of Bukhara*, p. 122, note 109.
[2] 穆宏燕:《波斯中世纪诗歌中的苏非思想审美价值》,《国外文学》1999 年第 4 期。
[3] R. N. Frye, *The Cambridge History of Iran*, Vol. 4, pp. 131-132.

罗珊总督（997—999）。阿布·阿里以阿姆河以南诸省统治者自居，借口应其军队之请而调拨萨曼王朝的国库收入，甚至调拨王室财产。993年，阿布·阿里与巴里黑总督法伊克结成反萨曼王朝联盟，萨曼王朝求助于阿富汗的伽色尼王朝。伽色尼统治者赛布克特勤率军，于994年11月在赫拉特打败了阿布·阿里和法伊克。萨曼王努赫把呼罗珊总督之职授给了赛布克特勤，赛布克特勤安置其子马合木驻扎在尼沙普尔。[1] 999年，锡尔河北岸的喀喇汗王朝推翻了萨曼王朝。萨曼王朝的灭亡结束了东伊朗语波斯人在呼罗珊的统治，此后，在呼罗珊政治舞台上活动的将是突厥人。

第四节　突厥人的统治

962年，萨曼王朝的呼罗珊总督阿尔普特勤从谋尔夫出走，在阿富汗加兹尼城建立了独立政权，史称伽色尼王朝（在呼罗珊的统治时期：962—1040）。阿尔普特勤是突厥人，他建立的王朝是突厥政权，伽色尼王朝在呼罗珊和花剌子模绿洲的统治拉开了突厥政权在土库曼斯坦统治的序幕。

977年，突厥将领赛布克特勤被军队拥立为伽色尼王朝埃米

---

[1] 关于这段史实，史书的记述各不相同。居兹加尼（Juzjani）的 *Tabakat-i-Nasiri* 记载说，在博格拉汗退出不花剌城以后，努赫二世派人与赛布克特勤联络，双方在基什（Kish/Kash，即渴石［Kesh］）达成协议，于是，赛布克特勤进军呼罗珊，打败了阿布·阿里，此后，努赫和赛布克特勤的联军又于994年11月在赫拉特打败阿布·阿里。巴托尔德依据'Utbl Martini的记载说，在喀喇汗朝布格拉撒出不花剌后一个时期，赛布克特勤应努赫二世邀请而在河中地区出现，赛布克特勤宣誓效忠于努赫二世。于是双方联合起来，共攻阿布·阿里。994年，联军打败了阿布·阿里。马合木在尼沙普尔取代了阿布·阿里。"在994年8月，努赫二世与赛布克特勤在呼罗珊打败阿布·阿里和法伊克联盟。阿布·阿里和法伊克都逃到古尔甘，重新集结力量。努赫授给赛布克特勤及其儿子马合木荣誉称号，以示酬谢；并把呼罗珊总督之职授给了马合木以取代阿布·阿里。"（R. N. Frye, *The Cambridge History of Iran*, Vol. 4）

尔。994年11月，赛布克特勤应萨曼王之召，在赫拉特打败了萨曼王朝叛臣阿布·阿里，获得了呼罗珊总督之职，他派其子马合木进驻尼沙普尔。999年10月23日，喀喇汗王朝军队进入不花剌城，俘虏萨曼王室成员，历时136年的萨曼王朝灭亡。它的领土被伽色尼王朝与喀喇汗王朝瓜分，阿姆河以南以西地区归伽色尼王朝。

此后不久，花剌子模绿洲也成为伽色尼王朝的属地。萨曼王朝时期，花剌子模绿洲名义上臣属于萨曼王朝，实际由两个独立的地方政权统治：阿姆河下游西岸地区由阿拉伯总督马蒙家族统治，统治中心在乌尔根奇；阿姆河以东地区由阿夫格里家族统治，统治中心在柯提，这一政权被称为阿夫格里王朝（305—995）。995年，马蒙家族的阿布尔·阿巴斯推翻阿夫格里王朝，以花剌子模沙的名义统一了花剌子模绿洲。萨曼王朝灭亡后，花剌子模绿洲最初是喀喇汗王朝的属地。继阿布尔·阿巴斯之后的花剌子模沙马蒙二世于1015年至1016年间娶伽色尼王朝苏丹马赫穆德之妹胡塔里为妻，此后，伽色尼王朝开始涉足花剌子模事务。马赫穆德要求花剌子模人在祈祷时以他的名义读胡特巴，这一要求引起了花剌子模人的反感，马蒙二世被杀。马赫穆德以讨伐弑君者为由出兵花剌子模，并于1017年7月初推翻马蒙家族在花剌子模的统治。从此，花剌子模绿洲成为伽色尼王朝的属地，由赛布克特勤的突厥将领阿尔通塔什统治（1017—1032）。

阿尔通塔什在花剌子模的势力逐渐强大。在他去世之时，伽色尼王朝苏丹马苏德（1030—1040年在位）没有让他的儿子哈伦接替他的位置。1034年，哈伦与在河中地区活动的塞尔柱人串通起来造反；1035年，哈伦在花剌子模宣布独立，并打算夺取呼罗珊的其他城市，但还未出兵，就被马苏德收买的奴仆暗杀。以后，河中地区毡的城的统治者马立克沙赫在伽色尼王朝支持下夺取花剌子模沙的王位（1035—1040）。

哈伦去世以后，帮助哈伦登上王位的塞尔柱人遭到了毡的驻军的攻击，据说，被杀的塞尔柱人多达七八千人[1]，大约有一万多塞尔柱人离开花剌子模绿洲，在呼罗珊的萨拉赫斯、阿比瓦尔德等地以打劫为生，生活十分艰难。在此情况下，塞尔柱人派使者带着一封信去见伽色尼王朝苏丹马苏德。信中恳求苏丹把谋尔夫、阿比瓦尔德和萨拉赫斯让给他们，作为回报，他们以外籍援军的身份为苏丹服役。马苏德拒绝了他们的请求，并给予了粗鲁和侮辱性的答复。被激怒的塞尔柱人决心付诸武力。1040年，双方在丹丹坎发生战争，结果，伽色尼王朝军队被塞尔柱人打败，永远失去了呼罗珊地区。[2]

马苏德在丹丹坎战争中遭到失败的主要原因，是伽色尼王朝在呼罗珊的统治不得人心，苏丹们把呼罗珊视为伽色尼王朝的奶牛。据乌特比记："呼罗珊事务的特点除了征税、榨干和增加财政收入的欲望外，没有任何建设性的措施。"[3] 宰相伊斯法英尼为了满足马赫穆德苏丹的欲望曾在呼罗珊大肆搜刮；马苏德苏丹曾让呼罗珊总督苏里在此盘剥，苏里仅1033年送给马苏德的礼物价值就达400万迪拉姆，其中包括布匹、金银器皿、男女童奴、麝香、樟脑、条纹毡毯、珍稀水果、珍珠和精美麻布；马苏德在收到礼物之后欣喜若狂地说："这个苏里是多么优秀的仆人啊！要是我多有几个像他这样的仆人，那将是极为有利可图啊！"[4]

1　M. S. Asimov, C. E. Bosworth, eds., *History of Civilizations of Central Asia*, Vol. 4 (I), UNESCO Publishing, 1998, p. 149.

2　V. V. Barthold, *Turkestan Down to the Mongol Invasion*, first Published in English, 1928, p. 303.

3　J. A. Boyle, *The Cambridge History of Iran*, Vol. 5, p. 13.

4　C. E. Bosworth, *The Ghaznavids: Their Empire in Afghanistan and Eastern Iran 994-1040*, Edinburgh University Press, 1963, pp. 87-88.

丹丹坎战争决定了塞尔柱人以后的命运。打败马苏德后，塞尔柱首领托格里尔在战场上安放了宝座，他坐在宝座上宣布自己是呼罗珊的埃米尔。接着，塞尔柱人以谋尔夫城为都建立了塞尔柱人的王朝，这是突厥人以土库曼斯坦为中心建立的第一个政权。此后，塞尔柱人西进，陆续征服了布威希王朝的属地。1055年，塞尔柱人进入巴格达灭了布威希王朝，夺取了哈里发的世俗统治权，然后，以伊斯法罕为都建立了塞尔柱帝国（1055—1258）。强盛时期，塞尔柱帝国统治了小亚细亚、叙利亚、美索不达米亚、伊朗高原和中亚。帝国建立之初，塞尔柱人的最高统帅托格里尔在伊斯法罕实施最高统治，其弟查基尔驻守和统治呼罗珊地区。[1]

查基尔巩固了在呼罗珊的统治以后，制定了灭亡伽色尼王朝的计划，准备从南北两路进军伽色尼王朝都城加兹尼。南路的目标是夺取锡斯坦，从锡斯坦进攻伽色尼王朝的西南城市布斯特，最终攻打加兹尼城；北路的目标是沿阿姆河上游进军兴都库什山，准备在翻山之后袭击喀布尔，再南下攻打加兹尼城。查基尔率军从北路进发，1059年占领巴里黑，切断了伽色尼王朝与河中地区的联系。在南下攻喀布尔的任务还未完成之时，查基尔于1059年去世了。

查基尔的长子阿尔普·阿尔斯兰继承了父位，成为呼罗珊地区的统治者，首府在谋尔夫。阿尔普·阿尔斯兰曾随父东征西伐，立下了赫赫战功。继承王位以后，阿尔普·阿尔斯兰的主要活动是稳定呼罗珊地区的秩序。1060年，在他的斡旋下，塞尔柱帝国苏丹托格里尔与伽色尼王朝苏丹易不拉欣签订了边境条约，条约规定以当时实际统治的领地为界，不再觊觎对方的领土与财富，不使民众的

---

1 塞尔柱帝国东部统帅：查基尔（1042—1059）、阿尔普·阿尔斯兰（1059—1063）、马立克沙（1063—1092）、阿尔斯兰·阿勒古（1092—1097）、阿赫默德·桑扎尔（1097—1141）。

血为此而白流。为巩固和约，阿尔普·阿尔斯兰之子娶了伽色尼王朝苏丹的女儿。1065年，阿尔普·阿尔斯兰率军从谋尔夫北上，渡过阿姆河占领了花剌子模地区的一系列重镇，得到了地区王公们的正式臣服。

托格里尔去世之后，阿尔普·阿尔斯兰的幼弟登上塞尔柱帝国王位，阿尔普·阿尔斯兰认为这不公平。1063年，他在大臣尼扎姆·莫尔克的辅佐下夺取了塞尔柱帝国苏丹王位，于1064年正式登基为苏丹并迁到伊斯法罕城。他的儿子马立克沙继承了他在呼罗珊的统治。

1072年，阿尔普·阿尔斯兰率领二十万大军渡过阿姆河前去镇压企图反叛塞尔柱帝国的西喀喇汗王朝。在此次讨伐中，阿尔普·阿尔斯兰遇刺身亡。他的遗体被运回呼罗珊谋尔夫城，埋在其父查基尔墓旁。他的长子马立克沙前往伊斯法罕继承王位。

马立克沙接替父亲成为塞尔柱帝国苏丹。在他统治时期，塞尔柱帝国内部出现危机。巴里黑城被西喀喇汗国占领，1073年，马立克沙出兵赶走了西喀喇汗军队，把它封给三弟塔卡什。然而，塔卡什多次反叛，企图建立独立政权，马立克沙曾两次出兵讨伐，1084年，马立克沙派人把他的眼睛挖掉。1077年，马立克沙派五弟突吐施到叙利亚地区，两年以后，突吐施在大马士革建立了独立的叙利亚塞尔柱王朝。

马立克沙于1092年去世，长子巴尔基雅鲁克继位（1093—1105）。在他统治初期，帝国西部的叙利亚、克尔曼、小亚细亚等地先后出现了分裂的小王朝。在帝国东部，统治着呼罗珊的阿尔斯兰·阿勒古（马立克沙幼弟）不承认侄儿巴尔基雅鲁克的权威。1097年，巴尔基雅鲁克派幼弟阿赫默德·桑扎尔出兵夺取了呼罗珊地区，此后，桑扎尔以谋尔夫城为统治中心统治了帝国的东部地区。在他的励精图治下，呼罗珊经历了辉煌时期。

桑扎尔于1097年至1119年间以塞尔柱帝国地方官身份在呼罗珊实施统治。在此期间，伽色尼王朝成为塞尔柱帝国的属国，王位的继承要仰仗他的扶持；花剌子模沙归顺于他，成为塞尔柱帝国的一个行省。1118年，桑扎尔之兄、塞尔柱帝国苏丹穆罕默德去世，穆罕默德之子马赫穆德·本·穆罕默德继任为苏丹。桑扎尔不承认侄儿的继位，率两万人向西出征。1119年8月，双方在萨韦交战，马赫穆德兵败，桑扎尔成了塞尔柱帝国苏丹。他把帝国西部地区留给其兄穆罕默德的儿子们，自己仍在呼罗珊实施统治（1119—1157）。此后的近四十年间，谋尔夫城实际上成为塞尔柱帝国的都城，从东部一直到叙利亚，包括麦加、麦地那在内的地区，都以桑扎尔之名进行祈祷。

塞尔柱帝国统治中心东移，开始与锡尔河北岸的西辽国发生冲突，双方为争夺河中地区宗主权发生了战争。回历536年2月5日（公元1141年9月9日）桑扎尔率军在撒马尔罕以北的卡特万草原与西辽会战。西辽军队中的葛逻禄人发挥了重要作用，他们最终打败了桑扎尔军队。卡特万战争是继一百年前的丹丹坎战争之后在中亚进行的又一场著名战争。塞尔柱帝国在卡特万战争后四分五裂。新兴的花剌子模帝国最终取代塞尔柱帝国成为呼罗珊的统治者。花剌子模帝国是继伽色尼王朝、塞尔柱帝国之后，突厥人在土库曼斯坦实施统治的第三个突厥政权。

在1040年的丹丹坎战争胜利以后，1043年，塞尔柱军队采取包围战术逼花剌子模统治者马立克沙赫投降，花剌子模绿洲被纳入塞尔柱帝国的统治，塞尔柱人派出地方官（沙黑纳）统治。阿尔普·阿尔斯兰苏丹时期，花剌子模绿洲是其幼子阿尔斯兰·阿勒古的封地；马立克沙出任塞尔柱帝国苏丹后，任命突厥奴隶出身的将领讷失特勤为花剌子模沙黑纳，此后，花剌子模绿洲一直处于讷失特勤家族的统治之下。

1097年，讷失特勤去世，长子忽都不丁·穆罕默德继任沙黑纳（1097—1128）。忽都不丁·穆罕默德在名义上仍然是塞尔柱帝国的地方官，实际上，他在被任命的当年就取"沙"（即国王）的称号。尽管如此，忽都不丁·穆罕默德每年都到桑扎尔宫廷朝觐，并率军参与桑扎尔的战争，如在桑扎尔进行萨韦之战时，忽都不丁·穆罕默德随之出征雷伊。

忽都不丁·穆罕默德去世后，其子阿即思在桑扎尔的认可下继位（1128—1156）。像其父一样，阿即思恪守属臣职责，为桑扎尔驰骋疆场，先后参与了桑扎尔维护伊拉克塞尔柱王朝统治秩序的战争，以及桑扎尔讨伐伽色尼王朝的战争（1134）。卡特万战争（1141）以后，一支西辽军队攻入花剌子模，花剌子模沙缴纳了3万迪纳尔（金币），并承诺，每年以牲畜和物品交付同样的年金。[1]此举表明，花剌子模沙同时承认了西辽的宗主权。

在此时期，阿即思一度摆脱了桑扎尔的宗主权。1141年10月，他率军来到呼罗珊西部城市萨拉赫斯，以此为基地出兵攻打都城谋尔夫。谋尔夫城民奋起抵抗，阿即思攻入城后以屠杀报复，然而，他未能在此立足。次年5月底，阿即思宣布独立，花剌子模宫廷的著名诗人拉希杜丁·穆罕默德·瓦特巴尔写诗赞颂道："阿即思王登上帝国的宝座；塞勒术克（塞尔柱）及其家族的运气告终。"[2]对此，桑扎尔无能为力，只好放任之。1143年，从战败中缓过气来的桑扎尔率军把花剌子模的乌尔根奇城围个水泄不通，阿即思重新

---

[1] 魏良弢：《西辽史研究》，宁夏人民出版社，1987年，第81页注1。
[2] 〔伊朗〕志费尼：《世界征服者史》（上），何高济译，商务印书馆，2004年，第311页。

承认了桑扎尔的宗主权,桑扎尔让他继续统治花剌子模。1153年7月,桑扎尔在国内动乱中被古思人监禁,阿即思因忙于应付花剌子模国内北部和东部地区的起义和冲突,无力再举独立大旗。加之西辽的强盛使他改变了对塞尔柱帝国的态度,他曾亲自到呼罗珊为解救桑扎尔而奔走。经历此事,阿即思与桑扎尔之间达成了真正的和解,桑扎尔让阿即思选择,或者继续留在花剌子模沙的位置上,或者留在呼罗珊统率桑扎尔的军队。在还未做出决定之前,阿即思于1156年6月在古羌省附近病逝。

阿即思是一位有作为的君王,他在塞尔柱帝国和西辽两大强国之间摸索着前进,为花剌子模国的独立打下了基础。[1]阿即思死后,其子伊尔·阿尔斯兰率领部队从呼罗珊返回乌尔根奇,于1156年8月正式继位花剌子模沙(1156—1172)。1157年,桑扎尔去世,桑扎尔的侄儿洛克努丁·马赫穆德继任塞尔柱帝国苏丹。伊尔·阿尔斯兰写信表示他承认新苏丹的宗主权。伊尔·阿尔斯兰在承认塞尔柱帝国宗主权的同时,开始了与另一宗主国西辽的战争。西辽收税官员的蛮横态度使伊尔·阿尔斯兰一度拒绝向西辽缴纳年贡,1171年,西辽向花剌子模出兵,伊尔·阿尔斯兰在阿姆河沿岸战败,于1172年3月去世。

伊尔·阿尔斯兰沙死后,他的两个儿子贴乞失和算端沙争夺王位。次子算端沙在母亲特尔罕的帮助下夺取王位,继任花剌子模沙(1172—1173);其兄贴乞失成为毡的城总督,每年向算端沙缴纳贡赋。当贡赋不能按时缴纳时,兄弟之间的夺权战争重新开始,双方都依赖当时的强国西辽。

最终,贴乞失在西辽军队的扶持下夺取王位(1173)。然而,

---

[1] J. A. Boyle, *The Cambridge History of Iran*, Vol. 5, p. 143.

他也不能忍受西辽的强征贡赋和西辽税官的蛮横,双方关系破裂。据记载,西辽税官们的"征索和需求难以容忍,尤有甚者,他们不守礼节。但人类的傲劲必不容忍压制,不堪接受暴政"。[1]于是,西辽转而支持他的兄弟算端沙。当西辽军队护送算端沙抵达花剌子模边境时,贴乞失决堤放水,淹没道路,西辽军不能前进。于是,算端沙改变目标,在西辽军队的支持下进攻徒思城,此后,他在呼罗珊建立了统治。

1187年6月,贴乞失夺取尼沙普尔城,留其子驻守,算端沙逃走。1189年,算端沙重新组织力量围攻尼沙普尔,贴乞失之子被围困城中,贴乞失救子心切,从花剌子模出兵。此后,两兄弟终于言和。1189年6月下旬,贴乞失在徒思城正式称苏丹。

1193年9月底,算端沙在谋尔夫城去世。贴乞失将呼罗珊地区全部纳入花剌子模版图。[2]这一年,花剌子模帝国统治了包括谋尔夫、萨拉赫斯和徒思城在内的整个呼罗珊地区。贴乞失的长子瑙锡如丁·马立克沙被任命为谋尔夫的统治者,次子摩诃末受命统治尼沙普尔城。

1200年6月中旬,贴乞失死于从尼沙普尔返回花剌子模的途中。贴乞失是花剌子模国有能力和远见的统治者。在临终之时,他告诫他的儿子们不要跟西辽打仗,也不要撕毁已经达成的协议,因为西辽统治者是一道阻挡其后可怕敌人的长城。[3]"可怕敌人"指的是蒙古人。

贴乞失去世后,次子摩诃末继承父位(1200—1220)。在他统

---

[1] 〔伊朗〕志费尼:《世界征服者史》(上),何高济译,第319—320页。
[2] 花剌子模帝国苏丹:贴乞失(1173—1200)、摩诃末(1200—1221)、札兰丁(1221—1231)。
[3] 〔伊朗〕志费尼:《世界征服者史》(上),何高济译,第393页。

治初期，花剌子模帝国摆脱了西辽的宗主权。1206年左右，一位名叫图什的西辽收税官来到花剌子模，对摩诃末极不礼貌，摩诃末下令把他碎尸，投入阿姆河。1210年，摩诃末出兵攻西辽，在塔拉兹城附近打败西辽军队，俘获并处死了西辽主将塔阳古。这次胜利之后，四方诸侯向摩诃末的宫廷遣送驿使和贡礼。[1] 此后，摩诃末征服阿姆河流域、波斯地区和阿富汗地区的伽色尼王朝，庞大的花剌子模帝国定都撒马尔罕城。

1220年，蒙古人发动了对花剌子模帝国的战争。此时的花剌子模政权仅仅是一个帝国的胚胎，缺乏国家的骨架，中央和地方政权都没有健全。摩诃末还未与蒙古人交锋就开始西逃，并在逃亡中病逝。这个短时间内拼凑而成的帝国在蒙古人的一击之下就崩溃了。花剌子模帝国灭亡。土库曼斯坦接受了蒙古人的统治。

第五节　蒙古人的统治

当蒙古人灭花剌子模帝国之时，呼罗珊地区仍处在花剌子模帝国地方官的统治之下。摩诃末一行离开撒马尔罕城后来到谋尔夫城，当时，被蒙古人打败后逃难的毡的城民，以及因兵变离开蒙古军逃出来的突厥人纷纷避难于谋尔夫城。

成吉思汗在围撒马尔罕城之时得知摩诃末西逃，派大将哲别和速不台率三万蒙古军追击。1220年秋，拖雷率精锐部队赶来协助。1221年2月5日，拖雷军抵达谋尔夫城下，谋尔夫城派人乞降，蒙古军入城后没收了富豪大户的钱财，留下四百工匠和一些童男童女为奴，其余的人全部杀掉。

---

[1] 〔伊朗〕志费尼：《世界征服者史》（上），何高济译，第384页。

在蒙古军队抵谋尔夫之前，摩诃末离开谋尔夫继续向西逃，1220年末，逃到里海的一个小岛上，在此病逝，他的儿子札兰丁为恢复花剌子模帝国在呼罗珊及其以西以南地区活动。为了剿灭花剌子模帝国的复辟势力，1229 年，蒙古汗窝阔台派绰儿马罕率三万远征军进入波斯。蒙古人直奔花剌子模沙之子札兰丁驻地阿塞拜疆。1230 年冬，蒙古人攻阿塞拜疆，札兰丁向东北逃往木干草原，最后在底格里斯河上游山区被库尔德人杀死，花剌子模帝国复辟之梦破灭。

攻下撒马尔罕城后，成吉思汗派察合台、窝阔台去攻打花剌子模的玉龙杰赤城（今乌尔根奇），同时命令在钦察草原的长子术赤率本部南下协助。察合台和窝阔台屯兵于玉龙杰赤城附近后，蒙古骑兵开始在此驱掠牲畜。玉龙杰赤守军轻率地出城追击，进入埋伏圈，在离城不远名叫巴黑亦忽剌木的地方，蒙古伏兵将守军围住，厮杀至黄昏，杀死花剌子模军一千多人。[1] 第二天，蒙古军强攻入城，用火油筒焚烧房屋。在夺取阿姆河上的一座桥梁时，三千蒙古军被围歼，致使城内守军士气大振。蒙古军伤亡巨大，攻城受阻，历时七个月还没能夺取该城。以后，蒙古人严整军纪，恢复了军队的战斗力，围攻七日才得以进入该城。蒙古军将居民驱赶出城，将十万多工匠送往蒙古，掠其妇女和幼童当作奴婢，其他人分配给蒙古军屠杀。五万多蒙古兵每人分配到 24 人。[2] 屠城之后，蒙古军又掘开阿姆河堤坝，引水灌城，玉龙杰赤城淹没在一片汪洋之中，城中藏匿的人全部被淹死。[3] 称霸一时的花剌子模帝国最终被蒙古人所灭。以后，花剌子模绿洲北部是术赤家族的封地，南部是察合台家

---

[1]〔波斯〕拉施特主编：《史集》第 1 卷第 2 分册，余大钧、周建奇译，商务印书馆，1983 年，第 296 页。

[2] 同上书，第 298 页。

[3]〔瑞典〕多桑：《多桑蒙古史》（上），冯承钧译，上海书店出版社，2001 年，第 112 页。

族的封地，双方为争夺花剌子模统治权进行过战争。

西辽人成帖木儿成为蒙古驻花剌子模绿洲的镇守官。绰儿马罕西征之时，成帖木儿奉命率军来到呼罗珊，以后成为呼罗珊的达鲁花赤（1229—1235/1236）。他去世后，畏兀儿人阔儿吉思和蒙古人诺萨儿都担任过呼罗珊的镇守官。1242年，阔儿吉思被蒙古帝国摄政者脱列哥那哈敦免职，畏兀儿人阿儿浑成为呼罗珊达鲁花赤（1242—1246）。呼罗珊达鲁花赤在呼罗珊和伊剌克阿只迷等农耕地区的统治仅限征收赋税。

1251年，蒙哥大汗在他登基的忽里勒台会上决定出征呼罗珊和阿拔斯哈里发王朝，这一任务交给了他的兄弟旭烈兀。西征结束以后，旭烈兀以蔑剌合为都建立了伊利汗国（1264—1353），呼罗珊地区一直处于伊利汗国的统治之下，最初由旭烈兀的长子阿八哈统治。旭烈兀去世以后，阿八哈（1265—1282年在位）携大臣阿儿浑阿合从呼罗珊起程到篾剌合，"委派另一个兄弟秃卜申带着充足的军队到呼罗珊、祸楼答而以迄阿母河畔去"。[1] 阿八哈汗统治后期，呼罗珊是伊利汗国与察合台汗国的争夺地，察合台汗国最终战败，呼罗珊成为伊利汗国的领地。

在阿鲁浑继位伊利汗时期，包括呼罗珊在内的汗国东部地区由他的长子合赞统治。合赞时期，呼罗珊又经历了一次分裂的危险。1289年，合赞大臣捏兀鲁思叛乱，双方在莱干平原（位于今伊朗马什哈德北）发生激战，合赞战败。伊利汗阿鲁浑出兵援助，捏兀鲁思逃到窝阔台家族避难。1291年，捏兀鲁思在窝阔台宗王海都的援助下返回呼罗珊，军队一路烧杀、掠夺，呼罗珊遭到蹂躏，尼沙普

---

[1]〔波斯〕拉施特主编：《史集》第3卷，余大钧译，商务印书馆，1986年，第104页。

尔城附近的村庄也被洗劫一空。最后,合赞的军队打败捏兀鲁思,海都的军队被逐出呼罗珊。

1295年,合赞夺取伊利汗国的汗位(1295—1304)。合赞汗是伊利汗国最杰出的统治者。

伊利汗国统治初期,蒙古统治者不重视农业,在一些因战争荒芜地区反而征收重税。除了土地税外,蒙古贵族把对游牧民征收的"忽卜出儿",即每年每种牲畜征收百分之一税,扩大到定居农民和市民中,变为人头税在男丁中征收。此外,汗国臣民还要承担非常税、军需税、供养驿使税、官吏开支税以及果园税等。[1]

除了税收重外,伊利汗国初期实行包税制,包税者肆意加征税款,加重了农牧民的负担。《多桑蒙古史》写道:"在合赞改革以前,诸州税课由税课使(Hakim)定其率而征之……然税课司每年所征之税有征至十倍者,且有不少地方征至二十倍者。"[2] 不能按时纳税的老百姓只得弃其村庄家屋而逃,呼罗珊成为无人、无粮、无衣的地方,从巴里黑的边界起到达姆甘的居民只能靠人肉和狗、猫肉充饥。[3] 呼罗珊一个遍地富庶的世界变得荒芜,土地成为一片不毛之地,活人多已死亡,他们的皮骨化为黄土;俊杰被贱视,身罹毁灭之灾。[4] 呼罗珊经济停滞或倒退,甚至到了崩溃的边缘。

合赞任伊利汗后,立即实施整顿和改革。首先,他改变了税率高、税目多、税额不固定的现象。合赞汗下令晓谕全国,固定税额。地税多征实物,农民交给当地政府的实物部分固定到收成的三分之一至四分之一,呼罗珊国有地的租税为收成的五分之三。每年

---

1 徐良利:《伊儿汗国合赞汗改革初论》,《湖南师范大学社会科学学报》1994年第5期。
2 〔瑞典〕多桑:《多桑蒙古史》(下),冯承钧译,第330页。
3 J. A. Boyle, *The Cambridge History of Iran*, Vol. 5, p. 486.
4 〔伊朗〕志费尼:《世界征服者史》(上),何高济译,第169页。

春分、秋分两次征收，不许多征，违者断手或处死。过期不纳税者罚款，并杖打七十。[1]合赞汗下令禁止强夺居民的毛驴。

合赞改革了土地制度。1303年合赞汗实行军事封地制，分封地包含荒地、垦地与水草的分封，"一俟其分给诸千户以后，各乡绅耆会同吾人所派之必阇赤，先分此地为十份，分给百户，复由百户分给十户。该必阇赤将各百户、十户所得之荒地或垦地载之于册。别具册二份，以一份存财政署，以一份交诸千户长。各百户之专册则由各百户保管之。该必阇赤每年巡视其地，其怠于耕作之军人，罪之"。[2]受封者在封地上只能征收国家允许的土地税。封地不能转让、赠送或买卖，违者处死，但受封者有继承权，封地成为领主的永久地产，到14世纪，汗国私有地形式占了统治地位。这种制度的实施使受封者注意管理好自己的土地，他们也开始注意农业生产。

与此同时，合赞下令拨款帮助农户购买耕牛、种子。汗国积极引进印度的优良稻种，被誉为"Dhurrat"的稻种在喀山和伊斯法罕播种后，收成增加300倍。[3]

合赞汗的改革是为了给农民减轻负担，为其创造较为安定的生产环境。农业生产恢复与发展，使国家收入增加。"比较新旧簿籍，从前任在何代，五年所费金帛，不及合赞时一年赏赐之多。从前预先处分来年之收获，今则国家仓库之中常储有一年之谷。"[4]

合赞汗于1304年5月17日去世，其继承人则乏善可陈。1335年，最后一位伊利汗阿布·赛义德去世之时，成吉思汗家族

---

1 徐良利：《伊儿汗国合赞汗改革初论》，《湖南师范大学社会科学学报》1994年第5期。

2 〔瑞典〕多桑：《多桑蒙古史》（下），冯承钧译，第346页。

3 J. A. Boyle, *The Cambridge History of Iran*, Vol. 5, p. 501.

4 〔瑞典〕多桑：《多桑蒙古史》（下），冯承钧译，第333页。

之中没有选出一位被承认的接班人，伊利汗国分裂为许多蒙古官员统治之下的、通常是互相敌对的地区。汗国东部分裂为三个割据政权：呼罗珊东部的克尔特王朝（1245—1396）；呼罗珊北部的赛尔巴朵尔公国（1335—1386）；以法儿思为中心的穆扎法尔王朝（1353—1393）。14世纪后期，新兴的帖木儿帝国将这些分裂王朝逐个消灭。

帖木儿出自突厥化蒙古部落巴鲁剌思部，年轻时代在巴鲁剌思部异密合札罕手下效力，在东、西察合台汗的战争中崭露头角。在兼并河中地区的割据势力后，于1370年建立了自己的政权。经过三十多年的战争，帖木儿打败了东察合台汗国，遏制了他们对河中地区的企图，收复了被钦察汗国占有的花剌子模绿洲，征服呼罗珊，建立起帖木儿帝国（1370—1507）。

帖木儿西征之时，首先把目标对准了呼罗珊东部的克尔特王朝。克尔特王朝是突厥人以赫拉特为统治中心建立的政权，领土包括呼罗珊东部，居民主要信仰伊斯兰教逊尼派。1380年，帖木儿以宗主身份召嘉泰丁二世（1370—1381）出席在河中地区召开的忽里勒台，遭到拒绝。1381年春，帖木儿向赫拉特进军。嘉泰丁家族不能团结对敌，赫拉特城被攻破，城墙被拆除。嘉泰丁投降，承认了帖木儿的宗主权。赫拉特城中有名望的神学家和学者大多被带往帖木儿家乡渴石城。帖木儿之子米兰沙接管了赫拉特城，1396年，米兰沙在一次宴会上暗杀了克尔特王室的其他成员。克尔特王朝不复存在。

征服赫拉特之后，帖木儿把进攻矛头转向了呼罗珊北部的割据政权赛尔巴朵尔公国。赛尔巴朵尔公国是波斯人以撒卜兹瓦尔堡为中心建立的政权，领土包括尼沙普尔、祸椤答而（今伊朗马赞德兰），居民主要信仰伊斯兰教什叶派。赛尔巴朵尔公国一度与帖木儿有过友好交往,在该国遭到西部马赞德兰政权威胁之时,国王阿里·穆雅德(1364—1386年在位)曾向帖木儿求援,帖木儿派兵从古尔甘赶来解围。1381年,当帖木儿到达尼沙普尔时,阿里·穆雅德归附帖木儿,宣布自己是帖木儿的属臣,帖木儿任命他为撒卜兹瓦尔总督。阿里·穆雅德一直忠于帖木儿,因此,撒卜兹瓦尔享受免税的待遇。1386年,阿里·穆雅德在镇压呼罗珊境内反帖木儿势力的战争中去世。撒卜兹瓦尔发生叛乱,帖木儿率军前去镇压,对撒卜兹瓦尔进行了骇人听闻的惩罚,俘虏被活活地与砧石、泥土混在一起,堆砌成几座尖塔。赛尔巴朵尔公国被纳入帖木儿的统治。

至此,帖木儿控制了呼罗珊的大部分地区。1397年,帖木儿把呼罗珊封给了幼子沙哈鲁,沙哈鲁的首府在哈烈城(今阿富汗的赫拉特)。1405年,帖木儿在东征途中去世。同年3月18日,帖木儿第三子米兰沙的长子哈里勒在撒麻耳干继承汗位,帖木儿指定的继承人皮儿·马黑麻起而夺位,帖木儿帝国发生内战。1409年,帖木儿第四子沙哈鲁在内乱中取胜,登上了帖木儿帝国王位。继位之后,沙哈鲁以其封地上的哈烈城为都,统治着帝国的广大地区。

据史家记,沙哈鲁是帖木儿家族中出类拔萃的人物,尽管性情温和,却是一个英明的统治者和勇敢的战士。[1]沙哈鲁的长期统治(1409—1447)维系了帖木儿帝国的统一。1447年3月2日,沙哈鲁去世,他的长子兀鲁伯继位。兀鲁伯统治两年后被亲生儿子阿不都·剌迪甫取而代之,地方割据势力摆脱了中央的控制,西波斯先后被黑羊王朝和白羊王朝夺取。统治六个月之后,阿不都·剌迪甫于1450年5月9日在去清真寺的途中被杀。兀鲁伯的侄儿阿不

---

[1] 〔法〕勒内·格鲁塞:《草原帝国》,蓝琪译,商务印书馆,1998年,第572页。

都剌继位（1450—1451），他的继位遭到宗教界头目，特别是布哈拉宗教集团的反对。在河中地区的争权斗争中，米兰沙之孙卜赛因夺取了哈烈、加兹尼、喀布尔、锡斯坦以及花剌子模，自称帕的沙（意为皇帝、君主）。卜赛因是继沙哈鲁之后帖木儿家族中唯一一位能在一段时期将帖木儿帝国大部分疆土置于统一领导之下的统治者，也是该家族中唯一一位在拓疆方面取得光辉成就者。[1] 他开始了统一帖木儿帝国的战争。

帖木儿帝国的统治改变了东伊朗人的成分和人口的分布，还从根本上改变了波斯地区的经济和社会生活，提升了部落居民和部落政治的重要性。卜赛因去世后，帖木儿帝国一分为二。帖木儿次子乌马儿·沙黑的后裔速檀·忽辛·拜哈拉在呼罗珊地区建立了统治（1469—1506）。忽辛·拜哈拉曾于1460年9月在今阿斯特拉巴德一带建立过政权，1461年，被卜赛因驱逐之后流亡。卜赛因去世后，1469年3月25日，忽辛·拜哈拉在哈烈城民的拥护下登上王位，统治着呼罗珊。在他统治时期，呼罗珊城市的经济和文化都得到发展，人民生活也平静安康。

帖木儿帝国存在了一百多年（1370—1507），在最初的扩张战争中，花剌子模绿洲和呼罗珊地区的经济遭到极大破坏。玉龙杰赤陷落以后，全城被夷为废墟，播种燕麦。[2] 俄国学者巴托尔德认为："在所有文化地区中，花剌子模因帖木儿的征战活动受害最大。该地人民曾数次起来反抗入侵者。1388年，花剌子模首府兀龙格赤（玉龙杰赤）被夷为平地，只有礼拜寺和礼拜寺的尖塔得以幸免。"[3]

---

1 〔伊朗〕阿宝斯·艾克巴尔·奥希梯扬尼：《伊朗通史》（下册），叶亦良译，经济日报出版社，1997年，第702页。
2 周一良、吴于廑主编：《世界通史》（中古部分），人民出版社，1972年，第246页。
3 〔苏联〕维·维·巴尔托里德：《中亚简史》，耿世民译，新疆人民出版社，1980年，第66页。

帖木儿的统一战争导致呼罗珊地区经济普遍衰落,呼罗珊诸城出现了人口锐减的现象。

征服战争结束后,甚至就是在征服战争期间,帖木儿已经开始了恢复经济的工作。帖木儿帝国仿照伊利汗国税收制度制定了一整套的赋税制度。人头税是帝国全体居民都必须缴纳的,居民按贫富差异分为几等,富人每人每年应被征收10个迪纳尔,如此按比例降至穷人每人每年交1个迪纳尔。

土地税是农民必须缴纳的主要税种之一。帖木儿时期的土地税主要以实物的形式征收,份额从三分抽一到三分抽二,三分之一的收获物属于帝国的税收,三分之二的收获物属于耕种者。在人口稠密的农业区,土地应分为三等:第一等须纳三车载的谷物税,其中一半是小麦,一半是大麦,按当时的一车载为3.75个密索儿(Misaul)银,三车载的谷物税约合11.25个密索儿银;第二等须纳二车载的谷物税,约合7.5个密索儿银;第三等须纳一车载的谷物税,约合3.75个密索儿银。[1] 沙哈鲁统治时期,对贵族和埃米尔的财产、土地进行登记造册,作为征税的依据。据说,登记中有夸大财产的现象,直接损害了贵族的利益。[2]

商业贸易也是帖木儿帝国财政的重要来源,官府之税收,大半仰赖于此。据《克拉维约东使记》记,帖木儿曾在商路上设关征税,其中,在位于里海西南角的大不里士通往撒马尔罕的道路上,帖木儿命第三子米兰沙镇守,每年夏季6月至8月间,大批驼队汇集于此,当地政府对驼队所载货物抽税甚重。

继忽辛·拜哈拉之后在呼罗珊实施统治的是他的儿子巴迪·匝

---

[1] Political and Military Institute of Tamerlane, Printed in India, 1972, p. 132.
[2] 马骏骐:《帖木儿帝国的王位继承斗争》,《贵州师范大学学报》1999年第2期。

曼（1506—1507），巴迪·匝曼的短暂统治面临着乌兹别克人的入侵。1507年，乌兹别克人昔班尼的军队攻入哈烈城，巴迪·匝曼向穆尔加布河附近的霍伊巴巴逃亡，帖木儿帝国灭亡。

第六节 乌兹别克人的政权

16世纪初，中亚北部草原的乌兹别克人在河中地区建立了布哈拉汗国（1500—1920）和希瓦汗国（1512—1920），两个汗国分别在呼罗珊和花剌子模绿洲确立了统治。然而，布哈拉汗国在呼罗珊的统治是不巩固的。在最初的两百多年中（1510—1736），呼罗珊大多数时间处于波斯萨法维王朝的统治之下。萨法维王朝灭亡后，除谋尔夫绿洲处于布哈拉汗国和希瓦汗国的争夺之中外，呼罗珊其他地区属于非乌兹别克人的地区小王朝。与此不同的是，乌兹别克人在花剌子模绿洲的统治持续了近四百年。

当乌兹别克人在河中地区建立政权之时，呼罗珊仍归帖木儿帝国，由帖木儿后裔忽辛·拜哈拉（1469—1506年在位）统治。忽辛·拜哈拉去世时（1506），昔班尼率领的乌兹别克人兵临呼罗珊，忽辛·拜哈拉之子巴迪·匝曼和穆扎法·忽辛·米尔咱在穆尔加布河沿岸集结军队抵抗。1507年，昔班尼几乎不战而取帖木儿帝国首都哈烈城，继而夺取谋尔夫和阿斯特拉巴德，将呼罗珊地区纳入布哈拉汗国的版图。

此时，以大不里士为都的萨法维王朝（1501—1736）统治者伊斯迈尔正在西方与奥斯曼人作战。获悉乌兹别克人夺取呼罗珊地区后，伊斯迈尔赶紧结束了与奥斯曼人的战争，赶往呼罗珊。呼罗珊对布哈拉汗国和萨法维王朝来说都具有极大的吸引力，这里不仅是东西方的交通要道，而且波斯与印度的交通也经过此地。因此，控制这一地区均是两国的核心利益所在。

1510年,伊斯迈尔在谋尔夫城打败昔班尼。此后,争夺呼罗珊的战争在昔班尼的侄儿奥贝都剌与萨法维王朝沙赫塔赫马斯普(1524—1576年在位)之间进行。1524—1526年的战役中,乌兹别克人打到了呼罗珊西部边境达姆甘,然而,哈烈城仍然在波斯人手中。1526—1528年间发生了第二次战役,战争初期,奥贝都剌的军队占领了从阿斯特拉巴德到马什哈德的地区。据巴布尔说,塔赫马斯普率四万军队出征,带有火枪和大炮,而奥贝都剌的军队没有找到足够的装备以坚守哈烈。[1]1529—1531年的战争也以布哈拉汗国的失败告终。在此后的半个多世纪中,布哈拉汗国因内乱无力西征,呼罗珊成为波斯萨法维王朝的领地。

在阿布杜拉汗时期(1583—1598),乌兹别克人与波斯人争夺呼罗珊的战争再起。1588年,阿拔斯继位萨法维王朝沙赫,阿布杜拉汗趁新君继位的时机出兵,经11个月的围攻夺取哈烈城。第二年,阿布杜拉之子阿布·穆明夺取马什哈德,在该城进行了骇人听闻的大屠杀。布哈拉汗国以谋尔夫为中心统治了包括马什哈德在内的呼罗珊大部分地区。

1597年,阿拔斯在哈烈城大败布哈拉军,陆续收复了呼罗珊的大部分地区。紧接着,萨法维王朝迁都伊斯法罕,都城的东移加强了波斯人对呼罗珊的统治。1598年,阿布杜拉汗去世,其子阿布·穆明被杀,王位转到了札尼伯家族手中。布哈拉汗国开始了札尼王朝的统治。

札尼王朝初期,为夺回呼罗珊地区也与波斯人进行过争夺战。

---

[1] 〔印度〕巴布尔:《巴布尔回忆录》,王治来译,商务印书馆,1997年,第593页。

1598年8月,札尼伯之子丁·穆罕默德在哈烈城战死。伊玛姆·库利汗统治时期(1611—1642)改变了政策,他与阿拔斯确立了良好交往,和平关系一直保持到1629年阿拔斯去世。到阿拔斯二世时期(1642—1666),札尼王朝因与希瓦汗国的战争而无力西顾,波斯人在呼罗珊的统治稳固起来。这种局面一直持续到1736年萨法维王朝衰亡。

1736年,萨法维王朝将领纳迪尔自称沙赫,在呼罗珊建立了阿夫沙尔王朝(1736—1796)。纳迪尔沙出生于土库曼阿夫沙尔部一个农民家庭,童年时被卖为奴隶,1708年逃到阿比瓦尔德城附近,在此组建了一支骑兵。1726年,他的部队开始为萨法维王朝效力,是年,收复了被阿富汗人占领的马什哈德和呼罗珊一些地区。1730年,纳迪尔沙把奥斯曼人赶出西波斯。1735年,萨法维王朝幼主阿拔斯三世去世,1736年,纳迪尔沙夺取政权,建立了阿夫沙尔王朝。

纳迪尔沙以马什哈德为都统治着呼罗珊,谋尔夫绿洲是他向外扩张的战略基地。1740年10月,纳迪尔沙向土库曼人居地查尔朱、哈扎拉斯普、皮特内克、汗卡进攻,这些地区抵抗失败,一些土库曼人被召到纳迪尔宫中为他服务。[1]七年以后,纳迪尔沙在呼罗珊被杀,继承王位的是他的侄儿阿迪尔和易卜拉欣·阿夫沙尔,他们的统治都不长久。以后土库曼部落首领扶持纳迪尔沙之孙沙鲁克·阿夫沙尔登上沙赫之位。1749年,以设拉子为首都的赞德王朝(1749—1794)夺取阿夫沙尔王朝的大片土地,阿夫沙尔王朝仅仅保住了呼罗珊及其以东地区。是年,沙鲁克·阿夫沙尔被阿拉伯、库尔德等部首领弄瞎,成为各部落操纵的傀儡,各地由地区统

---

1 Chabryar Adle, Irfan Habib, eds., *History of Civilizations of Central Asia*, Vol.5, UNESCO Publishing, 2003, p. 135.

治者统治。1779年,在伊朗北部草原上游牧的土库曼恺加部首领阿迦·穆罕默德建立了被称为恺加王朝(1779—1921)的政权。1796年,恺加王朝出兵呼罗珊,处死了沙鲁克·阿夫沙尔,阿夫沙尔王朝灭亡,呼罗珊西部地区归恺加部人统治。

18世纪后期,呼罗珊东部地区归布哈拉汗国统治。纳迪尔沙被杀后,布哈拉汗国经历了曼吉特王朝的统治(1756—1920)。统治之初,谋尔夫绿洲的特克部土库曼人归属于布哈拉汗国。据穆罕默德雅库比记载,18世纪90年代,谋尔夫绿洲的土库曼人在听到布哈拉统治者沙赫·穆拉德被杀的消息以后,举行了起义,他们推举土库曼撒洛尔部人为首领,把城市四郊毁坏。布哈拉汗国驻谋尔夫的统治者迪恩纳希尔别克镇压了土库曼人的起义。据希瓦历史学家说,在镇压起义者时,迪恩纳希尔别克曾求助于希瓦汗。

19世纪初,呼罗珊东部的谋尔夫绿洲成为希瓦汗国与布哈拉汗国争夺的对象,其中,莱巴普和谋尔夫城是双方争夺的焦点。莱巴普的土库曼人反抗布哈拉埃米尔海达尔的武力统治,谋尔夫的土库曼人反抗希瓦汗穆罕默德·拉希姆的入侵。两城在双方之间多次易手,希瓦汗国在此的活动较为频繁。争夺战争还在进行之时,19世纪后期,呼罗珊成为沙俄的属地。

与呼罗珊不同,乌兹别克人在花剌子模的统治较为巩固。乌兹别克人在花剌子模的统治先后经历了阿拉布沙希王朝(1512—1804)和昆格拉特王朝(1804—1920)。阿拉布沙希王朝最初以维泽尔城和乌尔根奇城为都,17世纪20年代,都城从乌尔根奇迁往花剌子模三角洲的希瓦城,历史上把这两个王朝统称为希瓦汗国。[1]

---

[1] 首都由乌尔根奇城(今乌尔根奇老城)迁往希瓦一事发生在阿拉卜·穆罕默德汗(1602—1623)统治中期,具体时间未能确定,因此大致定于17世纪20年代。

希瓦汗国的领土今分属于乌兹别克斯坦和土库曼斯坦,因此,它的历史是土库曼斯坦史的组成部分。

15世纪末,花剌子模绿洲是帖木儿帝国统治者忽辛·拜哈拉的属地。1505年,布哈拉汗昔班尼率领乌兹别克人攻占花剌子模绿洲的重要城市乌尔根奇,在此派驻官员。1510年,昔班尼汗在与波斯萨法维王朝的战争中阵亡,布哈拉汗国驻乌尔根奇的长官弃城而逃,其地被波斯萨法维王朝占领。花剌子模宗教界不满信仰什叶派的萨法维王朝波斯人,于1511/1512年派人到钦察草原,请求昔班家族出面赶走波斯人。赶走波斯驻军后,乌兹别克人在此建立了阿拉布沙希王朝,大批乌兹别克人来到了花剌子模绿洲。阿拉布沙希王朝的统治疆域北至咸海,南达呼罗珊北部,东至克孜勒库姆沙漠,西至里海东岸。

1538年,布哈拉汗奥贝都剌出兵花剌子模,杀花剌子模汗阿瓦涅夫,将自己的儿子阿布·阿吉兹留在花剌子模统治。阿瓦涅夫汗幸存下来的亲属们纷纷逃往阿瓦涅夫之子丁·马哈默德的领地——呼罗珊达鲁恩公国避难。以后,丁·马哈默德在土库曼人的帮助下赶走了奥贝都剌在花剌子模的统治者,1539/1540年,阿瓦涅夫之弟哈尔汗登上了希瓦汗国的王位。哈尔汗统治时期,乌兹别克人在花剌子模的统治稳定下来,人民生活得到改善。人们说:"哈尔汗登上汗位,面包降落到地上。"[1]

16世纪上半叶,希瓦的乌兹别克人频繁入侵呼罗珊,据《突厥世系》记,萨法维王朝沙赫塔赫马斯普实在无法忍受希瓦军的侵扰,提出两国联姻的想法。为了联姻,塔赫马斯普给希瓦汗送去了九个金锭、九九八十一个银锭、九顶帐幕、九匹鞍辔齐备的马及

---

[1] 阿布尔·哈齐·把阿秃儿汗:《突厥世系》,罗贤佑译,中华书局,2005年,第219页。

一千匹锦缎。[1] 此后，双方一致对付布哈拉汗国的乌兹别克人。每当布哈拉汗干预花剌子模事务之时，萨法维王朝的呼罗珊地区就成为希瓦统治者的避难所。在布哈拉汗奥贝都剌占领花剌子模期间，希瓦王室成员丁·马哈默德逃到呼罗珊，以附庸的身份接受了塔赫马斯普赐予的尼萨和阿比瓦尔德，在此建立乌兹别克人的小王朝。1594—1595 年间，布哈拉汗阿布杜拉攻入乌尔根奇，希瓦汗哈吉姆在呼罗珊避难三年，1598 年才得以返回花剌子模。

与此同时，呼罗珊历任统治者也积极参与希瓦汗国和布哈拉汗国之间的斗争。在布哈拉汗国驻谋尔夫的统治者努尔·穆罕默德遭到希瓦汗国军队掠夺时，布哈拉汗国出兵协助他镇守谋尔夫；而当布哈拉汗罢免他的官职时，努尔·穆罕默德又转而求助于希瓦汗哈吉姆。这些事件反映了呼罗珊地区与希瓦汗国之间的密切关系。

17 世纪，在阿布哈齐及其子阿奴什统治期间（1643—1687），希瓦汗国经历了强盛，不断对布哈拉汗国发起进攻，布哈拉汗国无力顾及呼罗珊地区。阿奴什及其后的四十多年中（1687—1728），希瓦汗国经历了乌兹别克贵族们任意废立汗王的时期，花剌子模居民离乡背井，城市和乡村空无人烟，耕地长满芦苇，汗国首都希瓦城只留下不超过四十户，甚至只有十五户人家。没有一个人感到自己是安全的。[2]

1741 年以后，希瓦汗国的实权掌握在亦剌克（宰相）手中，乌兹别克昆格拉特部酋长穆罕默德·阿明出任汗国的亦剌克（宰相）。穆罕默德·阿明任职期间（1770—1790）致力于希瓦汗国的振兴，汗国的社会秩序有所改善。18 世纪 70 年代，流向达乌卡拉

---

1 阿布尔·哈齐·把阿秃儿汗：《突厥世系》，罗贤佑译，中华书局，2005 年，第 204 页。

2 〔苏联〕帕·彼·伊凡诺夫：《中亚史纲》，《中亚史丛刊》1983 年第 1 期。

湖的各支流上建起了拦河坝，提高了这些支流的水位，并且抽干湖水而获得大片农田[1]，经济逐渐恢复。穆罕默德·阿明之子艾维兹任职期间（1790—1804），修建了大量水利工程，最有效的工程是排干被水淹没的阿姆河三角洲。在艾维兹之子艾利吐热尔任职期间（1804—1806），建立了一支由乌兹别克人组成的、忠于自己的军队，利用这支武装，艾利吐热尔废除汗王，自称沙赫；他的王朝名为昆格拉特王朝（1804—1920）。[2]

昆格拉特王朝统治初期，乃蛮、克雅特、努库兹、坎格累、契丹和钦察等部割地自重，势力强大。1806年，艾利吐热尔在与布哈拉汗国的一场冲突中去世，昆格拉特王朝的第二任汗王麦哈穆·拉希姆继位（1806—1825）。

麦哈穆·拉希姆继位后着手统一战争。从1813年起，希瓦汗国多次出兵呼罗珊北部地区，征服了特克、约穆德、萨利克等土库曼部落；使伊木里利人、阿尔·埃利和卡拉塔什利土库曼诸部重新承认了臣属关系，向汗国缴纳规定的赋税和派人到汗国军队中服役。1822年，希瓦汗国夺取谋尔夫城，1824年，希瓦人在此建成了名为新谋尔夫的城市（今土库曼斯坦的马雷市）。

麦哈穆·拉希姆大力发展灌溉工程，1815年开通的克累奇尼亚孜拜大渠从古尔连流入汗国的西南边区，此后的三十年中大渠一直发挥重要作用。1824年，计划修复苏丹大坝（位于穆尔加布河上），不过未能如愿。

麦哈穆·拉希姆去世后，他的儿子阿拉·库里继承汗位

---

1 《乌兹别克共和国史》第1卷第2分册，第10、11页，转引自吴筑星：《沙俄征服中亚史考叙》，贵州教育出版社，1996年，第91页。
2 昆格拉特部又译为弘吉剌部，因此，昆格拉特王朝又称为弘吉剌王朝。关于它兴起的时间有1763年说、1770年说和1804年说。

（1825—1842）。阿拉·库里汗致力于发展农业，当时修筑的灌溉设施可以引阿姆河之水灌溉两岸农田，包括乌尔根奇老城的耕地，这些土地由于阿姆河改道而完全荒废了将近两个世纪。1832年，希瓦汗国出兵谋尔夫绿洲，向特克土库曼人索取贡赋，并在撒洛尔土库曼人的居地设税收机构，向过往的商队征税。19世纪40年代，希瓦汗国在查尔朱抢劫财物和掳掠人口，被俘者被迁往希瓦汗国；由于人数众多，希瓦汗下令新建几个村子安置这些人。

1842年11月23日，阿拉·库里汗去世，其子拉希姆·库里继位（1842—1845），此时，俄国人加紧了征服中亚的步伐。拉希姆·库里曾派人到哈萨克人中，试图与贵族肯尼萨尔联合，共同抗击俄军，但不久他就去世了，他的兄弟穆罕默德·艾明继承了汗位。

穆罕默德·艾明时期（1846—1855），呼罗珊的土库曼人对希瓦汗的统治进行反抗。希瓦汗强迫特克人定期缴纳赋税，每村交一只骆驼，还以禁止土库曼人到汗国统治中心地区做买卖和停止对灌溉渠放水等措施制裁那些不驯服的土库曼人。希瓦汗的专制统治和暴力激起了土库曼人的反抗，1855年，穆罕默德·艾明在与土库曼人的战争中被杀。土库曼人的起义持续了十二年（1855—1867），希瓦汗国军队费了很大的力气才将起义镇压下去。

19世纪后期，希瓦汗国面临沙俄军队的威胁。1873年，俄国出兵希瓦汗国，希瓦汗巴哈杜尔（1865—1910年在位）与俄国签订了一系列条约，这些条约使希瓦汗国沦为俄国的保护国。

第三章
土库曼族的形成

土库曼斯坦是一个多民族国家,境内有一百多个民族,其中,土库曼族是土库曼斯坦的主体民族。10世纪以前,土库曼斯坦境内的主要居民是欧罗巴人种中的印欧种人;10世纪以后,蒙古利亚人种中的突厥人和蒙古人先后来到土库曼斯坦,他们与当地居民杂居和融合;到16世纪,蒙古利亚人种与欧罗巴人种的混合型民族——土库曼人形成,他们说属阿尔泰语系突厥语族乌古斯语支的土库曼语,信仰伊斯兰教。16世纪形成的土库曼人离现代意义上的土库曼族还有相当大的距离。17世纪至18世纪,土库曼人经历了两百多年的迁徙,19世纪下半叶迁徙结束,大批土库曼人从游牧转为定居,现代土库曼族的形成过程才基本完成。

第一节 族源与族名

土库曼人源自古思人,也有人认为土库曼人源自乌古思人[1]。古思是从乌古思(九姓古思)中分离出来的一支,1077年成书的《突厥语大词典》认为古思是乌古思的一部分;《乌古思史》(附于13—

---

[1] 土库曼斯坦萨·阿·尼亚佐夫总统在《鲁赫纳玛》一书中说:"土库曼民族始于土库曼的奥古兹汗","奥古兹(即乌古思)人就是土库曼人"。转引自施玉宇编著:《土库曼斯坦》,第29页。

14世纪成书的《史集》)记载:"突厥蛮人明确地知道,每个君主和异密(出自)这些部落的哪一支。塞尔柱王朝诸算端及其祖先,这些伟大和受崇敬的君主,在土兰和伊朗地区统治了将近四百年,从遥远的埃及各地区直到中国边境,(各民族)都曾受其统治,他们(都出自)乞尼黑一支。他们的历史附于《乌古思史》中……"[1]古思人与母体乌古思部落联盟的分离是中亚葛逻禄人强盛的结果。

葛逻禄人强盛后,占据了乌古思联盟的地盘,将乌古思人拦腰阻断,分成了东、西两部;西部乌古思人在以后的史书中以古思一名出现。俄国史家巴托尔德认为,10世纪学者们所称的古思人仅指住在西方的乌古思人。说土库曼人起源于古思或乌古思本质上没有什么区别;不过,土库曼人起源于西部乌古思人,也就是说,土库曼人起源于9世纪以后被史书记为古思的乌古思人,因此,说土库曼人起源于古思人则更为准确。

在人类学分类中,古思人或乌古思都属于说突厥语的蒙古利亚人种,一般将他们简称为突厥人。"突厥"原是一个部落的名称,突厥部并不是最早进入中亚的突厥语部落,最早进入中亚的突厥语部落是铁勒部族(高车)副伏罗部。公元4世纪,铁勒已经是一个部落众多的部落联盟,其下部落分布在东起贝加尔湖、西至巴尔喀什湖之间的地区。5世纪后期,铁勒部落向西陆续迁到中亚北方草原,他们是最早来到咸海和里海北岸的蒙古利亚人种[2],在东罗马史书中,他们被称为奥佐伊人。6世纪,铁勒部落遍布于里海以北草

---

[1] 〔波斯〕拉施特主编:《史集》第1卷第1分册,余大钧、周建奇译,第146页。
[2] 西方有学者认为,突厥人来到黑海—里海草原是很早的事,是匈人向欧洲的迁移将新的种族成分带到了这些地区,这些突厥人后来成为此地区的主要种族语言体;甚至提出,有少许证据表明,在匈人跨越伏尔加河之前,突厥牧民就出现在这一地区。见〔美〕丹尼斯·赛诺主编:《剑桥早期内亚史》,蓝琪译,商务印书馆,2021年,第246页。

原，据《隋书》记："自西海之东依山据谷，往往不绝。……得嶷海东西，有苏路羯、三索咽、蔑促、隆忽等诸姓，八千余。拂菻东则有恩屈、阿兰、北褥九离、伏嗢昏等，近二万人。……虽姓氏各别，总谓为铁勒。"其中，据近代学者洪钧（1839—1893）考证，得嶷海是今里海，拂菻指东罗马帝国。[1] 由此可见，铁勒人已经迁到了里海东西岸地区。6世纪中叶，铁勒诸部中的突厥部强大起来，建立了统治中亚一百多年的汗国——西突厥汗国（552—659）。

西突厥汗国灭亡后半个世纪，阿拉伯人来到中亚，他们依据语言特征，把与突厥部说相同语言的人统称为突厥人，因此，阿拉伯人的所谓突厥人其实是说突厥语的铁勒各部。阿拉伯人的这种称呼逐渐为西方所接受，并成为习惯沿用下来。18世纪，东西方语言学家对亚欧中部的部族、部落和民族的语言研究发现，这些部族、部落或民族所说的语言具有相同的特征，他们把这些部族、部落或民族所说的语言归为阿尔泰语系突厥语族，于是，凡是说突厥语的人就被称为突厥人。

公元7世纪，铁勒诸部中的葛逻禄部崛起，命运与葛逻禄人联系在一起的古思人开始出现在史书中。8世纪中叶，葛逻禄人占据了古思人的牧地，据《新唐书》记，至德（756—757）以后，古思人被葛逻禄人赶走，他们的牧地被葛逻禄人占领；据《世界境域志》记，"古思人的一次重要运动是由葛逻禄人占据了原先属于西突厥人（突骑施）的地区而引起的"[2]；据伊本·阿西尔《全史》记："呼罗珊的一些历史学家们拿出了许多有关他们的肯定的材料。他们说，这些古思人在哈里发马赫迪时期（775—785），从突厥人

---

[1] 洪钧：《元史译文证补》第27卷下，那珂通世校订，东京文求堂书店，1902年，第18页。

[2] V. V. Minorsky Translation and Explained, *Ḥudūd al-ʿĀlam*，第17节注。

最遥远的沼泽地区（Var）迁来；他们接受了伊斯兰教，帮助以欺骗术为业者穆坎那，直到他最终出现。当军队前往反对他时，古思人遗弃了他，……而葛逻禄人惩罚了他们（指古思人），并把他们从其驻地上赶走。"[1] 据考古发现，这次迁徙，古思人经锡尔河向西方渗透。

10世纪，西迁的古思人在咸海北岸建立了政权——古思叶护国，势力一直延伸到乌拉尔河与伏尔加河下游。据《世界境域志》记："古思人其貌傲慢，十分好斗，是凶狠（sitiza-kar）和恶毒（hasud）之辈。迁到锡尔河北岸以前，古思人似乎是以单一的游牧经济为生，他们放牧羊、马、牛群，与突厥部稍有差别的是，他们更多地是以羊为主，而不是马；羊是古思人向穆斯林各省的主要出口产品。"[2]

公元921年，阿拔斯王朝派出使臣到伏尔加河保加尔国，同行的秘书伊本·法德兰记录了里海北岸古思人的社会。据他记载，古思人的原始公社制度解体，部落中出现了贫富不均的现象，富有者拥有马达万匹，羊达十万只；贫穷者虽然财产不多，但还有人身自由。在古思社会中，部落首领"伊利克"居社会上层，他们有自己的武装——亲兵，亲兵由奴隶组成；伊利克之下是贵族（匐），他们的权力世袭；普通牧人处于社会下层，被称为"额儿"（意为"人"、"男"或"战士"）；奴隶契约奴（kïrnak）居社会最底层。

古思叶护国其实是一个具有血缘关系的部落联盟伊尔（il），它由许多大部落构成，在中古阿拉伯-突厥语中，il的含义是"人"

---

[1] Izz al-Din Ibn al-Athir, tr. by D. S. Richards, *The Annals of the Saljuq Turks: Selections from al-Kamil fil-Tarikh of `Izz al-Din Ibn al-Athir*, New York: Routledge, 2002.

[2] V. V. Minorsky Translation and Explained, *Ḥudūd al-'Ālam*, London, p. 100.

或"政治群体";伊尔之下有部落(boy)和氏族(kök 和 oba)。古思联盟中有 24 个氏族。11 世纪成书的《突厥语大词典》"古思"条中记载了古思联盟中的 22 个氏族的名称,以及各氏族的牲畜印记符号[1];13 世纪至 14 世纪成书的《史集》记载了古思联盟中的 24 个部落[2]。

古思联盟的最高权力机构是由各部落首领组成的部族大会。据伊本·法德兰记,古思社会通过部族大会选举首领,决定事务,但大会很少召开。据《世界境域志》记,每一个古思部落都有一个首领,古思王不称汗,而是采用较谦逊的"叶护"称号。原则上,叶护由部族大会选举产生,实际上叶护职位世袭,只是在表面上进行"推选"。据伊本·法德兰记,叶护有权向地方派出总督或军官。不过,叶护的权力有限,在日常生活中起主导作用的是部落大会。在古思人的社会中,掌握大权的是科勒斤(kölerkin),他们作为最高仲裁参与处理联盟内的争执。此外,负责向游牧人和定居民征收贡献的税收官地位显赫,他们有自己的武装,在需要的时候用武力对付抗税者。

在古思叶护国中,需要特别提到的是军事首领苏巴什。随着原始公社制度的解体,军事首领的作用日益重要。10 世纪中叶,在古思联盟中任军事首领的是塞尔柱。塞尔柱一支属古思汗第六子的第四子,即合尼黑部[3];古思联盟首领叶护家族也属该部[4]。塞尔柱在担

---

1 麻赫默德·喀什噶里:《突厥语大词典》第 1 卷,校仲彝等译,民族出版社,2002 年,第 62 页:"乌古斯人就是土库曼人。他们有二十二个氏族,各有自己独特的标志和烙在牲畜身上的印记,他们凭这些印记识别各自的牲畜。"

2 〔波斯〕拉施特主编:《史集》第 1 卷第 1 分册,余大钧、周建奇译,第 131—147 页。

3 同上书,第 126 页(在第 146 页中,又译为乞尼黑部)。

4 J. A. Boyle, *The Cambridge History of Iran*, Vol. 5, p. 18.

任苏巴什期间与叶护多次发生矛盾。10世纪下半期，塞尔柱率部出走，从锡尔河下游迁到河中地区，皈依了伊斯兰教，这一支古思人被称为塞尔柱人。11世纪中叶，塞尔柱人在呼罗珊和花剌子模绿洲建立了政权。

10世纪末期至11世纪初期，欧亚草原上发生了一次游牧民自东而西的迁徙运动。额尔齐斯河中下游流域的基马克部落联盟瓦解，联盟中的钦察和库曼部人联合起来向西迁，挤压着咸海和里海北岸的古思人。11世纪中叶，古思叶护国在钦察-库曼人的冲击下灭亡，失去叶护政权统辖的古思人四处逃散。西迁的古思人占据了里海以西至黑海之间的地区，14世纪他们曾在亚美尼亚和阿塞拜疆建立过政权（白羊、黑羊王朝），这些古思人以后被称为西土库曼人；而迁到更西边的古思人逐渐与当地居民融合，古思一名不再出现于史册。

向南迁移的古思人逃到花剌子模绿洲、呼罗珊和河中地区，投奔他们的亲属，即10世纪末期迁到河中地区和呼罗珊北部的塞尔柱人。他们不再以古思一名出现于史书，而是以塞尔柱突厥蛮或土库曼人称之：中国古代称周边的游牧民为蛮族，所以游牧的塞尔柱人被记为塞尔柱突厥蛮；在10世纪末至11世纪初的阿拉伯史料、波斯史料以"土库曼"一名取代了古思。[1] 当时，土库曼一名被记为Turkmen与Turkmān；Turkmen意为突厥人，Turkmān意为像突厥人的人（Turk-mānind）。也有人认为，"土库曼"有纯突厥人之意。

11世纪中叶，塞尔柱突厥人在呼罗珊和花剌子模建立了政权。在该政权统治的两百多年中，古思人开始与当地居民融合，这一融

---

[1]〔美〕埃尔顿·丹尼尔：《伊朗史》，东方出版中心，2010年，第77—78页："通常皈依〔伊斯兰教〕后的突厥人会被称为土库曼人，以便与其他异教徒突厥人相区别。"

合过程在蒙古汗国和帖木儿帝国统治时期（13—15世纪）仍在继续；到16世纪，具有民族特征的土库曼人基本形成。

第二节 土库曼族的形成

10世纪末，土库曼人遍布在土库曼斯坦周边地区。然而，当时在今土库曼斯坦境内的主要居民并不是突厥人，而是欧罗巴人种中说印欧语系的东伊朗人。从铜石并用时代起，土库曼斯坦各个阶段的原始文化都是欧罗巴人中说印欧语系的一支创造的，他们被称为印欧种人或雅利安人。土库曼斯坦境内的原始文化表现了北方草原文化的特征，陶器和青铜器上出现了动物图案，在里海东南部戈尔甘河流域遗址中发现了具有草原文化特征的黑陶。

到公元前15世纪中叶，雅利安人南进到穆尔加布河三角洲、巴克特里亚和北印度河流域，考古材料为这次迁徙提供了证据。在青铜晚期文化中，科佩特山麓北侧的阿尔丁特佩遗址和纳马兹加遗址呈现出衰败景象，其中，阿尔丁特佩完全被废弃，纳马兹加的相当一部分成为废墟，另一部分被面积不超过一两公顷的小型定居地取代。穆尔加布河三角洲出现了新的文化中心，以往文化中的彩陶发生了变化，彩绘趋于简单，双彩绘演变为单彩绘，或者没有彩绘只有划纹，这类器物与草原青铜器时代的器物类似。

公元前8世纪至前7世纪，雅利安人在花剌子模绿洲建立了花剌子模古国；几百年后，在今土库曼斯坦境内建立的安息王朝（前247—前226）也是欧罗巴人种建立的。帕尔尼部属于达依部落联盟，最初在里海以东放牧，有学者认为达依部落属于北方草原的斯基泰人，也有人认为他们属于马萨革泰人；后者的可能性大一些，因为公元前里海一带已是马萨革泰人遍布的地区。公元前3世纪初,包括帕尔尼部在内的三个部落团结起来,组成达依部落联盟;公元前3世纪中,帕尔尼部酋长阿尔萨息率部南下,在伊朗高原东北部建立了政权,以后势力发展到今土库曼斯坦南部。斯基泰人、马萨革泰人都属于欧罗巴人种中说印欧语系的一支,因此,达依三部落属于欧罗巴人种。

公元3世纪,安息王朝被波斯人的萨珊王朝所灭。波斯人也是欧罗巴人种中说印欧语系的一支,他们的语言属印欧语系中的东伊朗语族,因此,波斯人被称为印伊种人或东伊朗人。最早在土库曼斯坦实施统治的波斯政权是波斯帝国。从北方草原南下的印伊种人在公元前9世纪至前8世纪之间到达伊朗高原,公元前7世纪后半叶建立了波斯国(前675—前330)。波斯国在大流士统治时期(前521—前486)发展成一个东起印度河、西抵爱琴海、北起亚美尼亚、南达尼罗河第一险滩的大帝国;当时,花剌子模古国和帕提亚地区归属于波斯帝国的第16郡。此后,波斯人的萨珊王朝、塔希尔王朝、萨法尔王朝、萨曼王朝、萨法维王朝都在后来被称为土库曼斯坦的区域内实施过统治。

继波斯帝国之后,在土库曼斯坦实施统治的是希腊人。希腊是一个地区的名称,公元前20世纪,欧罗巴印欧种人从巴尔干半岛北部来到爱琴海一带,他们自称希伦人,即古希腊人。他们中有亚该亚人、爱奥尼亚人、伊奥利亚人、多利安等部落,公元前8世纪至前6世纪期间,古希腊人建立雅典、斯巴达等奴隶制城邦国家。公元前4世纪以后,以爱奥尼亚语为基础形成了希腊语,在语言学分类中,希腊语属印欧语系希腊语族。可见,希腊人也属于欧罗巴人种印欧种的一支。

在土库曼斯坦实施过统治的欧罗巴人还有阿拉伯人。阿拉伯人最初在阿拉伯半岛放牧,公元7世纪中叶以后向外扩张,灭掉波斯人的萨珊王朝之后,在今土库曼斯坦建立了总督统治,由于分封土地,大批阿拉伯人迁到今土库曼斯坦。据说,阿拉伯人在积极准备对河中地区进行军事行动之时,从巴士拉和库法迁五万户阿拉伯人到呼罗珊,作为驻防军分居于五个据点。[1]阿拉伯人属于欧罗巴人种中的闪米特人,闪族人亦称塞姆人。阿拉伯人说的闪米特语在语言学分类中属于闪含语系。早期迁入呼罗珊地区的阿拉伯人与当地土著居民混居、通婚,以后逐渐融入当地土著民族中。

最早进入呼罗珊的蒙古利亚人种是地位低下的突厥兵士,他们对呼罗珊居民的影响不大。6世纪至8世纪,河中地区的突厥政权布哈拉国遭到倭玛亚王朝呼罗珊总督奥贝杜拉·伊本·兹雅德(673—676)的攻击,突厥军队到达布哈拉城下,与布哈拉国军队共击倭玛亚王朝军,经多次交锋,联军失败,布哈拉国与阿拉伯呼罗珊总督奥贝杜拉缔结和约,在阿拉伯军返回呼罗珊时,带走了四千名俘虏。[2]

10世纪中叶,有势力的突厥军事将领来到呼罗珊。945年春,萨曼王努赫以突厥军事集团领袖伊卜拉希姆·本·西木居尔为呼罗珊总督,此后,呼罗珊总督大多数由突厥军队将领担任。999年,突厥政权喀喇汗王朝灭亡萨曼王朝,并与阿富汗的突厥政权伽色尼王朝瓜分了萨曼王朝的领土,阿姆河以南以西地区归伽色尼王朝。1017年,伽色尼王朝出兵花剌子模,推翻了阿拉伯人在花剌子模的统治,结束了印欧种人在花剌子模的统治,开创了突厥人统治花剌子模绿洲的历史;随之也开始了波斯文化地区转变为突厥文化地区

---

[1] 魏良弢:《阿拉伯进入中亚与中亚伊斯兰化开始》,《新疆大学学报》2005年第3期。

[2] Narshakhī, *The History of Bukhara*, 注159中说:"阿尔·布尔哈里雅是巴士拉的一条街名,在那儿,奥贝杜拉安置了他带回来的布哈拉城民。"

的过程。

1025年，伽色尼王朝苏丹马赫穆德打败河中地区喀喇汗王朝统治者阿里特勤，俘虏了投靠喀喇汗王朝的塞尔柱首领阿尔斯兰，将他押往北印度监禁。阿尔斯兰的部众要求马赫穆德允许他们在呼罗珊北部的萨拉赫斯、阿比瓦尔德、法拉瓦附近草原放牧，并同意以伽色尼王朝辅助军的身份为其戍边。马赫穆德答应了他们的要求，1025年后，大约有四千帐塞尔柱人在上述地区扎营放牧[1]，他们是进入呼罗珊地区的首批突厥人。11世纪40年代，塞尔柱人在今土库曼斯坦建立了塞尔柱帝国，大批突厥古思人来到今土库曼斯坦境内。

11世纪至16世纪是土库曼人的形成时期。在塞尔柱帝国获得政治优势和建立政权的两百多年间（11—13世纪），土库曼斯坦境内原属欧罗巴人种居民在语言和种族方面开始发生变化，这两方面的变化后来被学者们称为突厥化。

语言的变化表现在说东伊朗语的土著居民逐渐使用了土库曼人说的突厥语，以及突厥语中吸收了有关定居农业和城市文化的波斯语词汇。土库曼语属阿尔泰语系突厥语族乌古思语支，塞尔柱帝国的建立使他们的本族语言土库曼语得到推广。花剌子模绿洲土著居民（即花剌子模人）说的是东伊朗语，他们的突厥化始于11世纪。当伽色尼王朝取代阿拉伯人统治花剌子模绿洲时，花剌子模人说的仍然是东伊朗语。1043年以后，说突厥语的塞尔柱人大批迁入花剌子模绿洲，他们或在其边缘游牧，或作为军事力量进入花剌子模宫廷，花剌子模绿洲土著居民开始从东伊朗语的各种方言改说突厥

1　M. S. Asimov, C. E. Bosworth, eds., *History of Civilizations of Central Asia*, Vol. 4(I), p. 148.

语。不愿意接受塞尔柱突厥人统治的原花剌子模居民逐渐迁到了花剌子模绿洲边缘，13世纪，当操突厥语的人在花剌子模占据优势之时，在花剌子模的边缘地带，东伊朗人（塔吉克人）占居民的大多数。这一点从花剌子模沙贴乞失的秘书巴豪乌丁·本·穆罕默德写的《阿特-特-塔拉苏尔》（《学习公务通信的门径》）一书可以了解到，该书有关文件指示地区总督们必须对突厥人和塔吉克人一视同仁。[1] 在12世纪末到13世纪初，从各个方面来看，花剌子模都是一个具有突厥文化的国家。14世纪，花剌子模绿洲的乌尔根奇城已是突厥化城市；1333年，摩洛哥旅行家伊本·白图泰赞叹："这是突厥人最宽阔、最雄伟、最美丽、最庞大的城市。"[2]

呼罗珊地区的土著居民（谋尔夫人、巴克特里亚人）也是欧罗巴人种的东伊朗人，他们于公元6世纪开始与突厥人发生战争和文化交往。阿拉伯人统治时期，突厥人以战俘或奴隶身份来到呼罗珊，但由于人数不多，而且到此来的突厥人社会地位较低，他们对该地区的突厥化没有产生多大的影响。10世纪后期，伽色尼王朝在呼罗珊建立了统治，伽色尼王朝是突厥人在印欧人居地建立的第一个突厥政权。在统治者的带动下，突厥语在呼罗珊得到了传播。

突厥王朝统治期间突厥语在呼罗珊地区流行，但在塞尔柱帝国内，通行的是阿拉伯文和波斯文，帝国的政令、军规均以这两种文字为主。10世纪以后，采用阿拉伯字母书写本族语言的现象出现，当时呼罗珊地区使用的波斯语就是用阿拉伯字母书写的。15世纪，土库曼语开始采用阿拉伯字母书写，突厥语的阿拉伯化有利于土著

---

[1] 〔苏联〕Б. Г. 加富罗夫：《中亚塔吉克史》，肖之兴译，中国社会出版社，1985年，第245页。

[2] 〔摩洛哥〕伊本·白图泰：《伊本·白图泰游记》，马金鹏译，宁夏人民出版社，1985年，第292页。原文中，译者将突厥人译成土耳其人。

居民学习突厥语，有利于土库曼语与阿拉伯语和波斯语的融合。

成吉思汗西征时，土库曼斯坦境内的印欧种人的突厥化可以说已基本完成。13世纪至15世纪是土库曼斯坦境内蒙古人的突厥化时期。

与语言同化和文化接近这一过程并行的是种族通婚，即蒙古利亚人种与欧罗巴人种的混合。土库曼人形成的另一个主要条件是古思人与当地居民的通婚；要与当地居民频繁通婚，首先必须与当地居民杂居。因此，改变原来的游牧生活，定居下来是通婚的前提。

塞尔柱突厥人的定居是在不断迁徙的过程中实现的。考古资料表明，10世纪，锡尔河下游的一部分古思人已经过渡到定居农业生活。在迁入锡尔河北岸的古思人中，有一部分牧民开始定居下来专营手工业，出现了以制弓闻名的城市——昔格纳黑。《突厥语大词典》一书说，昔格纳黑是法拉伯省的一个小城市，非常富有，从那里有优良的弓箭运往各地。11世纪来到呼罗珊的塞尔柱人已经半游牧半定居了。[1] 到11世纪末，花剌子模人的体型明显地具有了突厥人的特点；塞尔柱人于12世纪开始大规模定居时，突厥人居住区出现在以东伊朗语为主的土著居民中，然而这些突厥人还是只会说突厥语，这些现象表明定居突厥人数量的增加。

继塞尔柱帝国之后在今土库曼斯坦建立的花剌子模帝国也是一个突厥政权，它在花剌子模绿洲和呼罗珊的统治对土库曼人的定居起到了促进作用，也有利于后来进入这些地区的蒙古人的突厥化。14世纪，帖木儿帝国的创建者帖木儿家族在呼罗珊的统治有利

---

1 阿加詹诺夫：《论中亚和哈萨克乌古思人的民族学史》，《土库曼共和国科学院公报》1977年第4期。

于土库曼人由游牧转变为定居，也有利于突厥人与印欧种居民的融合。15世纪初，帖木儿第四子沙哈鲁（1409—1447年在位）以哈烈城（赫拉特）为都，统治中心从河中地区移到呼罗珊地区。在他的长期统治中，土库曼人兴修水利和灌溉系统，使以谋尔夫（今称马雷）为中心的穆尔加布河、捷詹河和阿姆河等灌溉农业有了新的发展[1]，加速了土库曼部落由游牧改为从事定居农牧业生产的过程。

16世纪，大部分土库曼人仍以游牧经济为生，然而，在卡拉库姆沙漠中的一些绿洲，在花剌子模西北部的达里亚利克河和乌兹博伊河流域，在阿姆河中游的拉布·依·阿布流域，在穆尔加布河流域的一些地区和捷詹河流域，以及在阿特列克河和戈尔甘河等流域的绿洲，都有从事灌溉农业和定居畜牧业的散居土库曼部落。

17世纪至18世纪，居住在萨雷卡梅什湖和达利雅克河沿岸的土库曼人从事的是农牧业生产；居住在土库曼南部的土库曼人则主要从事农业生产，那里土地肥沃，水资源丰富，适宜农作物生长。其他地区的土库曼小部族在这一时期也开始定居，从事农业和畜牧业生产。[2]

19世纪40年代，希瓦汗国内土库曼人的定居化倾向明显。根据1842年访问希瓦的达尼列夫斯基的记录，住在老乌尔根奇、塔沙乌兹地区和汗国西北地区的土库曼人在他们开垦的土地上从事农业。据他说，上述土库曼人的畜牧业少得可怜，他们编结地毯和制作帐篷出售。到19世纪下半叶，土库曼人中农业人口已开始超过了牧业人口。[3] 生产方式和生活方式的改变使土库曼人逐渐与当地的非土库曼族融合，新兴的土库曼族获得与周边民族不同的面貌。与

---

1 施玉宇编著：《土库曼斯坦》，第41页。
2 同上。
3 许涛：《关于土库曼人的历史性大迁徙》，《新疆大学学报》1995年第2期。

古代的古思人相比，他们的外部特征已经发生了根本变化。

应该指出，今天土库曼人的居地并不局限于土库曼斯坦境内，在土库曼斯坦周边国家也有土库曼人居住。在伊朗东部大约有75万土库曼人，他们主要分布在土伊边界的土库曼草原地带、伊朗东北部的戈尔甘湾、戈尔甘草原以及北呼罗珊省的东北部地区。在阿富汗的土库曼人分布在土阿边界，主要聚居巴尔赫省和法里亚布省境内的阿姆河沿岸地带。此外，还有许多游牧或半游牧的土库曼人村庄在沙漠地带以南的马扎里沙里夫、迈马纳以北的地区。

第三节 塞尔柱帝国在土库曼族形成中的作用

塞尔柱帝国的建立对土库曼族的形成有着至关重要的作用。必须指出，宗教的一致是土库曼人与当地居居融合的基础。阿拉伯人征服时期，今土库曼斯坦多种宗教并存，祆教占据优势地位。哈里发欧麦尔二世时期（717—720）规定，信奉伊斯兰教的人可以免交人头税，于是大批祆教和佛教徒改宗伊斯兰教。8世纪后半期到9世纪初，伊斯兰教在呼罗珊获得了成功，到9世纪中叶，伊斯兰教在土库曼斯坦的主要城市确立了主导地位。此后，呼罗珊周边地区的古思人开始接受伊斯兰教。

9世纪中叶，塞尔柱父亲杜卡克倾向伊斯兰教，到塞尔柱时放弃了古思人的原始萨满教信仰，皈依了伊斯兰教。这一举措使他的部民得到了河中地区穆斯林的拥戴，于是，塞尔柱能够在伊斯兰教较为普遍的萨曼王朝边境地区站稳脚跟。塞尔柱皈依伊斯兰教的事实可以从其长子阿尔斯兰的另一个名字——伊斯拉伊尔——反映出来，"伊斯拉伊尔"明显是伊斯兰教名。此后，塞尔柱人以伊斯兰教"圣战"的名义帮助萨曼王朝打击锡尔河北岸的喀喇汗王朝，随后又利用伊斯兰教正统的逊尼派之名灭亡了信仰什叶派的布威希王朝，把自己装扮成正统的伊斯兰原则的捍卫者，获得了哈里发的支持，最终，他们以哈里发的名义发号施令。[1] 由于塞尔柱帝国的形成，乌古思人或者土库曼人才得以在穆斯林世界具有中世纪任何一个突厥其他部族所不曾具有的重要意义。皈依伊斯兰教后，塞尔柱人与呼罗珊和花剌子模绿洲居民在宗教信仰上的一致，消除了他们之间通婚的障碍；塞尔柱人没有了安全隐患，他们以差不多一千帐为一个区域单位，散居在呼罗珊的东北部地区。[2]

塞尔柱人初到呼罗珊和花剌子模绿洲之时，没有巩固的民族基础，其境内大多数是欧罗巴人种的居民。塞尔柱帝国建立之初即走出了部落组织，开始接受萨曼王朝时期的波斯-伊斯兰官僚制度。塞尔柱帝国以中央政府取代了氏族贵族政治，中央衙门逐步代替贵族会议，在中央出现了领导整个国家机构的维齐尔（宰相）。塞尔柱帝国宰相一职一直由波斯人担任，开国首领托格里尔的宰相孔杜里是尼沙普尔省孔杜尔村人，他从1057年起担任托格里尔的宰相，精通波斯语和阿拉伯语。两朝为相的尼扎姆·莫尔克也是呼罗珊地区的波斯人，为了使行政管理部门忠实、高效地执行宰相制定的各项政策，尼扎姆亲自负责政府官员的挑选和培养，并设立学校培养各级行政官员。

为了统治以波斯人为主要居民的这些地区，塞尔柱帝国大量雇用波斯人充任各级行政官员，首先是呼罗珊波斯人。这些人多出身于官宦之家，有的家族甚至是几代为官，他们谙熟统治制度，既有政治抱负，又有行政管理经验。而塞尔柱帝国的君主大多是文盲，

---

[1] 彭树智主编：《阿拉伯国家简史》，福建人民出版社，1991年，第82页。
[2] Izz al-Din Ibn al-Athir, tr. by D. S. Richards, *The Annals of the Saljuq Turks: Selections from al-Kamil fil-Tarikh of `Izz al-Din Ibn al-Athir*, p. 56.

如桑扎尔,他既不能读,也不能写[1],他在位期间,1117—1122 年间的宰相是阿卡杜·剌扎克,在他的政府中设置了负责账目和财务核算的大会计师、监审官、印大臣,在印大臣之下有印玺部和信函部,设置了管理军事部的军事大臣,其中八位有名有姓,他们通常是波斯人或阿拉伯人。桑扎尔时期的地方官员剌亦思是从城市大贵族家族中推举的,除了管理本地事务外,还代表城市贵族及乡绅与中央政府打交道,主要是交涉与税收有关的事务。[2]

军队在塞尔柱帝国内发挥着重要作用,突厥人在军队中担任着重要角色。尽管如此,塞尔柱人在被征服的领土上招兵买马,于是,军队成了多民族融合的场所。在阿尔普·阿尔斯兰的常备军中有伊朗人、阿拉伯人、库尔德人、亚美尼亚人以及其他部落的青壮年,他们可以靠卓著的战功晋升为埃米尔,因此作战十分勇敢。这支军队身着统一的突厥服装。在桑扎尔的军队中,有锡斯坦埃米尔阿布法兹尔、伽色尼王朝苏丹巴赫拉姆沙、古尔统治者阿劳乌丁·侯赛因·贾杭苏兹和塔巴里斯坦的司令员沙高齐·努斯拉土丁等人率领的呼罗珊、西吉斯坦、加兹尼、马赞德兰和古尔的军队,总共有十万多骑兵。在花名册上,总是记载着四千名来自各族步兵的名字。苏丹在宫廷中应有两百个被称为特种卫兵的人,其中一百名应该是呼罗珊人,另一百名是戴拉姆人,他们的职责是在国内和国外随时跟随国王。[3]

宫廷也是多民族融合的主要场所。塞尔柱帝国统治者不仅从当地波斯人中,甚至从希腊人、亚美尼亚人、格鲁吉亚人中挑选

---

1 王治来:《中亚史纲》,湖南教育出版社,1986 年,第 375 页。
2 M. S. Asimov, C. E. Bosworth, eds., *History of Civilizations of Central Asia*, Vol. 4(I), pp. 172-173.
3 Nizam al-Mulk, *The Book of Government or Rules for Kings*, Routledge/Curzon, 2001, p. 93.

妻妾。首任塞尔柱帝国苏丹托格里尔于 1047 年娶地区王朝君主阿布·考里乔尔之女为妻，并于 1061 年娶布威希王朝国王高亦姆之女为妻。[1] 塞尔柱帝国采取人质制度："必须让阿拉伯人、库尔德人、戴拉姆人、鲁米人及最近才表示臣服者的国君们知道，每人都要送一个儿子或兄弟到宫中，如果不上千人的话，也应该不会少于五百人。每到岁末，他们可以替换，先来的那批人质可以回家。不过只有在替换者到了之后，他们才能动身回家。因为有了人质制度，就无人会反叛国王。戴拉姆人的情况，以及胡吉斯坦人、塔巴里斯坦人、沙邦喀喇人，还有受封者和受赠者，同样都要派五百名人质住到宫里来。"[2]

除了政治措施外，塞尔柱帝国还采取了一些有利于游牧经济转向定居农业的经济措施。土库曼人来到花剌子模绿洲和呼罗珊后，有一部分土库曼人已经过着半游牧半农耕的生活，但塞尔柱人主体仍是住在毡房和帐篷里的游牧民，他们中的相当一部分人在大城市附近扎营。为了管束这些游牧民，苏丹政府把他们限定在一定区域内，不准他们到处迁徙，政府在规定的游牧区内设置了专门负责维持突厥游牧民秩序的官员，由政府分配水源和牧场，城市周边的牧民较快地与邻近地区的经济融为一体。

为了发展农业，塞尔柱帝国中央政府组织修复了战争期间遭到破坏和因人口流亡而被废弃的灌溉设施，并新建了一些水利设施。在花剌子模绿洲建筑了巨大灌溉网，到处是河渠、水坝等水利工程。在各地修复和兴建的灌溉工程中，最突出的是穆尔加布河的水利工程。由于战乱，穆尔加布河上的拦水坝遭到破坏，苏丹马立克

---

[1] 〔伊朗〕阿宝斯·艾克巴尔·奥希梯扬尼:《伊朗通史》(上册)，叶奕良译，第 345、350、352 页。

[2] Nizam al-Mulk, *The Book of Government or Rules for Kings*, p. 101.

沙动员了呼罗珊及附近的十万农牧民前来施工，动用了八万头骡马搬运材料，兴建了石灰窑和砖窑，费时六个月建起了一个砖砌的、坚固的拦河大坝，使穆尔加布河两岸的农田得以灌溉，扩大了农业绿洲。[1] 在此背景下，塞尔柱人加快了由游牧向定居的过渡。

塞尔柱帝国的农业政策和措施加速了牧民向定居转化。从建立政权之初起，塞尔柱人就开始减免农业税。1037年，查基尔在谋尔夫发布命令，免除农业居民一年的税收；托格里尔在丹丹坎战役结束的当年就宣布免除塞尔柱人管辖地区居民一年的赋税；在攻下伊斯法罕城之后，托格里尔下令三年不向居民收取分文；阿尔普·阿尔斯兰执政初期也曾豁免土地税。[2]

农业税是塞尔柱帝国苏丹宫廷和政府开支的主要依靠，宰相的主要职责之一就是负责管理农业生产，政府确定了税目和税额，规定了征税方式，防止乱收税的现象发生。税目和税额是依照当地的习惯和伊斯兰教的规定确定的，收税人由政府委派，他们持有中央政府颁发的证件，上面写明了应征税额数和征税时间，免除了收税人随意加税和不合时宜的征税给农民带来的负担。在地方上，各省、市政府对税收官员的挑选和任命十分认真，并加强对他们的管理。税收官员一般由地方上有声望的人担任，并明确了他们的责任：一是公平分配税额和顺利完成政府规定的本地区应缴纳的总额；二是作为当地人民的代表对收税者实行监督，防止滥用职权的事情发生。这些措施虽然不可能彻底制止税收官员和收税者滥用职权、任意加税、聚敛财富等事件的发生，但对他们有一定的约束作用。[3]

---

1 刘如梅：《论塞尔柱帝国的社会经济》，《贵州社会科学》2015年第6期。
2 同上。
3 同上。

以上措施对农业生产者是有利的，也促进了游牧者转向农业生产。

塞尔柱帝国实施伊克塔制（分封土地制度），游牧和定居的塞尔柱贵族都可以得到封地伊克塔，11世纪末，伊克塔成为占优势的封建土地所有制形式。一些下级军事首领也分得小块伊克塔，在马立克沙统治时期，获得伊克塔的战士有四万六千名。[1] 伊克塔不仅是牧地，还有耕地，甚至是城市。于是，在帝国境内形成了大大小小的有条件领地（伊克塔）。

呼罗珊地区从阿拉伯时代起实行伊克塔制，最初伊克塔"份地"及在其上耕种的农民由国家支配，受封者不能干涉农民的生活；从11世纪后期起，大部分领主的领地变成世袭领地，在其上耕作的农民逐渐处于依附于领主的地位，到13世纪初，居住在伊克塔领地上的农民几乎已经完全依附于领主，不能够随便迁移了。[2]

经历几个世纪的融合，塞尔柱突厥人（土库曼人）吸收了当地居民较先进的文化，接受了当地文学和宗教价值观，逐渐融入阿拉伯-伊斯兰文化圈中。在塞尔柱帝国时期，建筑业、实用艺术都反映了伊斯兰文化的特征。建筑砖瓦、砌面陶板、雪花石膏雕刻等等装饰都采用具有伊斯兰特色的图案，即几何图、植物纹、鸟纹、花式题词，此外，陵墓建筑也表现出伊斯兰风格，如桑扎尔苏丹陵，陵墓为方型穹顶殿，殿外有回廊，殿内两壁设有壁龛。

塞尔柱帝国在今土库曼斯坦所在地区统治了近两百年（1040—1197），它的统治对土库曼族的最初形成起到了重要的促进作用。此后，在土库曼斯坦境内实施统治的或是突厥人的政权（1197—1231）或是突厥化蒙古人的政权（1505—1920），这些政权的统治

---

1 苏联科学院编：《世界通史》第3卷下册，生活·读书·新知三联书店，1961年，第699页。
2 刘如梅：《论塞尔柱帝国的社会经济》，《贵州社会科学》2015年第6期。

对土库曼族的形成也有一定作用。17世纪初,土库曼人开始了长达两个世纪的大迁徙,迁移对土库曼族的形成起到了重要作用。土库曼人迁移到新定居地后,大多数人开始定居,从事农牧业生产。定居的土库曼人以及非土库曼人逐渐融合和同化,最终形成现代土库曼族。[1]

---

[1] 施玉宇编著:《土库曼斯坦》,第30页。

第四章
土库曼斯坦近现代史

19世纪，沙皇俄国政府开始涉足土库曼人居地。1804—1813年，沙俄在东进过程中与伊朗发生了战争，在伊俄战争中，俄军在里海西北部建立了基地，接着把目标对准了土库曼人居住的里海东岸。19世纪下半叶俄国开始征服土库曼人居地；1881年1月18日，沙俄军队攻占阿什哈巴德城；1882年，沙俄政府在被征服的土库曼居地上设置了直属于沙俄政府的外里海州，开始在今土库曼斯坦的地盘上实施殖民统治。1917年十月革命以后，苏维埃政权在今土库曼斯坦境内建立起来；1924年，苏联政府在中亚实施民族识别和划界，并以此为依据于1927年组建了土库曼苏维埃社会主义共和国（1927.10.27—1991.10.26，本书简称"土库曼共和国"），土库曼人开始了现代民族国家的建设。在苏联计划经济的体制下，土库曼共和国形成了以石油工业为主导，以绿洲农业为依托，以棉花和畜产品为特色的国民经济体系。

第一节 沙俄的殖民统治

土库曼斯坦从北端的曼格什拉克南缘向东越乌斯秋尔特高原直抵阿姆河下游河岸，南部地区紧靠伊朗、阿富汗。四处寻求出海口的沙皇俄国经土库曼斯坦不仅可以抵达当时已经成为俄国保护国的中亚腹地，而且还可以便利地通往印度洋。同时，这一地区也正是英国阻挡俄国南下的战略要地,因此,两国在这片土地上的争夺十分激烈。最终结果正如当时人所说:"突厥斯坦、阿富汗斯坦、外里海地区、波斯——许多这类的名称,只是代表着一种极为偏远的感觉、一种陌生变迁的记忆,或是一种渐渐逝去的传奇。对我而言,它们都只是正在争夺世界统治权的游戏棋局中出局的残兵败将而已。"[1]

从18世纪初期起,俄国开始涉足土库曼人的居地,几十支俄国探险队来到里海东岸,他们研究了当地的环境和地理,收集的情报加深了人们对里海的了解;18世纪后期,俄国探险队研究了里海及其周边的地理和气候,这些研究有助于19世纪下半叶俄国对土库曼斯坦的征服。

1869年,俄国在里海东南岸的克拉斯诺沃茨克建立据点,以此为基地开始向土库曼斯坦渗透。1874年4月,沙俄制定了《外里海边区军事管制暂行条例》,条例规定在高加索总督区建立外里海军区。[2] 外里海军区最初管辖曼格什拉克和克拉斯诺沃茨克两地。1877年,沙俄以克拉斯诺沃茨克为基地进军阿哈尔绿洲。由洛马金将军率领的高加索-外里海远征军于1878年占领松巴河和埃特拉克河汇合处的土库曼部落领地恰特,在此建恰特要塞。1879年8月下旬,沙俄先头部队从恰特出发,翻越科佩特山脉,占领了基考尔阿尔瓦特。此后,俄军把目标对准了吉奥克捷佩堡。

1880年5月,斯科别列夫动用一万一千人和两万峰骆驼,建筑了从克拉斯诺沃茨克通往吉奥克捷佩堡的铁路,并在铁路沿线设

---

[1] 〔伊朗〕恰赫里亚尔·阿德尔主编:《中亚文明史》第6卷,吴强、许勤华译,中国对外翻译出版公司,2013年,第8—9页。

[2] F. H. Skrine and E. D. Ross, *The Heart of Asia – A History of Russian Turkestan and the Central Asian Khanates from the Earliest Times*, Adamant Media Corporation, 1981, p. 285. 高加索总督管辖区建于1785年,区首府在斯塔夫罗波尔城。

立了军事据点。沙俄军队沿铁路线逐步推进，于1880年底逼近吉奥克捷佩堡。在当地的特克人和从谋尔夫绿洲赶来的特克人的抗击下，吉奥克捷佩堡在坚守三个星期后于1881年1月18日被攻破。城内的两万五千特克人进行了殊死抵抗，其中，八千名无辜的特克人被杀，阿哈尔绿洲被并入俄国版图。俄军乘胜强占了阿什哈巴德，以及阿哈尔绿洲上的其他居民点。[1] 1月24日，俄国国旗在以丹吉尔特普命名的小山上升起。[2]

沙俄在征服阿哈尔绿洲之后，把目标对准了由波斯人的恺加王朝统治的谋尔夫绿洲。为了阻止沙俄南下，英国鼓励恺加王朝在谋尔夫抵抗，但恺加王朝在自知抵抗不了沙俄的情况下于1881年12月9日与俄国签署了《阿哈尔条约》，放弃了对阿姆河以东地区的主权；1882年7月，沙俄建立外里海州，首府阿什巴哈德。

俄国人的南下遭到英国反对，英驻俄大使索尔顿于1882年10月24日照会俄外交大臣，要求俄军马上停止在土的行动。在此强硬态度面前，俄国改变了对谋尔夫绿洲的武力征服政策，开始采取外交手段。一方面，沙俄增加谋尔夫地区土库曼贵族代表人物在沙俄外里海州政府任职人数；另一方面，暗中怂恿俄国商人收买和拉拢土库曼贵族，扶植亲俄势力。1883年，沙俄政府的代表前往谋尔夫，在亲俄的土库曼上层人物中组成了土库曼谋尔夫委员会。1884年1月1日，土库曼谋尔夫委员会通过了关于谋尔夫绿洲加入俄国的决定；1月31日，谋尔夫绿洲各地的124位代表来到阿什哈巴德，谋尔夫绿洲的四个土库曼部落首领在俄国科马罗夫将军面前宣誓向沙皇效忠，沙皇政府宣布谋尔夫绿洲纳入俄国版图，隶属于外

---

[1] 刘如梅:《英俄在土库曼斯坦的争夺》,《贵州师范大学学报》2006年第3期。

[2] W. K. Fraser-Tytler, *Afghanistan: A Study of Political Developments in Central and Southern Asia*, Revu Francaise De Science Politique, 1954, p. 158.

里海州。

至此，土库曼斯坦分属于三个政权，其中卡拉库姆大沙漠的东缘和阿姆河下游三角洲南端的平原地区继续归属于沙俄保护国布哈拉汗国和希瓦汗国；生活在里海南岸和东岸地区的大部分土库曼人归属于俄国的外里海州。

1882年外里海州管辖范围：东起卡拉库姆沙漠，向西延伸到阿姆河，北界包括乌斯秋尔特高原，南界是阿特列克河与波斯、阿富汗的边界，包括科佩特山的北坡。[1]外里海州成立之时下辖曼格什拉克、克拉斯诺沃茨克、阿喀尔三个县，1884年谋尔夫绿洲归并以后，增加了捷詹和谋尔夫两个县。

因外里海州重要的战略地位，其隶属关系几经变动：1882年至1889年外里海州属高加索总督区；1890年，从高加索总督区划出独立的外里海州，行政和军事都直属于国防部；1897年，外里海州在行政上归突厥斯坦总督区，在军事上归突厥斯坦军区。从此，外里海州成为突厥斯坦总督区下辖的一个州。

外里海州州府阿什哈巴德城位于科佩特山脉北麓阿哈尔绿洲和卡拉库姆大沙漠南部边缘，最初是特克部土库曼人的城堡，意为"爱之城"。外里海州组建以后，阿什哈巴德建城，以后成了俄国在中亚西部的行政中心。[2]1885年，外里海铁路通到阿什哈巴德，此后，阿什哈巴德城发展成为沙俄与伊朗、布哈拉汗国的贸易重镇。

外里海州的建立使土库曼人的经济得到迅速发展。俄国资本和技术的引入，以及俄国人在此开办工厂，使土库曼族大封建主也开始兼并土地、开办工厂。1913年，外里海州的土库曼地区已经有

---

1 王治来：《中亚通史》（近代卷），第374页。
2 阿什哈巴德于1881年建城，1919年更名为波尔托拉茨克，以纪念突厥斯坦苏维埃社会主义自治共和国经济委员会主席帕维尔·波尔托拉茨基，1927年恢复原名。

15座棉花加工厂、56座榨油厂、9座肥皂厂、16座蒸汽磨坊、12座小型水电站和16座制革厂,尽管这些企业的规模都很小,甚至多数工厂是季节性开工。[1]

从19世纪70年代开始,里海东岸的土库曼人居地已经开始用原始的方法开采石油、石蜡、盐、硫黄、石膏等矿。外里海州成立后,俄国企业在俄属土库曼地区开采矿藏,从这里运出的矿产品逐年增加。以石油为例,19世纪90年代中期的年平均产量是3万普特,1913年,增加到了大约8788多万普特。[2]

1880年,在距克拉斯诺沃茨克市(今土库曼巴什市)不远的米哈伊洛夫湾附近,开始修建外里海铁路。外里海铁路把土库曼的主要经济区连成一个整体,也使包括土库曼斯坦在内的中亚地区和俄国境内的工业发达地区连在一起,中亚的棉花通过阿什哈巴德和克拉斯诺沃茨克港运往俄国西部。

在沙俄统治下,土库曼人的文化教育没有明显提高,居民大部分仍是文盲。1897年的人口普查结果显示,在土库曼斯坦9岁至49岁的居民中,只有7.8%的人识字,1914—1915年,在土库曼斯坦只有58所学校、6800名学生,没有中等专业学校和高等学校。[3] 1895年,在土库曼斯坦建立了图书馆,以后发展为土库曼斯坦国家图书馆。1899年,在土库曼斯坦建立了地方志博物馆,以后发展为土库曼斯坦国家博物馆,馆内陈列有很多体现土库曼斯坦历史文化的珍品。

在土库曼人发展经济、文化时,其社会结构随之也产生了一些变化。由于新的生产力因素(兼并土地和开办工厂)、新的地主和

---

1 马大正、冯锡时主编:《中亚五国史纲》,新疆人民出版社,2005年,第136页。
2 同上书,第136页。
3 施宇玉编著:《土库曼斯坦》,第172页。

工场主阶层形成,广大土库曼农牧民沦为他们的雇工。沙俄资产阶级与新的地主和工场主阶层相结合,对广大土库曼农牧民,以及城市工人实施剥削。不堪忍受殖民统治和掠夺的广大土库曼农牧民和工人举行罢工和抗议斗争。

第一次世界大战期间,俄国在外里海州动用武力征兵的情况最突出。大战爆发的当年,沙俄政府令外里海州当局组建土库曼骑兵团开往前线。战争期间,外里海州主要为俄提供劳动力,在关于从当地土著居民中征调夫役的会议上,外里海州州长建议各县县长如果居民不执行当局提出的征调要求,要采取强制措施,即实行逮捕或使用武力。捷詹县县长比亚罗诺维奇制定了《强制征调夫役计划书》,其中第二条规定:县长或副县长及警察局长(本地区的)将带领不少于半个步兵连、半个哥萨克骑兵连并配备枪炮、一名医生、两名医士、四个卫生员及若干担架和绷带等用品的讨伐队,同时带上村长及翻译到指定的阿乌尔(村),命令骑兵侦察班从四面包围村庄,每个侦察班4人,选择较为合适的地点安排持枪炮的步兵对准阿乌尔,要求村长告知村民到讨伐队指定的地方集合。[1]此外,土库曼人还要为战争提供物资。沙俄当局在外里海州征集了6872匹军马、12805峰骆驼、299辆大车、32528顶羊皮军帽、650顶帐篷及其他价值20万卢布的物资和1187627卢布的现金。[2]

战争期间,俄国国内的经济衰退使土库曼人的生活急剧恶化。沙俄统治期间,土库曼斯坦大批耕地改种棉花,俄国纺织工业因战争的爆发而萧条,对棉花的需求量减少,土库曼斯坦棉花卖不出

---

1 《1916年中亚和哈萨克斯坦起义(文献汇编)》,苏联科学院出版社,1960年,第31—32页,转引自汪金国、赵义刚:《1916年中亚起义直接起因辨析》,《新疆大学学报》2005年第4期。

2 马大正、冯锡时主编:《中亚五国史纲》,第137页。

去，只好低价卖出，俄国在1916年的棉花收购价仅为1913年的一半，土库曼人的生活遭受影响。另一方面，俄国运到土库曼斯坦的面包和工业品价格却急剧上涨，导致土库曼斯坦发生严重饥荒。

不满沙俄政府的情绪随着战争的进行日益高涨。在战争爆发的1914年，为抗议报酬过低和工作条件恶劣，克拉斯诺沃茨克县的盐场工人和乌拉港的码头工人举行了罢工；1915年，该县农民反对沙俄当局强征骆驼，打死了沙皇政府官员；同年，切列金岛的采油工人和石蜡工人举行罢工，里海海员也举行了罢工。

1916年，中亚爆发了反俄大起义，阿什哈巴德、克拉斯诺沃茨克、谋尔夫等地的农民纷纷投入到抗俄斗争中。在编排应征入伍者名单之时，约穆德土库曼人与俄国军队发生了冲突，并攻击俄国移民侨居地，此后一些人逃到伊朗和阿富汗边境。在1916年底，他们对交通线和贸易造成了严重威胁，在镇压起义的过程中，俄国人动用了由马德里多夫将军率领的大部队。

反俄大起义动摇了沙俄在土库曼斯坦的统治，1917年十月革命的爆发推翻了沙俄政权，苏维埃政权在土库曼斯坦境内建立了起来。

第二节　土库曼共和国的兴衰

1917年，俄国本土爆发了二月革命，受其影响，外里海州于1917年3月7日在阿什哈巴德成立了工人代表苏维埃，3月12日，在阿什哈巴德又成立了工业企业和手工业者会议。此后，土库曼斯坦各地相继成立了工人代表苏维埃，军队中也成立了各级士兵委员会。

1917年十月革命以后，在外里海州的土库曼人居地上成立了布尔什维克小组，主要活动是宣传革命。1917年10月31日，土库曼人在克拉斯诺沃茨克召开了工人、士兵、农民代表苏维埃大会，布尔什维克党员德米特里耶夫当选为苏维埃主席，大会通过了支持彼得格勒和塔什干工人起义的决定。同一天，在查尔朱也召开了苏维埃代表大会，会上成立了临时革命委员会，委员会接管了该地区。与此同时，库什卡地区的铁路工人组成志愿部队前往塔什干参加战斗，法拉帕和阿什哈巴德的铁路工人成立了铁路工会，工会分别致电彼得格勒和塔什干，表示支持当地工人的革命行动。当时，只有谋尔夫地区的政权还掌握在中间派手中。[1]

第四届外里海州苏维埃代表大会于1917年11月30日在阿什哈巴德召开，会上选出了苏维埃人民委员会，布尔什维克党员日特尼科夫、图钦和尼科诺维奇被选为人民委员；大会决定在外里海州各地建立地方苏维埃政权。此后，苏维埃政权在外里海许多地区建立起来。1917年12月至1918年1月期间，阿什哈巴德、查尔朱、克拉斯诺沃茨克、捷别尔、卡赞吉克、切列金等地先后成立了赤卫队，克拉斯诺沃茨克的工农警部队在当地苏维埃的领导下执行着护路、检票、反盗窃和反投机倒把的任务。[2] 为了宣传和执行各级苏维埃政权的一系列政治、经济法规，各地苏维埃政权还创办了报刊；1918年1月17日，在阿什哈巴德开始发行《阿什哈巴德士兵、工人代表城市苏维埃消息报》，布尔什维克党员巴特米诺夫任主编。

然而，外里海州的各级苏维埃没有像中亚其他地区那样组建统一的苏维埃共和国。当时，土库曼斯坦分属于三个政权，即1918年4月建立的突厥斯坦苏维埃社会主义自治共和国和1920年组建

---

1 马大正、冯锡时主编：《中亚五国史纲》，第221页。
2 〔苏联〕耶孜阔娃：《北部土库曼斯坦建立和巩固苏维埃政权的斗争（1917—1920）》，土库曼科学出版社，1954年，第23页，转引自马大正、冯锡时主编：《中亚五国史纲》，第222页。

的花剌子模、布哈拉两个苏维埃人民共和国。苏联政府于1922—1923年间将花剌子模苏维埃人民共和国与突厥斯坦苏维埃社会主义自治共和国的土库曼人居地合并起来，组建了土库曼自治州，并在布哈拉苏维埃人民共和国土库曼人聚居地组建了特别行政区。

1924年，俄共产党（布）中央委员会政治局做出了《关于中亚地区民族共和国划界》的决议，并于1924年10月27日批准了将分属以上三个政权的土库曼人居地合并组建土库曼苏维埃社会主义共和国的决定。11月5日，以阿伊塔科夫为主席的土库曼苏维埃社会主义共和国革命委员会成立，委员会成员有阿塔巴耶夫、梅日拉乌克、帕斯库茨阔夫，他们的任务是积极筹备土库曼苏维埃代表大会。组建土库曼共产党的工作也随之展开。11月19日，经俄共（布）中央委员会批准，由梅日拉乌克、萨哈特姆拉多夫、阿伊塔科夫、阿塔巴耶夫、卡尔波夫等人组建土库曼共产党临时中央委员会，负责土库曼共产党的组建工作。

1925年，土库曼苏维埃第一次代表大会在波尔托拉茨克（1927年改名阿什哈巴德）召开，大会通过了《土库曼苏维埃社会主义共和国成立宣言》，从法律上确认了土库曼苏维埃社会主义共和国，其领土包括原突厥斯坦苏维埃社会主义自治共和国的外里海州、原花剌子模苏维埃人民共和国南部和原布哈拉苏维埃人民共和国西部。1925年5月13日，苏联第三次苏维埃代表大会通过了土库曼苏维埃社会主义共和国加入苏联的决定。

1927年5月26日至6月3日，第二届全土库曼苏维埃代表大会在阿什哈巴德召开，会上制定了土库曼共和国的第一部宪法。宪法规定，土库曼共和国的一切权力来自工人。土库曼公民年满18岁有选举权，年满23岁有被选举权。1927年10月27日，土库曼苏维埃社会主义共和国（1927.10.27—1991.10.26）正式宣告成立。土库曼共和国早期杰出的领导人是中央执行委员会主席阿伊塔科夫和共和国人民委员会主席阿塔巴耶夫。

土库曼共和国是多民族国家,除主体民族土库曼人外,还有俄罗斯人、乌兹别克人、哥萨克人、鞑靼人、乌克兰人、亚美尼亚人及卡拉卡尔帕克人。据1970年人口普查,共和国的土库曼人有141.7万人,占苏联境内土库曼人总数的93%。此后,共和国宪法和国家象征获得批准,必要的国家机构建立起来。1937年3月2日,土库曼共和国新宪法通过。新宪法规定:共和国最高权力机关是一院制的土库曼共和国最高苏维埃,最高苏维埃取代原先的人民代表大会及中央执行委员会。根据宪法,最高苏维埃每四年一选,它的300名代表大多数是土库曼人,其中大约有三分之一是妇女。地方苏维埃每两年选举一次。土库曼最高苏维埃实际上并无真正的权力,候选人是各个选区的被选举人,他们通常既不是某一选区的居民,甚至也不是土库曼共和国的永久居民,如苏军高级将领经常被列入共和国最高苏维埃的代表名单。此外,代表是按照当局提供的等额名单选举产生的,没有明文保证各族代表的数额,等额名单不是按民族分配的。[1]60年代以后担任最高苏维埃主席的有:克雷切夫(1963.3—1978.12)、雅兹库利耶夫(1978.12—?)。

土库曼共和国最高行政机构是人民委员会(以后改称部长会议),人民委员会由共和国最高苏维埃任命组成。在土库曼苏维埃第一次代表大会上组建了土库曼共和国的第一届政府,原突厥斯坦人民委员会主席阿塔巴耶夫当选第一届人民委员会主席。60年代以后担任部长会议主席的人有:穆·加普罗夫(1963—1969.12)、奥

---

1 《土库曼苏维埃社会主义共和国》,《英国大百科全书长编》第18卷,第798—802页,见《中亚史丛刊》1983年第1期。

拉兹穆罕默多夫（1969.12—1975.12）、雅兹库利耶夫（1975.12—1978.12）、克雷切夫（1978.12—1985.3）。

土库曼共和国最高司法机关是最高法院，各个区和城市有区和市人民法院。法官和人民陪审员均从官方提供的等额候选人名单选举产生。[1]

土库曼共和国真正的权力中心是土库曼共产党，土库曼共产党实际上是苏联共产党的一个分支。1925年2月14—19日，土库曼共产党第一次代表大会召开，加里宁代表联盟党中央出席了这次大会。大会选举了土库曼共产党中央委员会和中央政治局，梅日拉乌克、萨哈特姆拉多夫当选为土库曼共产党中央书记。此后，土库曼共产党中央委员会着手组建地方各级党组织，并在全国进行了地方各级代表大会的选举。

二次大战以后，担任土库曼共产党中央第一书记的人有：土库曼人巴图罗夫、巴巴耶夫、奥维佐夫（1958—1969.12）、穆·加普罗夫（1969.12—1985.12）。尽管如此，土库曼人在土库曼共产党机关中没有起到主导作用。在党员中，土库曼人占的比例一直不大，而占共和国总人口数15%弱的俄罗斯人将近占了这个特权组织总人数的25%（1967），在更高级的党的机构中，土库曼人是无足轻重的。[2]

16世纪，当中亚一些民族组建自己的国家之时，土库曼人未能建立起自己的国家，直到1924年民族划界以后，土库曼人才有了属于本民族的国家。因此，土库曼共和国的成立虽然是苏联中央的计划，却也是土库曼族历史上的一次飞跃。土库曼共和国的历史与

---

[1] 《土库曼苏维埃社会主义共和国》，《英国大百科全书长编》第18卷，第798—802页，见《中亚史丛刊》1983年第1期。

[2] 同上。

苏联的历史紧密地联系在一起。

在苏联社会主义改造时期,土库曼共和国也进行了社会主义改造运动。1925年5月23日,土库曼共和国人民代表大会中央执行委员会发布了《关于土地、水源使用调整决定》,禁止土地私有和土地买卖,展开了土地改革运动。此后,各地苏维埃政府逐渐建立和完善了有关土地、粮食、财政、税务等相应的管理机构。尽管共和国各地各级工人、士兵代表苏维埃还不完善,但是,它们受到了广大土库曼人民的拥护,胜利地完成了各项任务。

在苏联30年代的"大清洗"运动中,土库曼共和国的"清洗"对象直指知识分子。这些知识分子在共和国建立之初因拥有文化而获得了土库曼共和国的领导位置。早期组建土库曼共产党的梅日拉乌克、萨哈特姆拉多夫遭到了镇压;土库曼共和国人民代表大会中央执行委员会主席阿伊塔科夫和共和国人民委员会主席阿塔巴耶夫都未能幸免,1939年被处决。土库曼共和国的大多数本族领导人被解职。斯大林去世后,以赫鲁晓夫为首的苏共中央批判了斯大林的一些错误做法,为在斯大林时期遭到迫害和镇压的数百万计无辜者平反,土库曼共和国领导人阿伊塔科夫、阿塔巴耶夫得到平反。

在苏联参加第二次世界大战期间,土库曼共产党和共和国政府展开战争动员,申请参加的志愿者有数千人。按照全苏军事委员会的命令,土库曼共和国组建了第33迫击炮旅,第98和118步兵旅,第63和81骑兵师的预备团及部分辎重和运输部队,同时开始筹建陆军学校和航空学校。1941年秋,在土库曼共和国开始组建第87和88土库曼步兵旅,第97和98土库曼骑兵师。[1]这些军队分别参加了斯大林格勒战役、莫斯科保卫战和莫斯科会战。在土库曼籍士

---

1 马大正、冯锡时主编:《中亚五国史纲》,第230页。

兵中，涌现出很多英雄，战争中获得各种勋章和奖章的约有1.5万人。苏联全国获最高荣誉"苏联英雄"称号的军人有11618人，其中，土库曼共和国有18人。[1]

二战结束以后，苏联在意识形态领域展开了一场批判"资产阶级民族主义历史观点"的斗争。在这场斗争中，土库曼共和国组织力量对历史学中的"资产阶级民族主义错误"进行了严厉的批判。

赫鲁晓夫执政时期，土库曼共和国领导人紧跟赫鲁晓夫。1958年，土库曼共产党第一书记巴巴耶夫因主张土库曼共和国所有重要职务首先应由土库曼人担任而被赫鲁晓夫免职，最后被开除党籍。

在戈尔巴乔夫的改革中，土库曼共和国也步步追随，并走向独立。1990年8月23日，土库曼共和国最高苏维埃通过了《土库曼苏维埃社会主义共和国国家独立宣言》，1991年10月27日，土库曼共和国宣布独立，土库曼共和国成为独立主权国家，国名定为"土库曼斯坦"。

土库曼共和国的建立，对于有着悠久历史的土库曼人来说，是一个重要的里程碑。它的建立使"土库曼"这一词汇第一次被书写在世界政治地图上。

第三节　共和国时期迅速发展的经济

土库曼共和国的建立推动了土库曼经济的发展。建国以后，土库曼共和国疆域和行政区划都固定了下来，为土库曼共和国经济的发展奠定了基础。土库曼共和国有五分之四的土地是低平原，荒漠

---

[1] 苏联科学院历史研究所编：《苏联民族-国家建设史》（下），徐桂芬等译，商务印书馆，1997年，第467—468页，见《中亚史丛刊》1983年第1期。

占土地面积的90%[1]，世界上最大的沙漠之一卡拉库姆沙漠占据了共和国的中心地带。由于地理因素的制约，共和国的农业主要集中在南部、东北部和西部。土库曼共和国的农业以种植业为主，其中，植棉业占据主要地位，谷物种植主要有小麦、大麦和少量水稻。

1917年十月革命以后，外里海州实行了将一切权力归苏维埃的一系列措施。从1918年起，外里海州地区的各级苏维埃政府采取了一些国有化措施，如将银行和企业收归国有，没收大官僚和资本家的别墅和住宅，将一些工厂，如棉花加工厂、榨油厂、制皂厂收归苏维埃政府，还有一些大企业也被收归国有，如切列金岛上的石油、石蜡开采企业，阿什哈巴德、谋尔夫、捷詹、别兹缅、克孜尔-阿尔瓦特等地的水电站、旅店、影剧院等等。

然而，土库曼共和国的社会主义改造因1917—1922年的国内战争而中断。内战期间，土库曼共和国也实行了战时共产主义政策。到1920年底内战结束，土库曼共和国开始了和平的社会主义建设。1921年，俄共（布）第十次代表大会通过了由战时共产主义政策向新经济政策转变的决定。土库曼各级共产党组织和苏维埃政府在由战时共产主义向新经济政策的转变中发挥了重要作用，使土库曼共和国的经济从战时的衰退进入了恢复时期。

首先，土库曼共和国继续进行在内战之前开始的社会主义改造运动，对土地和水资源进行了改革。共和国的40490俄亩灌溉地在25313户中分配[2]，土地改革提高了农民的生产积极性。随即共和国开始了农业集体化，截至1926年10月1日，参加合作社的农户占

---

1 《土库曼苏维埃社会主义共和国》，《英国大百科全书长编》第18卷，第798—802页，见《中亚史丛刊》1983年第1期。
2 苏联科学院经济研究所编：《苏联社会主义经济史》第3卷，生活·读书·新知三联书店，1982年，第463页。

25.6%。[1] 在第一个五年计划期间（1928—1932），农业集体化取得长足进展，到1932年7月，共和国集体农户占总农户的73%。[2]

在农业集体化过程中，农业使用机械化的程度随之提高。到20世纪30年代，土库曼共和国农业已经部分实现了机械化生产，全国各集体农庄共拥有3907台拖拉机、97台联合收割机、853辆汽车。到1940年，土库曼共和国用于农业生产的机械中拖拉机增加到4523台、联合收割机159台、卡车1500多辆。农田耕作的82%、春播的80%、棉花播种的68%、秋播的37%实现了机械化。[3]

土库曼共和国的农业大多是在山地中进行的，农作物依靠灌溉。为了扩大灌溉面积，共和国政府大力发展水利事业，1939—1941年，共和国陆续建成了卡乌舒特宾水利枢纽、巴尔维-沙瓦干渠，修复和清理了布依拉帕等旧渠。农业种植面积在1913年为31.8万公顷，到二战前夕的1940年，达到41.1万公顷。[4]

畜牧业在土库曼共和国中有着重要地位。畜牧业主要是养羊、牛、马、猪、骆驼等牲畜，其中，以养羊为主。卡拉库尔绵羊在世界上享有盛名，用卡拉库尔优质细羊毛纺造的毛毯远销世界50多个国家。此外，阿哈尔捷金马也是土库曼人的骄傲，此种马能在缺水少食的情况下穿越广阔的沙漠。

1926年8月4日，共和国人民委员会成立了畜牧委员会。畜牧委员会成立的当年就三次深入牧区调查共和国的畜牧资源。在第二个五年计划期间（1933—1937），土库曼共和国在牧区开始推行集

1　苏联科学院经济研究所编：《苏联社会主义经济史》第2卷，生活·读书·新知三联书店，1980年，第262页。

2　丁笃本：《中亚通史》（现代卷），第168页。

3　马大正、冯锡时主编：《中亚五国史纲》，第229页。

4　《土库曼苏维埃社会主义共和国》，《英国大百科全书长编》第18卷，第798—802页，见《中亚史丛刊》1983年第1期。

体化。随着水利事业的发展,国家强迫牧民转为定居农业,这一过程曾遭到土库曼人的抵制。

土库曼共和国的工商业在苏联时期有长足的发展。交通业得到很快恢复,1922年的货运量比1921年增加了50%。1922年,土库曼共和国就有21个工业企业恢复生产,新建成的阿什哈巴德玻璃厂从1922年开始为中亚和北高加索地区提供产品,基本满足了建设需要。1925—1926年,共和国对新建企业投资达108.2万卢布,占全部投资的70%。[1]在此过程中,相当一部分老企业得到改造,如切列金的石油工业,库里和捷别尔的制盐业,阿什哈巴德和塔沙乌斯的冶金、棉花加工、制皂、榨油等。1928年,工业产值占工农业总产值的23%,1932年这一数字是44%。1926—1932年,在土库曼共和国的预算中,苏联中央政府的补贴占50%以上。[2]

建国以后,土库曼共和国的采矿业发展迅速,政府组织了地质工作者对共和国的矿藏资源进行了考察。1926年,探明了卡拉库姆沙漠中的硫黄矿,1928年开始建厂;1926—1928年,全面勘察了切列金岛的钾盐矿,此外,对该岛的石油储量和产量进行了预测。工农业生产的恢复促进了商业的发展,1923—1924年,土库曼斯坦国营合作社的贸易额为7300多万卢布,比1922—1923年高出5200多万卢布。[3]

在第二个五年计划期间(1933—1937),土库曼共和国进一步对工业企业进行了改造,共和国在1937年宪法中宣布社会主义在共和国取得胜利。

1938—1942年间,土库曼共和国优先发展重工业,特别是石

---

[1] 马大正、冯锡时主编:《中亚五国史纲》,第227、228页。
[2] 苏联科学院经济研究所编:《苏联社会主义经济史》第3卷,第328、310页。
[3] 马大正、冯锡时主编:《中亚五国史纲》,第227页。

油和天然气的开采和加工。共和国的绝大部分领土是沙漠，但沙漠地下蕴藏丰富的石油和天然气资源。土库曼的石油开采较早，但石油工业的发展十分缓慢。土库曼共和国建立之后，政府确立了优先发展石油工业的方向。20世纪30年代末至40年代初，苏联中央做出了《关于扩大石油采掘和加工的措施》的决定，以科学院院士古帕金为首的石油地质工作者来到土库曼，对该地区的石油进行了全面的勘测。到第二次世界大战前夕，土库曼共和国基本上形成了以石油工业为主导，以绿洲农业为依托，以棉花和畜产品为特色的国民经济体系。

在第二次世界大战中，作为后方，土库曼共和国与中亚其他国家一样成了前线地区居民的疏散地，到1943年时，土库曼各级苏维埃政府收容了3万多来自敌占区和前线的疏散者，为他们提供了2690头牲畜和204929公斤食品。[1]

为了支持战争，土库曼共和国于1941年发行了3958.7万卢布的战争债券；土库曼妇女捐献出了白银1705公斤、黄金95公斤、现金85020卢布。[2] 是年，共和国上缴的皮棉比1940年多10453吨；1943年上缴的粮食比1941年多2倍；1941—1945年，土库曼畜牧产品的产量增加了68.7%。[3]

1941—1942年，瓦罗涅什、奥德萨、顿巴斯等地的冶金等重工业设备、农机配件、钢材以及其他工业原材料工厂转移到土库曼共和国，土库曼共和国成为苏联的军械、军火生产基地。此外，阿什哈巴德等地的工人利用疏散到该地的设备建立了一些纺织厂、缝

---

[1] 马大正、冯锡时主编：《中亚五国史纲》，第231页。
[2] 《苏维埃土库曼斯坦史》第2卷，第76页，转引自马大正、冯锡时主编：《中亚五国史纲》，第231页。
[3] 马大正、冯锡时主编：《中亚五国史纲》，第231页。

纺厂、机械厂、罐头包装厂等轻工企业。

战争结束以后,在"四五计划"期间(1946—1950),苏联对土尔克明尼亚(即土库曼)基本建设投资16亿卢布[1],重点用于发展石油、玻璃、食用油等工业部门。土库曼产业工人开展了以超额完成计划为目标的劳动竞赛,竞赛活动直接促进了土库曼工业生产的恢复和发展,到1947年,土库曼共和国的工业生产能力已经恢复并超过了战前水平。1948年10月6日,土库曼共和国首都阿什哈巴德发生强烈地震,造成严重的经济损失和人员伤亡。苏联政府和土库曼当局努力组织抗灾和重建工作,很快恢复了经济。

战后,土库曼共和国石油工业得到了迅速发展。1948年10月9日,苏联部长会议通过了《关于扩大开展对土库曼共和国石油资源勘测的措施》,石油地质勘测的工作加紧开展起来,1949年,探明了沿里海地区的石油矿藏量。50年代后期,土库曼共和国内的石油开始大规模的开采。1949年,土库曼石油的开采量58万吨[2],经过20年的发展,到1970年,石油产量达到了1600万吨。[3] 在80年代初,土库曼共和国石油开采继续保持着高速发展的势头。

土库曼共和国境内天然气资源丰富,1950—1975年间发现天然气田22处,探明储量达到10000亿立方米。[4] 从70年代起,开始了天然气的大规模开采。沙特雷克特大型气田等一批气田和拜拉姆阿里—阿什哈巴德—别兹梅因输气管道、沙特雷克—乌拉尔地区

---

1 《苏联国民经济建设计划文件汇编》(第三、四、五个五年计划),人民出版社,1957年,第177页。

2 Edward Allworth, ed., *Central Asia: 130 Years of Russian Dominance, A Historical Overview*, third edition, Duke University Press, 1994, p. 335.

3 《土库曼苏维埃社会主义共和国》,《英国大百科全书长编》第18卷,第798—802页,见《中亚史丛刊》1983年第1期。

4 同上。

输气管道建成，以及西部地区油田扩大了开采规模，查尔朱炼油厂竣工。

土库曼共和国的石油和天然气开采成为国民经济的支柱产业，不仅在中亚地区，而且在全苏都名列前茅。到1990年，天然气开采达到878亿立方米，成为仅次于俄罗斯和美国的世界第三大天然气出口国。[1]

土库曼共和国的重要企业还有：马雷国营地区发电站（装机126万千瓦）和别兹梅因国营地区发电站等一批发电厂，土库曼氮肥厂、塔沙乌兹石墨电极厂、查尔朱磷肥厂（扩建）、阿什哈巴德棉纺织联合企业（改建）等。

战后，土库曼共和国的农业得到了很快的发展。1946年，土库曼农产品完成国家计划的117.9%。1950年，共和国植棉面积为15.3万公顷，比1940年增加了2600公顷。[2] 土库曼共和国农牧业发展中的大事是卡拉库姆干渠的开通。卡拉库姆干渠于1960年开始动工，历经10年建成，运河全长1450多千米，深达6—7米，最宽处达150米。卡拉库姆干渠建成以后，阿姆河水被引到土库曼共和国的马雷（原谋尔夫）、捷詹、阿什哈巴德、克孜尔-阿尔瓦特、卡赞吉克等几个最重要的农业地区，灌溉了44万公顷的土地和大片的草场，缓解了50多个城镇、200多个集体农庄和国营农场的用水问题，有力地促进了农业区和部分牧区经济的发展。[3] 1991年，共和国的籽棉产量达143.3万吨，仅次于乌兹别克共和国，在独联体中占第二位。[4]

---

1 施玉宇编著：《土库曼斯坦》，第89页。
2 马大正、冯锡时主编：《中亚五国史纲》，第232页。
3 王沛主编：《中亚四国概况》，第330页。
4 施玉宇编著：《土库曼斯坦》，第89页。

战后，土库曼共和国经济持续发展了二十多年，到1980年，工农业总产值达到了65亿多卢布，比1960年增长了392%。[1]然而，在共和国经济结构中，工农业都存在着不合理的现象。在工业方面，重工业所占比例很大，生产日用消费品的轻工业发展缓慢；在农业方面，以棉花和其他经济作物的种植占了主要地位，粮食种植未能得到发展，如1982年，棉花种植面积占54.8%，饲料占28.6%，谷物只占3.9%。[2]

不合理的经济结构最终导致了经济发展趋于缓慢，有的部门甚至出现经济下滑的现象。1981—1990年，土库曼共和国经济完成的情况不理想。石油产量在1975年曾达到了1557.7吨的最高峰，到1991年降到了540万吨。[3]籽棉产量在近十年中，增幅不大，1980年曾达到125.83万吨，到1989年，产量是137.94万吨。[4]

苏联时期，土库曼共和国的文教事业得到了快速发展。1920年，在布哈拉汗国和希瓦汗国灭亡以后，土库曼人摆脱了宗教学校和扎吉德学校的教育。共和国成立之后，共和国政府十分重视全民的文化教育，教育事业得到极大发展。到1958—1959年，共和国的普通学校有1245所，比1945—1946年增加了3倍；到1982—1983年，土库曼共和国的普通中学有1800所。[5]在普通教育发展的同时，高等教育也发展起来。1950年，在阿什哈巴德成立了以高尔基命名的土库曼国立大学。随着教育的发展，共和国科研机构也建立起来。1951年，土库曼共和国科学院成立，科学院设立18个研

---

[1] 马大正、冯锡时主编：《中亚五国史纲》，第233页。
[2] 同上书，第234页。
[3] 施玉宇编著：《土库曼斯坦》，第89页。
[4] 马大正、冯锡时主编：《中亚五国史纲》，第234页。
[5] 同上。

究所。[1]

独立建国以后，土库曼人在社会经济、文化教育等各方面都取得了很大成就。然而，与全苏联相比，甚至与中亚其他四个共和国相比，土库曼经济仍是经济和文化比较落后的加盟共和国，这一点在苏联解体前的1990年经济指标中可以反映出来。据苏联《论据与事实》周刊报道，1990年，土库曼共和国国民生产总值76亿卢布，占全苏的0.9%，在15个共和国中排在第12位；工业和农业产值分别为48亿卢布和25.57亿卢布，占全苏的0.4%和1.1%，在加盟共和国中分别居14和13位，在中亚五国中排在第4位。[2]

---

[1] 赵常庆主编：《中亚五国概论》，经济日报出版社，1999年，第253页。
[2] 苏联《论据与事实》1991年第39期，转引自施玉宇编著：《土库曼斯坦》，第88页。

第五章

国土的形成

土库曼斯坦位于北纬35°08′至42°48′，东经52°27′至66°41′之间；东西长1100千米，南北宽650千米，国土面积49.12万平方千米。[1] 国土的四至是：北抵达乌斯秋尔特高原和萨雷卡梅什盆地，东沿阿姆河延伸，科佩特山脉是其南界，里海东岸是其西界。土库曼人在塞尔柱帝国统治时期获得了长期稳定的生存空间；17世纪至18世纪的大迁徙扩大了其生存空间；1924年苏联中央政府的民族识别和划界使其地盘固定下来。其中，对今土库曼斯坦的国土形成起到决定作用的是苏联时期的民族识别和划界。

第一节 国土形成的漫长过程

土库曼斯坦是以土库曼人为主体的现代民族国家。历史上发生的三件事对土库曼斯坦国土的形成产生了重要影响：一是11世纪初叶欧亚草原的大迁徙运动；二是11世纪中叶古思部落塞尔柱人的建国；三是17世纪至19世纪上半叶土库曼人的大迁徙。

古思人来到土库曼斯坦是今土库曼斯坦国土形成的基础，而钦察和库曼部落于11世纪初期的西迁是促使古思人迁入土库曼斯坦的外部压力。8世纪中叶，葛逻禄人占据了乌古思人的牧地，一部

---

[1]《土库曼斯坦经贸指南》，中华人民共和国商务部2006-08-26。

分乌古思人向锡尔河中下游迁徙,来到了锡尔河北岸和里海北岸的草原,此后不久,他们以"古思"之名出现于史册;9世纪上半叶,古思人分布在锡尔河下游,咸海、里海东岸和北岸,他们的牧地与花剌子模和呼罗珊的定居农耕地区接壤。在里海北岸和东岸的古思人不断骚扰花剌子模绿洲和呼罗珊,致使统治这些地区的塔希尔王朝不断修筑要塞以抵御他们的骚扰。10世纪,古思部落遍布土库曼斯坦周边地区:"除了居住在该王朝东部边界和东北部边界的那些土库曼人之外,土库曼人中的另一部分则居住在花剌子模湖(即今咸海)北部、阿姆河和细浑河(锡尔河)两河的河口地区以及位于咸海至里海之间的平原地区。"[1] 此后,土库曼人从以上地区逐渐向南骚扰,随后发展为大规模入侵。

11世纪初,额尔齐斯河畔部落联盟基马克解体,其中的钦察部和库曼部结成了新的联盟,他们一路向西迁徙,引发了欧亚大草原中段和西段的大迁徙。当时在咸海北岸和里海东岸和北岸的古思人首当其冲地受到这股迁徙运动的挤压,其中的一部分人向西逃,另一部分人向南移。

向西逃亡的古思部落遍布在里海与黑海之间的高加索地区和小亚细亚;14世纪后期,一些人在亚美尼亚和阿塞拜疆的部分地区建立了黑羊王朝(1375—1468),另一些人在迪亚巴克尔和阿塞拜疆的其他地区建立了白羊王朝(1378—1501)。史书将他们记为土库曼或西土库曼。1468年,白羊王朝灭了黑羊王朝;1501年,新兴的萨法维王朝(1501—1736)夺取白羊王朝都城大不里士,白羊王朝灭亡。里海以西的土库曼人居地成了波斯人的地盘。

向南移的古思部落沿里海东岸进入花剌子模绿洲和呼罗珊北部

---

1 〔伊朗〕阿宝斯·艾克巴尔·奥希梯扬尼:《伊朗通史》(上册),叶奕良译,第299—300页。

地区，这部分古思人被史书记为突厥蛮（即土库曼）。土库曼人长期在这片土地上生活，并将自己的族名赋予了这片土地。

南移的古思人能够在这片土地上居住下来，他们中的塞尔柱人功不可没。塞尔柱人原居锡尔河以东草原，10世纪中叶开始移居到河中地区，在参与中亚诸政权的斗争中壮大起来。最早来到今土库曼斯坦的塞尔柱人是其首领阿尔斯兰的部落。在帮助河中政权西喀喇汗王朝与阿富汗政权伽色尼的战争中阿尔斯兰被俘，他统率的部落穿过沙漠来到了呼罗珊，时间在1034年以前。此后，又一支塞尔柱人来到花剌子模绿洲。1032年，伽色尼王朝在花剌子模的代理人阿尔通塔什去世，伽色尼王朝苏丹马苏德没有让阿尔通塔什之子哈伦接替其位。1034年，哈伦求助于河中地区的塞尔柱人，于是，塞尔柱人来到了花剌子模，并成功地让哈伦登上了花剌子模的王位。然而，哈伦的统治并不长久。1035年，哈伦被暗杀，花剌子模绿洲再次纳入伽色尼王朝代理人的统治之中。哈伦去世以后，帮助哈伦登上王位的塞尔柱人在花剌子模待不下去了，于是大约有一万多塞尔柱人迁到了呼罗珊的萨拉赫斯、阿比瓦尔德等地。塞尔柱人派使者带着一封信去见伽色尼王朝苏丹马苏德，请求马苏德把谋尔夫、阿比瓦尔德和萨拉赫斯让给他们，作为回报，他们为苏丹守卫这些地区。马苏德拒绝了他们的要求，塞尔柱人便诉诸武力夺取生存空间。1040年的丹丹坎战争使伽色尼王朝军队退出了在呼罗珊地区的统治。[1] 塞尔柱人先后在今土库曼斯坦的呼罗珊地区和花剌子模绿洲建立了政权。

随着塞尔柱人西征的胜利，塞尔柱人的统治中心不断西移。1043年，王朝都城迁到雷伊城；1050年，迁到伊斯法罕城；在马

1　V. V. Barthold, *Turkestan Down to the Mongol Invasion*, p. 303.

立克沙统治后期，帝国都城移到巴格达；马立克沙去世以后，大塞尔柱帝国分裂，帝国西部先后以伊斯法罕和哈马丹为都城，东部以谋尔夫城为都城。

东部帝国的重要性是从阿尔普·阿尔斯兰苏丹时期开始的。阿尔普·阿尔斯兰及其后继者马立克沙的发迹地都在帝国东部，他们继任苏丹之后，对帝国东部的关注使帝国的统治重心开始向东部转移。1119年的萨韦之战以后，桑扎尔名义上统一了塞尔柱帝国，在此后的近四十年时间里，谋尔夫城实际上成为塞尔柱帝国的都城。

考古资料反映，呼罗珊地区最大的城市谋尔夫城在桑扎尔时代有人口十五万，占地面积四百多公顷，两条垂直交叉的大道将谋尔夫城分为四部分，街道交叉口上有圆顶建筑的市场，沿街两旁有商铺。城内建有清真寺、宗教学校、观象台等众多的公共建筑，其中，规模很大的图书馆就有十个。房屋鳞次栉比，除了普通民房外，还有规模很大的贵族住宅，它们的墙体由砖砌成，并以各种颜色的灰泥修饰，有的还镶有雕刻，或用彩色釉砖装饰。

塞尔柱帝国的统治使土库曼人获得了一个固定的居地。塞尔柱政权的建立对与他们同族的、正在沿里海东岸南下的古思人有着极大的吸引力，大批古思人以同盟部落、臣属部落或奴隶身份不断投奔塞尔柱人。塞尔柱帝国统治者明智的施政措施对古思人能够在这片土地上长期居住起到了积极作用。在宗教方面，塞尔柱统治者承认阿拔斯哈里发的宗教首领地位，信仰并保护伊斯兰教逊尼派，于是，他们建立的政权在阿拉伯世界取得了合法地位；在政权建设方面，塞尔柱人所采取的原始氏族部落的军事民主制逐渐被伊斯兰国家的中央和地方行政体系所取代，并且在行政体系中起用了大批波斯官员；在经济方面，塞尔柱统治者修筑灌溉工程，发展农耕经济，鼓励游牧经济向农耕经济转化；在军事方面，塞尔柱统治者建立多民族组成的正规军以取代游牧部落的民兵；在文化方面，塞尔柱人吸收当地文化，将伊斯兰文化与突厥文化整合，最终形成了以突厥传统文化为特质、以伊斯兰教为表象的新文化体系。

在近两百年的统治中，塞尔柱人不仅为他们的同族——跟随塞尔柱人的古思人和不断南下的古思人——提供了生存空间，使他们在塞尔柱帝国统治地区长久地生存下来，而且为他们与境内的欧罗巴人的混合，在文化、意识形态和生活方式上全面融入伊斯兰世界提供了有利的条件。到16世纪，一支名为突厥蛮（即土库曼）的人以有别于其他民族的面貌出现时，这片土地开始以"土库曼斯坦"之名载入史册。不过，此时的土库曼斯坦仅仅指土库曼人之地，它既没有固定的疆域，也不是地理学所界定的严谨概念，随着时间的推移，它的范围也在不断发生变化。

16世纪初，土库曼人的居地范围东起阿姆河，西临里海，北到曼格什拉克，南达厄尔布尔士山东段的科佩特山。16世纪末至17世纪初，土库曼人开始了长达两个多世纪的大迁徙，这一事件使土库曼人居地从北方逐渐移到南方，直接影响了20世纪初的民族划界。

17世纪30年代，土尔扈特人占领了里海北部沿岸和伏尔加河下游地区，他们时常绕过里海北岸，沿东岸南下，掠夺和袭击居住在曼格什拉克半岛的土库曼人。1639年，土尔扈特汗和鄂尔勒克攻曼格什拉克半岛，土库曼人的社会经济遭到破坏。1640年，当希瓦汗阿布哈齐来到曼格什拉克之时，该地的土库曼人部众离散，陷于混乱之中，此地只剩下七百户，处于卡尔梅克人（即土尔扈特人）的统治之下。[1] 在土尔扈特汗明楚克统治期间（1667—1670），乔都

---

[1] 阿布尔·哈齐·把阿秃儿汗：《突厥世系》，罗贤佑译，第300页。

尔、伊格迪儿和索云纳吉三个土库曼部落被土尔扈特人从曼格什拉克、乌兹博伊和巴尔汉山赶走；18世纪上半叶，哈萨克人在准噶尔人入侵时期向西逃亡，来到里海东岸和北岸，把特克部土库曼人从曼格什拉克半岛赶走；原来生活在曼格什拉克的伊孙汉部土库曼人也遭到蒙古人诺盖部，以及伏尔加河和乌拉尔河两岸的土尔扈特人和哈萨克人的袭击，开始向花剌子模绿洲迁移。

　　经过了两个世纪（17—18世纪）的大迁徙，到19世纪初，土库曼各部的居地基本固定下来。在这次大迁徙中，土库曼人的居地从北部向今土库曼斯坦的中部和南部扩展。来到土库曼斯坦中部的是特克部和埃尔萨里部土库曼人：30万特克部民占据着两大绿洲，即阿哈尔特克和谋尔夫绿洲；15万埃尔萨里部民在谋尔夫以东的阿姆河流域放牧。来到土库曼斯坦南部的有：3.1万戈克兰部民在戈尔甘河一带放牧；6.5万萨利克部民在谋尔夫以南放牧；8.6万乔多尔部民在查尔朱以南的阿姆河一带放牧。[1]来到土库曼斯坦最南端的是萨利克部土库曼人，他们在与阿富汗接壤的彭狄绿洲定居。

　　南迁的土库曼部落大部分居住在人烟稀少的卡拉库姆沙漠边缘，他们的到来有利于这些地区的开发，阿哈尔特克绿洲区，以及以捷詹河、穆尔加布河流域为中心的绿洲区和以查尔朱为中心的阿姆河中游绿洲区逐渐形成。散居在卡拉库姆沙漠边缘的这些土库曼部落未能统一，也未能建立起土库曼人的国家，它们分属于希瓦汗国、布哈拉汗国和波斯人的恺加王朝。

　　地处希瓦汗国南部边界的大约15万约穆德部人占据着从花剌子模绿洲向西一直延伸到里海东南岸的地区。[2]19世纪初，希瓦统

---

[1] 〔俄〕M. A. 捷连季耶夫：《征服中亚史》第3卷，西北师范大学外语系译，商务印书馆，1986年，第1页。

[2] 同上。

治者艾利吐热尔（1804—1806年在位）曾以武力把汗国边境地区的约穆德部、伊木别里部和卓乌多尔部纳入自己的统治。在此期间，大批约穆德部人迁往呼罗珊，然而，他们在呼罗珊没有找到土地和牧场，还遭到波斯统治者的迫害和邻近土库曼部落的骚扰。1806年，他们重返花剌子模绿洲，征得希瓦汗的同意后，在希瓦城以西的沙漠边缘定居下来，此后，他们参与了希瓦汗国统治者争权夺利的战争。

人数最多的特克部土库曼人分属于希瓦汗国和布哈拉汗国。其中，在呼罗珊北部者属于希瓦汗国，在其南部谋尔夫绿洲者属于布哈拉汗国。19世纪20年代，希瓦汗国与布哈拉汗国为争夺谋尔夫绿洲多次发起战争，列巴普和谋尔夫两城成为双方争夺的焦点，两城在双方之间多次易手。

呼罗珊西部的土库曼部落先后臣属于阿夫沙尔王朝和恺加王朝。18世纪中叶在呼罗珊建立统治的阿夫沙尔王朝（1736—1796）征服了查尔朱、哈扎拉斯普、皮特内克、汗卡等地的土库曼部落。1747年6月，阿夫沙尔王朝分裂为几个互相争霸的小王朝，1749以设拉子为首都的赞德王朝（1749—1794）夺取大片土地，阿夫沙尔王朝仅仅保住了呼罗珊及其以东地区。1779年，突厥恺加部首领阿伽·穆罕默德以德黑兰为都建立了恺加王朝（1779—1921）；1796年，恺加王朝确立了对呼罗珊西部的统治，分布在里海东南沿岸的约穆德人也承认了恺加王朝的宗主地位。

沙俄统治时期，土库曼斯坦分属于三个政权：花剌子模绿洲和呼罗珊北部地区归希瓦汗国，呼罗珊南部归布哈拉汗国，里海南岸和东岸地区直属俄国的外里海州。希瓦汗国的土库曼人主要集中在阿姆河下游三角洲南端的平原绿洲地区。生活在布哈拉埃米尔统治下的土库曼人主要集中在卡拉库姆大沙漠的东缘。外里海州管辖范围西起里海东岸，经卡拉库姆沙漠，东至阿姆河西岸，北起乌斯秋尔特高地，南至阿列克河与波斯、阿富汗边界；外里海州的居民绝大部分是特克部和阿利利部土库曼人。

第二节　国土形成的决定因素

沙俄征服土库曼斯坦之前，土库曼人以部落或部落联盟的形式在土库曼斯坦生活，他们的社会组织仍然是部落联盟。19世纪，土库曼部落分属于不同政权，西南部的土库曼部落属于伊朗（当今仍旧），北部的土库曼部落属希瓦汗国，东部的土库曼部落属布哈拉汗国，东南部的土库曼部落属阿富汗（当今仍旧）；只有谋尔夫、捷詹、阿哈尔、特克等地的土库曼部落保持相对的独立，被称为自由的土库曼人。[1] 十月革命以后，在土库曼斯坦境内成立了各级苏维埃，与中亚其他地区不同，此地未能组建统一的苏维埃共和国，土库曼斯坦仍然分属于当时组建的三个苏维埃政权。在中亚全部土库曼人口中，有43.2%生活在突厥斯坦苏维埃社会主义自治共和国，27%在布哈拉苏维埃人民共和国，29.8%在花剌子模苏维埃人民共和国。[2]

土库曼人的民族国家是20世纪初期组建的，可以说，土库曼斯坦的国土最终确立是在20世纪初期。1924年6月12日，苏共中央委员会政治局通过了《关于中亚共和国（突厥斯坦、布哈拉及花剌子模）民族划界的决议》；10月27日，苏联第二届特别执行委

---

[1]〔伊朗〕恰赫里亚尔·阿德尔主编：《中亚文明史》第6卷，吴强、许勤华译，第248页。

[2]《土库曼苏维埃社会主义共和国史》，1957年，第249页，转引自〔伊朗〕恰赫里亚尔·阿德尔主编：《中亚文明史》第6卷，吴强、许勤华译，第263页。

员会做出将当时分属于三个政权的土库曼人居地合并成立土库曼苏维埃社会主义共和国（简称"土库曼共和国"）的决定；12月4日，土库曼共产党临时中央委员会做出了关于土库曼共和国疆域和边界的决定。

土库曼共和国的领土包括了原突厥斯坦苏维埃社会主义自治共和国外里海州的部分地区、花剌子模苏维埃人民共和国的南部和布哈拉苏维埃人民共和国的西部。以往分散的土库曼人被纳入到该共和国之中，在当时居住在苏联境内的全部土库曼人中，有94.2%被纳入土库曼共和国，占该共和国人口的71.9%。[1]

在新组建的土库曼共和国的领土四至中，北部领土不包括外里海州的曼格什拉克。当时，外里海州下辖曼格什拉克、克拉斯诺沃茨克、阿哈尔、捷詹和谋尔夫五个县。在此次划界中，外里海州的曼格什拉克划归哈萨克共和国。曼格什拉克的山区地带曾是土库曼人乔多尔部、伊格迪儿部和松察迭部的居地，17世纪初，土库曼人离开了曼格什拉克半岛，此后，半岛的主要居民是哈萨克人。1973年3月18日曼格什拉克独立建州（1990年改名为曼吉斯套州）时，在该州34.6万的总人口中，哈萨克族超过了25万，占居民总数的74%。[2]因此，在组建土库曼共和国之时，总面积为16.56万平方千米的曼格什拉克成了哈萨克共和国的领土，土库曼共和国的北部边界向南退缩到克拉斯诺沃茨克。除了曼格什拉克县外，外里海州其他四个县（克拉斯诺沃茨克、阿哈尔、捷詹和谋尔夫）都归土库曼共和国。

---

1 《土库曼国家档案》，转引自〔伊朗〕恰赫里亚尔·阿德尔主编：《中亚文明史》第6卷，吴强、许勤华译，第264页。

2 《哈萨克斯坦共和国曼吉斯套州简介》，聂书岭译，《中亚信息》2002年第4期。

阿姆河下游向东延伸的咸海南岸和锡尔河下游这片绿洲地带的西部归属于土库曼共和国，构成了它的东北部边界。沙俄时期，阿姆河下游三角洲南端的平原绿洲归属于沙俄的保护国希瓦汗国，当时，希瓦汗国的土库曼人大约有十多万人。[1] 1920年，这里构成了新组建的花剌子模苏维埃人民共和国的南部领土。1922—1923年，花剌子模苏维埃人民共和国境内的土库曼人居住区和突厥斯坦苏维埃社会主义自治共和国境内的土库曼人居住区合并成立了土库曼自治州。

土库曼共和国的东部边界线基本上沿阿姆河西岸延伸，但阿姆河中部和东南部的东岸地区也归属于土库曼共和国。其中，埃尔萨里人在南迁时来到阿姆河中游东岸，他们的居地与乌兹别克斯坦接壤[2]；布哈拉汗国境内的土库曼人主要集中在卡拉库姆大沙漠的东缘，19世纪末，他们大约有16.5万人[3]。土库曼人居住的地区曾属于1920年组建的布哈拉苏维埃人民共和国，1922—1923年，该国曾在土库曼人居住区成立了一个特别行政区。

土库曼共和国的东南地区原来是伊朗恺加王朝的领地，在沙俄南下之时，英国鼓励恺加王朝抵抗，但该王朝自知抵抗不了沙俄，在1881年12月9日与俄国签署了《阿哈尔条约》，放弃了对阿姆河以东地区的主权，阿姆河以东成为沙俄外里海州属地。因此，土库曼共和国东南领土包括了阿姆河东岸地区。

土库曼共和国的南部边界线不是以民族划定，而是英俄两国划分亚洲势力范围的结果。1884年2月，俄国出兵兼并了谋尔夫

---

1 〔俄〕M. A. 捷连季耶夫：《征服中亚史》第2卷，新疆大学外语系译，商务印书馆，1983年，第339页：主要居住在两个地段共109585人。

2 Chabryar Adle, Irfan Habib, *History of Civilizations of Central Asia*, Vol. 5, p. 134.

3 马大正、冯锡时主编：《中亚五国史纲》，第134页。

绿洲，随着谋尔夫的归并，英俄关系极度紧张，战争一触即发。同年7月，英俄双方开始谈判。由于居住在谋尔夫东南彭狄绿洲上的土库曼人表示归顺于俄国，俄方提出，俄国应拥有一条民族的边界线；而英方拒绝承认除自然地理形势以外的任何边界。谈判结果是，双方保持中立直至彭狄绿洲地位的确定。然而，俄军在谈判期间却出兵进入彭狄绿洲，阿富汗守军在俄军的压力下撤离彭狄。1884年圣诞节前夕，俄国在彼得堡召开御前会议，会议决定把俄国的边界线再向南推进，划在离赫拉特110千米的地方，这样，彭狄绿洲和佐勒菲卡尔山口都将成为俄国征服的对象。

此后，俄军向南继续推进到库什卡河谷（阿富汗边境）。经过漫长的谈判，1885年9月10日俄英两国达成协议，彭狄绿洲直至库什卡河谷的一些原英国势力的地区划归俄国。这一协议给了俄国一条满意的边界线。[1]

俄国于1886年与阿富汗签订了《阿富汗划界条约》。在该条约中，阿富汗在英国的操纵下不得不牺牲自己的利益，将巴达赫尚地区划归俄国，换取俄国不再南进阿富汗北部重镇赫拉特的承诺。俄国新占领的巴德黑斯地区被划入谋尔夫县。1887年7月至8月间，英俄两国在《英俄勘分阿富汗西北边界协定》的议定书上签字。谈判的最终结果是：阿富汗国家的边界从佐勒菲卡尔山口开始，彭狄绿洲被纳入俄国领土；为了补偿阿富汗，俄国把原布哈拉汗国所属的阿姆河以南地区划给阿富汗。

土库曼共和国建立以后，经过一段时期的调整，到20世纪70年代，其国土最终确定下来，面积为48.8万平方千米。[2]

---

1 〔英〕柯宗等：《穿越帕米尔高原》，吴泽霖译，民族出版社，2004年，第408页。

2 丁笃本：《中亚通史》（现代卷），第157页。

中编
独立国家的创建

在苏联解体前夕,1990年8月23日,土库曼共和国最高苏维埃通过了《国家主权宣言》,宣布土库曼共和国是主权国家;1991年10月27日,土库曼共和国最高苏维埃根据全民公决,通过了《关于土库曼独立和国家制度原则》的法律和土库曼国家标志的决定,土库曼共和国正式宣布独立,改国名为土库曼斯坦。1991年12月25日,苏联宣布解体,土库曼斯坦成为合法的主权国家,开始了独立国家的创建。1992年12月,土库曼斯坦出台了《十年稳定纲领》,确立了国家在政治、经济、军事、外交、文教和卫生等方面的发展任务和方向。

第六章

走向独立

在十月革命以后的七十多年中（1917—1991），土库曼共和国在政治构建和社会经济发展方面取得了巨大进步，为它的独立奠定了基础。在苏联经历经济、政治和社会危机之时和苏联解体的过程中，土库曼共和国宣布独立，走上了独立国家土库曼斯坦的建设历程。

第一节 独立的内外因素

土库曼共和国的独立是在苏联经历政治和社会危机的背景下实现的。苏联政权初期，斯大林确立并实施了高度集中和集权的政治、经济、文化体制。土库曼共和国的经济、政治、文化的进步是共和国走向独立的内在因素。

土库曼人是一支从中世纪就开始凝聚和形成的民族，由于历史和经济的原因，土库曼人在近代一直没有建立起本民族的国家。十月革命以后，在苏联民族划界时期，以土库曼人的居地为依托，土库曼苏维埃社会主义共和国（1924.10.27—1991.10.26）于1924年10月27日正式成立；对于有着悠久历史的土库曼人来说，土库曼共和国的建立是一个重要的里程碑。

苏联时期，在1921年、1923年俄共（布）和1927年联共（布）

大会中，苏共中央明确提出了党的主要任务是帮助少数民族赶上"走在前面"的俄罗斯族，以使苏联各个地区共同过渡到社会主义。[1] 在苏联中央政府的扶持下，土库曼共和国经济得到了高速发展。

经济的进步是土库曼共和国独立的内在因素之一。苏联中央政府对土库曼共和国实施资金倾斜、技术支持的政策。1926年至1932年，在土库曼共和国的预算中，苏联中央政府的补贴占50%以上[2]；在"四五计划"期间（1946—1950），对土库曼共和国的基本建设投资16亿卢布[3]，用于发展石油、玻璃、食用油等工业部门。在苏联资金的援助下，土库曼共和国的石油、天然气工业迅速发展为国家的支柱产业。1975年，土库曼的石油开采量达到了1557.7万吨，位列苏联第三名。[4] 到1990年，天然气的开采达到878亿立方米，成为仅次于俄罗斯和美国的世界第三大天然气出口国。[5]

苏联中央政府资金倾斜的另一产业是棉花种植。土库曼共和国的绝大部分土地不适合种植棉花，苏联中央政府加大了对共和国水利建设的投资，扩大了棉花的种植面积。尤其是兴建了长1450多千米，最宽处达150米的大运河——卡拉库姆运河。卡拉库姆运河投入使用后，土库曼共和国棉花种植面积和产量大幅增加；到1990年，籽棉产量最高达145.8万吨。[6] 棉花成为土库曼共和国经济的基础之一。

---

1 胡延新：《苏联开发中亚边疆少数民族地区的经验教训和启示》，《东欧中亚研究》2000年第6期。

2 苏联科学院经济研究所编：《苏联社会主义经济史》第3卷，第310页。

3 《苏联国民经济建设计划文件汇编》（第三、四、五个五年计划），第177页。

4 陈江生、毛惠青：《中亚的转轨：土库曼斯坦的经济改革》，《中共石家庄市委党校学报》2007年第2期。

5 施玉宇编著：《土库曼斯坦》，第89页。

6 王伟：《土库曼斯坦植棉业的发展状况》，《中亚信息》2007年第5期。

苏联中央政府技术支持的主要部门是石油开采。土库曼的石油开采较早,但石油工业的发展十分缓慢。第一个五年计划期间(1928—1932),苏联中央政府向中亚派遣了大批专家,来到土库曼共和国的有25000名。[1] 20世纪30年代末40年代初,苏联中央和俄共(布)中央做出了《关于扩大石油采掘和加工的措施》的决定,以苏联科学院院士古帕金为首的一批石油地质工作者来到土库曼共和国,对该国的石油进行了全面的勘测。二战以后,土库曼共和国建立了自己的科学院,其中设立了太阳能研究所和沙漠研究所。1948年10月9日,苏联部长会议通过了《关于扩大开展对土库曼共和国石油资源勘测的措施》,石油地质勘测的工作加紧开展起来;1949年,探明了沿里海地区的石油矿藏量。[2]

技术支持的其他部门是军工工业和民用轻工业。二战期间,1941—1942年,苏联中西部地区,如瓦罗涅什、奥德萨、顿巴斯等地的冶金、机械制造、造船、石油加工等重型工业设备和农机配件、钢材等工厂转移到土库曼共和国,促进了土库曼共和国现代军工业的发展。与此同时,阿什哈巴德等地的工人利用疏散到该地的设备,建立了纺织厂、缝纫厂、机械厂、罐头包装厂等一批民用轻工企业。

土库曼共和国经过几十年的建设,发展成为一个具有一定基础的工业和农业机械化的国家,形成了以石油工业为主导,以绿洲农业为依托,以棉花和畜产品为特色的国民经济体系。苏联解体之际,尽管土库曼共和国的经济与俄罗斯等西部共和国之间仍然存在

---

1 陈联璧、刘庚岑:《略论苏联中亚地区经济和文化的发展》,《中亚研究资料》1984年第3期。
2 《土库曼斯坦里海大陆架石油和天然气储量分别为120亿吨和6.5万亿立方》,中华人民共和国商务部2016-06-03。

着差距，但纵向比较来看，土库曼共和国的经济远远超过了十月革命初期，基本赶上了世界发展进程。以上成就是土库曼共和国走上独立建国的物质基础。

文化方面的成就也是土库曼共和国独立的内在因素之一。沙俄时期，土库曼人的文化水平较低，当时原住民族中识字的人十分少见，土库曼人中识字者不超过0.7%。[1] 苏联时期，由于苏联政府的扫盲运动，土库曼人中识字率升高。20世纪30年代，苏联中亚诸共和国确立了学前教育机构，初级、中级普通学校教育，中等专业和职业技术学校，高等教育的完备体系。到苏联解体前夕，即1990—1991学年，土库曼共和国有普通学校1800所、在校学生84.7万人，有高等院校9所、在校大学生4.19万人[2]；教育和科研工作者达6500人，其中具有高等教育水平的5300人[3]。苏联时期的教育成就为土库曼共和国的独立奠定了文化基础。土库曼共和国培养了自己的民族知识分子，产生了一批经济、政治管理人才，总统尼亚佐夫便是其中之一，在他的带领下，土库曼共和国开始走向独立。

总统尼亚佐夫高度评价了十月革命对土库曼社会进步的促进作用。他说："十月革命为土库曼人民的团结统一，建立自己的国家创造了条件。"[4]

苏联后期的政治和经济状况也造成了土库曼共和国的独立。苏联时期实施的集权体制对土库曼共和国经济的发展起到了重要作用，然而，高度集权也从各方面对土库曼共和国产生了许多负面影响：在政治上压制各种持不同政见者；在经济上抑制了地方、企业

---

[1] 何俊芳：《中亚五国的语言状况》，《世界民族》2001年第1期。
[2] 施玉宇编著：《土库曼斯坦》，第172页。
[3] 赵常庆主编：《中亚五国概论》，第253页。
[4] 马大正、冯锡时主编：《中亚五国史纲》，第269页。

和劳动者的积极性；在意识形态上使社会趋于僵化和封闭。这些负面影响是土库曼共和国走向独立的外部条件。

第二次世界大战以后，时代主题逐渐向和平与发展转移，集权体制的弊端首先反映在经济方面。60年代中期以后，苏联国民生产总值的年平均增长率一直在下降：1965—1970年的下降率大约为5.3%；1971—1975年大约为3.7%；1976—1980年大约为2.8%。[1]

为了走出困境，苏联高层领导人一直在尝试着经济改革。从50年代中期到60年代的改革来看，赫鲁晓夫经济改革中的某些方面是符合经济规律的，在《关于改进工业管理、完善计划工作和加强对工业生产的经济刺激》的决议中，利润作为考核企业的主要指标，职工的工资福利与企业利润紧紧挂钩，作为条件，国家给予企业较多的生产经营自主权。决议实施以后，苏联经济，尤其是工业，获得了长达十余年的快速平稳的发展。

但是，经济改革始终受到来自政治方面的阻力，苏联领导集团担心继续深化经济改革会危及社会主义制度，因此，指令性计划经济体制始终未能被打破。从70年代中期起，苏联陆续收回了企业自主权，重新回到指令性计划经济的体制上。体制的弊端制约了经济的发展，苏联经济增长率从1961—1970年的7.0%下滑到1971—1980年的4.9%；1981—1985年的增长率只有3.6%。[2]

苏联政治改革是土库曼共和国走向独立的重要因素。1985年3月，戈尔巴乔夫当选为苏联共产党中央委员会总书记。面对经济不景气的现象，以他为首的苏联最高领导层开始对苏联的经济制度进

---

[1]〔美〕格罗斯曼：《苏联经济状况和苏联、东欧的经济改革》，《苏联东欧问题》1981年增刊第1期。
[2] 冯绍雷、相蓝欣主编：《俄罗斯经济转型》，上海人民出版社，2005年，第51页表2.1。

行改革。为了顺利推进改革，戈尔巴乔夫撤换了一些加盟共和国的领导人，其中，土库曼共产党中央委员会第一书记穆·加普罗夫于当年12月21日被迫退休。此后，经济改革大张旗鼓地进行。

1986年2月25日，在莫斯科召开了苏共第二十七次代表大会。戈尔巴乔夫代表苏共中央做了政治报告。在他的报告中，揭露了以往计划经济体制的许多弊端，制定了今后15年苏联社会经济发展的战略方针，提出了根本改革现行经济体制，扩大企业自主权，以经济手段领导经济，实现管理民主化的目标。

1987年6月，苏共中央全会讨论了经济改革的具体措施。会议决定从企业开始，采取自上而下的方式进行改革，其中，自筹资金、独立核算、自负盈亏、工人自治是企业改革的方向。

尽管如此，戈尔巴乔夫的经济改革并没有产生明显的效果，改革的步伐仍然缓慢。戈尔巴乔夫认为制约经济发展的关键是苏联的政治体制，要促使苏联经济根本改变就必须进行政治体制的改革。1988年6月28日，在莫斯科召开苏共第十九次全国代表会议，对苏共二十七大以来改革的形势做了总结，提出进行政治体制改革。

1988年9月，苏共中央全会决定，党中央的一系列职能部门的职能转交给最高苏维埃及其委员会。戈尔巴乔夫主张修改宪法，建议建立全苏人民代表大会，该大会直接解决经济和社会生活中的重大问题。1988年12月，宪法修正案出台。根据宪法修正案，全苏人民代表大会第一次会议于1989年5月召开，会上决定全苏人民代表大会作为国家最高权力机关，常设机关议会是最高苏维埃。

1990年，苏共中央二月全会提出关于共产党领导地位的条文，放弃了苏共在政治领导中的核心地位，宣称："苏共同其他社会政治团体和群众运动一样，参加国家和社会事务的管理，将自己的代表推举到人民代表苏维埃。党将不再独揽国家大权。它的作用是成为通过共产党员发挥作用的、经民主认可的政治领袖,不觊觎特权和在苏联宪法中巩固自己的特殊地位。"[1]

同年召开的苏联第三次人民代表大会修改了1977年宪法第6条中关于苏共领导地位的条文[2],第6条更改为:"苏联共产党、其他政党以及工会、共青团、其他社会团体和群众运动通过自己先入人民代表苏维埃的代表并以其他形式参加制定苏维埃国家的政策,管理国家和社会事务。"[3]这就以宪法的形式确立了多党制。苏联共产党在政治体制改革的过程中丧失了领导地位,苏联中央丧失了统治各加盟共和国的权力,统一的苏联失去了存在的基石。

苏联境内的民族独立运动是土库曼共和国独立的外部环境。在戈尔巴乔夫实施经济改革的第二年,苏联境内要求建立民族自治共和国的呼声日益高涨。民族平等是苏联长期实行的一项重要国策,1924、1936和1977年苏联宪法对此都有明确的规定,然而长期以来苏联中央集权过多,并且一直把反对地方民族主义和民族局限性当作一项重要任务,损害了一些民族的利益。1988年4月,波罗的海地区的三个加盟共和国陆续建立了民族主义性质的组织人民阵线,开始有组织和有纲领地从事建立独立国家的活动。在各加盟共和国要求独立的呼声下,苏联政治改革的焦点集中在重新确定苏联中央与各加盟共和国关系上。

苏联中央政府拟定了旨在扩大加盟共和国权力的《新联盟条

---

1 《走向人道的、民主的社会主义——苏共中央向党的第二十八次代表大会提出的行动纲领草案》,《真理报》1990-02-13,转引自潘德礼主编:《俄罗斯》,社会科学文献出版社,2005年,第86页。

2 苏联1977年宪法第6条:苏联共产党是苏联社会的领导力量,是苏联政治制度以及国家和社会组织的核心。见《苏维埃社会主义共和国联盟宪法(根本法)》,《中外宪法选编》,人民出版社,1982年,第239、241页。

3 黄宏、纪玉祥主编:《原苏联七年"改革"纪实》,红旗出版社,1992年,第276页。

约》。1990年2月5—7日，苏共召开扩大的中央全会，通过了向苏共二十八大提出的行动纲领草案。草案的一项内容是：准备建立各种形式的联盟关系。然而，这一举措并未遏制住加盟共和国的独立倾向。1990年3月11日，立陶宛退出苏联，宣布独立；立陶宛的独立对中亚五国、外高加索地区以及乌克兰等共和国产生了很大的影响。"8·19事件"后，所谓"联盟条约进程"实际上已难以为继，苏联解体的进程加快。在苏联解体之时，土库曼共和国走上了独立的道路。

第二节 从容有序的独立进程

1990年至1991年10月是土库曼共和国追随苏联改革的时期，也是共和国逐渐走向独立的时期。土库曼共和国政治体制随着苏联政治体制的改革进行了相应修改："实行公开性原则；允许社会主义多元论的存在，在坚持社会主义原则基础上实现舆论多元化；实行党政职能分开；把管理国家的'一切权力归苏维埃'，提高苏维埃作为国家最高权力机构的地位；改革干部制度，用选举制代替委任制；改组监督系统，建立统一的党和国家监督机构，对遵守法律情况进行监督；进行法制建设，强调建设法制国家，精简机构等。"[1]

苏共第十九次代表大会后，苏联国内局势开始动荡。在此政治气候下，土库曼共和国最高苏维埃通过了《国家主权宣言》（1990年8月23日），宣布土库曼共和国是主权国家。土库曼共和国是苏联各加盟共和国中较晚发布主权宣言的国家：在苏联15个加盟共和国中，它是第11个发布的。

---

[1] 施玉宇编著：《土库曼斯坦》，第64页。

在苏联实行总统制以后，1990年10月12日，土库曼共和国最高苏维埃颁布共和国实行总统制的决议，10月27日，在全民选举中，萨·阿·尼亚佐夫当选为土库曼共和国总统。尼亚佐夫于1940年生于阿什哈巴德市的一个工人家庭，1959年参加工作，担任土库曼地质调查工会委员会指导员；1967—1970年，在地区发电站任班长和工长，兼任基层党组织的书记；1970—1979年，担任土共中央工业运输部指导员、副部长和工业部长；1980年出任土共阿什哈巴德市委第一书记；1985年出任部长议会主席，并在戈尔巴乔夫上台不久的人事变动中当选为土共中央委员会第一书记。被誉为"土库曼人之父"的尼亚佐夫是土库曼共和国培养起来的干部，正是在他的领导下，土库曼共和国走向了独立。

与其他中亚加盟共和国一样，土库曼共和国虽然发表了主权宣言，但仍然支持和赞同保留苏联。在1991年3月17日的公决中，土库曼共和国有97.7%的公民参加投票，其中将近98%的人投了赞同票。[1] 包括土库曼共和国在内的中亚其他共和国希望苏联以松散的联邦形式保留下来。1991年4月23日，土库曼共和国领导人参加了由戈尔巴乔夫和俄罗斯、乌克兰、白俄罗斯、阿塞拜疆共和国领导人共同发表的《关于稳定国内局势和克服危机的刻不容缓的联合声明》；7月24日，土库曼共和国领导人参加和完成了《新联盟条约》的起草。

在《新联盟条约》中，苏维埃社会主义共和国联盟更改为"苏维埃主权共和国联盟"，苏联成为联邦制民主国家，不再是社会主义国家。《新联盟条约》规定：在各共和国中，共和国法律至高无

---

[1] 黄宏、纪玉祥主编：《原苏联七年"改革"纪实》，第472页。

上、土地、矿藏、水源及其他自然资源均为各共和国所有[1]；联盟的各共和国有独立决定涉及本国发展的一切问题的权利等，并决定于1991年8月20日正式签订《新联盟条约》。

在《新联盟条约》签订的前一天，1991年8月19日，以维护苏联原有的联盟体制为目标的一些苏共中央领导者发动政变，戈尔巴乔夫被软禁。在以俄罗斯总统叶利钦为代表的改革派的联合抵制下，政变在持续三天后失败。戈尔巴乔夫恢复了总统职务，他于8月24日宣布辞掉苏共中央总书记一职，苏共中央书记处、政治局和中央委员会自动解散，宣布各共和国共产党和地方党组织的命运由它们自己决定。

在戈尔巴乔夫改革期间，土库曼共产党在本国没有遇到政治反对派，一直处于领导核心的地位；"8·19事件"以后，土库曼共产党的地位发生了改变。土库曼共产党是由苏共中央直接组建的，尼亚佐夫认为："土库曼斯坦从来不是苏维埃社会主义共和国联盟中平等的一员。不管对我们下达什么命令，我们都必须完成。"[2]8月22日，尼亚佐夫总统宣布退出苏共中央政治局和中央委员会。9月10日，尼亚佐夫发布命令，宣布在土库曼共和国境内的所有苏共财产均归共和国所有，同时，责成土库曼共和国政府和地方人民代表苏维埃保障这一命令的执行，并要求根据土库曼共和国法律来保障这些财产的继续使用。

9月12日，尼亚佐夫总统召集共和国各部门领导、知名经济学家、科学家就苏联体系被破坏条件下土库曼现状和未来问题进行讨

1　据李垂发等《苏联反危机纲领、苏共纲领、新联盟条约简介》(《国际研究参考》1991年9月30日）整理。

2　〔土库曼〕萨·阿·尼亚佐夫：《永久中立，世代安宁》，赵常庆等译，东方出版社，1996年，第154页。

论。与会者一致认为,由于苏联政治和经济都处在危机之中,因而不能对几十年形成的苏联中央同各加盟共和国之间的相互联系抱任何希望。专家们还提出了发行土库曼货币的可能性和必要性,以合同价格和国际市场价格为基础修改同其他加盟共和国的经济关系问题,以及扩大与邻国和其他国家的合作问题。[1]

9月14日,土库曼共和国外交部长受总统尼亚佐夫之命飞往美国参加第40届联合国大会,在会议期间试图解决土库曼斯坦在联合国的地位问题,并会见了一些国家外长,谋求与他们建立直接的经济和政治关系。

10月26日,土库曼共和国就独立问题举行全民公决,结果94%以上的公民赞成独立。10月27日,土库曼共和国最高苏维埃根据全民公决,通过了《关于土库曼独立和国家制度原则》的法律和国家标志的决定,土库曼共和国正式宣布独立,国名"土库曼斯坦"。《关于土库曼独立和国家制度原则》规定:"土库曼斯坦是独立国家,其境内的所有土地、资源、河流等自然资源归国家所有。"[2] 在15个加盟共和国中,土库曼共和国是第13个宣布独立的国家。

1991年12月8日,俄罗斯、乌克兰、白俄罗斯三国领导人宣布成立独立国家联合体(简称"独联体")。12月13日,根据尼亚佐夫总统的倡议,中亚五国领导人在阿什哈巴德聚会,讨论如何面对突发情况。为了与上述三个斯拉夫国家的联盟抗衡,尼亚佐夫提出建立中亚五国联盟,即突厥联盟,但与会者未能就此达成共识。最后,中亚五国同意以创始国身份加入独联体。此后,尼亚佐夫对记者说:"我们单独一国无法生存,只有在一起,我们才会有力量。

---

[1] 马大正、冯锡时主编:《中亚五国史纲》,第269页。
[2] 施玉宇编著:《土库曼斯坦》,第52、53页。

但看来的确应该先分后合。"[1]

12月16日,土共中央委员会第五次全体会议商讨了即将召开的土共第二十五次代表大会的议事日程。尼亚佐夫总统要求代表们就土共的命运进行讨论,结果,大部分党员赞成把土库曼共产党改名为"土库曼斯坦民主党"。原土库曼共产党中央第一书记尼亚佐夫当选为民主党主席。

苏联各共和国领导人会议于12月21日在哈萨克斯坦阿拉木图召开,发表了《阿拉木图宣言》,该宣言宣告:苏联作为国际法主体不复存在。1991年12月25日,苏联总统戈尔巴乔夫宣布辞职,苏联宣告解体,土库曼斯坦进入独立建国时期。

---

[1] 黄宏、纪玉祥主编:《原苏联七年"改革"纪实》,第715页。

第七章
独立国家的政治建设

1991年10月27日,土库曼共和国宣布独立,10月27日被定为独立日。1992年,土库曼斯坦颁布了独立后的第一部宪法,宪法规定:土库曼斯坦国体为民主的、法制的世俗国家;政体以权力分立原则为基础,实行立法、司法、行政三权分立的总统共和制。在实践中,土库曼斯坦选择了渐进的平稳过渡方式。

第一节 具有民族特色的国家标志

土库曼斯坦1992年宪法第14条规定:土库曼斯坦作为主权国家的标志是它的国旗、国徽和国歌。国旗、国徽和国歌由法律规定并受法律保护。1992年至2001年间,土库曼斯坦使用了三种国旗,第三版国旗一直沿用至今。土库曼斯坦第三版国旗呈长宽之比为3:2的长方形,旗面采用土库曼人喜欢的深绿色;旗面左上方有一弯白色的新月和五颗星,新月与星的图案是伊斯兰教象征光明的标志;靠旗杆一侧有一条红色宽带垂直通过旗面,宽带中自上而下排列着五种团花状的地毯图案,图案象征土库曼人传统的游牧文化;地毯图案下面有两束橄榄枝,象征和平和胜利。土库曼斯坦采取中立的对外政策,这一政策在1995年12月12日的联合国大会上获得一致通过。后来的宪法修正案中说:"土库曼斯坦国旗是团结的标志、独立的标志、胜利的标志。"根据1995年宪法,土库曼斯坦将每年2月19日设为国旗日,这一天全国各地将举行多种庆祝活动,政府在国旗日到来之际有可能会特赦犯人。

土库曼斯坦国徽呈八角星,底色为绿色,在八角星中间有三个同心圆图案。内圆蓝底上绘有土库曼人为之自豪的阿哈尔捷金马;中圆周以红为底色,上面五种团花状地毯图案均匀分布;外圆周下端绘有七颗带绿叶的白色棉桃,两侧是金色的麦穗,上端是一弯新月和五颗星的国旗图案。

1997年,土库曼斯坦以《独立、中立、土库曼斯坦国歌》为国歌,歌词是用土库曼语集体创作的,曲作者是维利·穆哈托夫。2008年,政府再次修改国歌歌词,歌词大意如下:"我时刻准备为亲爱的家园献出自己的生命,你的儿女们以祖先勇敢的大无畏精神为荣耀,我们的国土神圣不可侵犯!我们的旗帜是伟大中立的国家象征,它在全世界高高飘扬!我们伟大的祖国,千百年来你由人民缔造,你拥有主权而强大!土库曼斯坦,你是一盏明灯,你是一首灵魂的颂歌,你千百年来生命不息,你繁荣昌盛、澎湃发达!我们的民族团结统一,我们的血脉里流淌着祖先的血液,永垂不朽的传奇!我们不怕暴风骤雨,我们不惧岁月的苦难,我们保持祖先的光荣,我们发扬祖先的荣誉!我们伟大的祖国,千百年来你由人民缔造,你拥有主权而强大!土库曼斯坦,你是一盏明灯,你是一首灵魂的颂歌,你千百年来生命不息,你繁荣昌盛、澎湃发达!"[1]

1992年,第12届土库曼斯坦最高苏维埃第14次会议通过了土库曼斯坦独立后的第一部宪法,成为中亚五国中第一个通过新宪法的国家。宪法由序言和主体部分组成,共有8个部分116条,包

---

[1] 王四海等:《金色的土库曼斯坦》,中国地质大学出版社,2011年,第5页。

括了国家权力，人和公民的权利、自由和义务，政治体制的构建，选举制度和全民公决的有关规定等内容。

1992年宪法第1条规定：土库曼斯坦在本国领土上拥有统治地位和全部权力，独立自主地执行对内、对外政策。土库曼斯坦的主权和领土是统一完整和不可分割的。第3条规定：在土库曼斯坦，人是社会和国家的最高价值。第16条规定：人的权利是不可侵犯的，也是不可剥夺的。第28条规定：公民有权建立在宪法和法律规定的范围内开展活动的政党和其他社会团体。

作为土库曼斯坦的"国家名片"，1992年宪法向世界宣称：一个新的民主国家土库曼斯坦是以实施基本法为基础构建起来的宪政国家。为了提升土库曼族的地位，1992年宪法中明确规定：土库曼语是土库曼斯坦的国语，确保全体公民享有使用本民族语言的权利。

1992年宪法在1995年和1999年经历了两次修改；2003年，土库曼斯坦颁布了第二部宪法，并于2006年进行过一次修改；2008年，土库曼斯坦颁布了第三部宪法。除了对人民委员会、议会职能的一些条款进行修改和补充，以及对总统的任期和年龄进行规定外，第二、第三部宪法仍然坚持了第一部宪法中确立的国家性质和三权分立的政权原则。

作为独立国家象征的本国货币也在独立初期发行。独立以后，土库曼斯坦继续留在卢布区，先后使用了苏联卢布和俄罗斯卢布。1993年10月1日，土库曼斯坦中央银行开始发行本国货币马纳特（Manat）纸钞，以取代当时流通的俄罗斯卢布，马纳特首次发行之时，对卢布的比率为1马纳特=500卢布。1993年发行的第一序列马纳特共有1、5、10、20、50、100和500马纳特等七种面额，以后陆续发行了大面额的1000、5000和10000马纳特，于是，第一序列马纳特共有十种面额。该版序列的马纳特水印为土库曼斯坦的国宝——汗血宝马。

2005年,土库曼斯坦发行了第二版序列的马纳特,共有50、100、500、1000、5000和10000马纳特等六种面额,该版马纳特正面均为尼亚佐夫总统的头像,背面则展现了汗血宝马、工艺毯、国父宫和中立纪念碑等土库曼斯坦著名的景物。

根据2008年4月颁布的总统令,土库曼斯坦货币马纳特新币自2009年1月1日起开始上市流通;新马纳特面值分别为1、5、10、20、50、100和500,币值为1新马纳特=5000旧马纳特。2005年版马纳特的正面全部是总统尼亚佐夫的画像;而新版正面除500新马纳特上仍保留了尼亚佐夫的头像外,其他六种的正面图像分别以塞尔柱帝国苏丹托格里尔、塞尔柱帝国苏丹桑扎尔、土库曼诗人马克图姆古力·法拉希、土库曼英雄库洛格鲁、土库曼杰出领袖科尔库特可汗和乌古斯可汗的肖像取而代之,其反面分别为阿什哈巴德市的土库曼斯坦国家文化中心、阿什哈巴德市全景、土库曼斯坦中央银行大楼、鲁黑耶特宫、土库曼斯坦议会大楼和土库曼斯坦总统府。

土库曼斯坦是中亚西南部的内陆国,北部和东北部分别与哈萨克斯坦、乌兹别克斯坦两国相邻,西临里海,南靠伊朗,东南与阿富汗毗邻;领土面积49.12万平方千米。1992年宪法规定,土库曼斯坦行政区划单位设有州、州级市、区、区级市、区辖市、镇、村。各级行政单位的划分,按土库曼斯坦国家行政区划现行法律进行。全国共划分出五个行政州、一个州级市,19个市,46个区和582个村。[1] 五个行政州是阿哈尔州、巴尔坎州、达绍古兹州、列巴

---

[1] 施玉宇编著:《土库曼斯坦》,第2页。

普州、马雷州，一个州级市是阿什哈巴德市。

1992年宪法第15条规定：阿什哈巴德市是土库曼斯坦的首都。阿什哈巴德一名源于波斯语，意为"爱的城市"。阿什哈巴德市地处土库曼斯坦南部，坐落在科佩特山脉山前平原，卡拉库姆沙漠南边缘，城市所处位置在地质构造上是构造活动带，曾经多次发生地震。城市面积470平方千米，是独立以前的四倍，海拔高度为214米至240米。城市现有人口92.42万（2010），占国家人口总数的12.7%。城市以往用水靠凿井，1962年卡拉库姆运河开始向当地送水，市区内修建了花园、草坪、喷泉，市郊建筑了水库和游泳池，如今市内街道、广场绿树成荫。

阿什哈巴德市是土库曼斯坦国家政治、交通、工业、贸易、科学和文化中心。城市中心为行政、文教、科研机构集中地区和商业区；市区西北部、东南部和东北部为工业区；市区南部为现代化新城区，该区集中了新居民小区、使馆区、宾馆区、医学城、博物馆、图书馆等。作为土库曼斯坦乃至中亚地区的重要交通枢纽，阿什哈巴德市距该国最南边境城市谢尔赫塔巴特500千米，距西部的土库曼巴什550千米，距东部城市土库曼纳巴德有587千米，距北部城市达绍古兹530千米。

独立以后，总统尼亚佐夫在确定国家发展战略时曾经说道："我们否定盲目借鉴，认为不可照搬某一国家模式，我们清楚地懂得，我们踏上了前所未有的道路，这种选择最终决定我们独立的命运。"[1] 他认为，土库曼斯坦的战略目标是建设，他为实现这一战略目标提出了前提条件：一、国家政治稳定；二、对外开放和积极的中立政策；三、强有力的国家监控与民主；四、丰富的原料资源与

---

1 〔土库曼〕萨·阿·尼亚佐夫：《永久中立，世代安宁》，赵常庆等译，第192页。

国家对基本建设的大量投资。[1]

虽然土库曼斯坦1992年宪法经历了1995、1999年两次修改，2003年出台第二部新宪法且于2006年进行修改，2008年出台第三部新宪法且于2016年进行修改，但是，国家的民主和世俗的性质，以及三权分立的原则一直未做改变。

第二节 理论上的国体与政体

独立后的第一部宪法于1992年5月18日在土库曼斯坦最高苏维埃通过。该宪法规定了国家制度：土库曼斯坦是民主的、法制的世俗国家（第1条）；人民是土库曼斯坦主权的代表者和国家权力的唯一源泉。土库曼斯坦人民直接地或者通过代表机关行使自己的权利（第2条）。宪法表明，土库曼斯坦是一个以法治国的世俗的现代国家。土库曼斯坦总统尼亚佐夫表示："我们的最终目标是在土库曼斯坦这片故乡的土地上建立起一个世俗的、民主的、法制的国家，并在最近几年里进入最发达国家的行列。我们的近期任务是：在2000年以前，在各方面取得完全的独立，克服落后状态，扎扎实实地巩固朝发达国家加速前进所必需的经济、社会和政治实力。"[2]

1992年宪法规定了土库曼斯坦的政治体制：以总统制共和国的形式进行国家管理（第1条）。独立前夕，1990年3月，苏共中央全会提出修改宪法，实行总统制。同年10月12日，土库曼共和国最高苏维埃通过实行设立总统职位的决议，对宪法做相应修改，改行总统制；10月27日，尼亚佐夫经全民选举当选为土库曼斯坦首

---

[1]〔土库曼〕萨·阿·尼亚佐夫：《永久中立，世代安宁》，赵常庆等译，第28页。
[2] 邢广程：《对中亚各国若干问题的初步评析》，《俄罗斯研究》2001年第1期。

任总统。1992年宪法颁布以后，土库曼斯坦开始了总统制共和国的政权建设。

土库曼斯坦政权分为三方面。1992年宪法规定：国家以权力分立原则为基础，即立法权、行政权和司法权在互相制约和平衡的条件下独立行使（第4条）；土库曼斯坦议会、内阁以及最高法院、最高经济法院在土库曼斯坦行使最高国家权力（第46条）。

土库曼斯坦的立法权由议会行使。独立之前，土库曼共和国1978年宪法规定：人民代表苏维埃是共和国的政治基础，它由地方人民代表苏维埃和最高苏维埃组成。独立前夕，土库曼共和国在国家制度层面追随苏联中央开始了政治改革，最高苏维埃成为国家最高权力机构。独立初期，最高苏维埃起到了土库曼斯坦议会的作用，实行一院制；此外，国家设立了宪法监督委员会，该委员会从最高苏维埃中选举产生，由11人组成，任期10年。在1992年宪法中，最高立法机构改称议会，仍然实行一院制。宪法对议会的权限和组织做了规定：议会是土库曼斯坦的立法机关（第62条），由50名按选民人数大致相等的地区选出的、任期为五年的议员组成（第63条）。

议员的选举按地区原则进行。为了选出宪法规定的50名议员，全国被划分成选民人数大体相等的50个选区，议员根据普遍、公正、直接选举和无记名投票原则差额选出；凡年满25周岁的土库曼斯坦公民均可成为议员候选人，年满18岁的土库曼斯坦公民有选举权。

1994年12月11日，土库曼斯坦举行了独立后的第一届议会选举，12月27日，经总统尼亚佐夫提名，土库曼族萨·穆拉多夫当选为议会主席；1999年12月12日，土库曼斯坦又进行了第二届议会选举，萨·穆拉多夫连任议会主席；2004年12月至2005

年1月,土库曼斯坦举行第三届议会选举。继萨·穆拉多夫当选为议会主席的有:拉·梅列多夫(2001.5—2001.7)、阿拉佐夫·列杰普巴伊(2001.7—2002.3)、哈雷耶夫·塔刚杜尔德(2002.3—2002.11)、奥韦兹盖尔德·阿塔耶夫(2002.11—2006.12)。

宪法规定,地方自治机构是国家政权在区级市、乡、镇和村的代表机构,机构成员根据普遍、平等、直接和无记名投票的方式产生;区长(阿尔钦)从地方自治机构成员中以简单多数票选举产生。地方自治机构从属于议会,与行政机关没有隶属关系,议会有专门委员会监督地方自治机构的活动,并指导或帮助在议会领导下工作的区长。

土库曼斯坦的最高行政权在政府。独立前夕,土库曼共和国的行政管理机关称部长会议,独立后改称内阁。1992年宪法第75条规定:内阁是执行、管理机关;内阁由总统领导,内阁会议由总统主持。总统的权力很大。1992年宪法第54条规定:土库曼斯坦总统是土库曼斯坦国家和行政权的元首,是最高公职人员。总统由全体公民直接选举产生。凡在土库曼斯坦境内居住,年满40岁以上的土库曼族公民有资格成为总统候选人,总统任期5年,同一人连任总统不得超过两届。尼亚佐夫于1990年当选为土库曼共和国总统;根据1992年宪法,土库曼斯坦于1992年6月21日举行了总统大选,尼亚佐夫以99.5%的高票再次当选。

内阁成员包括内阁副总理和部长,内阁会议由总统或受总统委托的一名内阁副总理主持。内阁的任期与总统在任时间一致,宪法规定内阁由总统就职后一个月之内组建,直至向新任总统交权。各州、市、区的行政机关是当地政府,地方行政长官由总统任免,并向总统负责。

关于内阁职权,1992年宪法第78条规定:组织执行总统的法律文件和人民会议的决议；制定和向人民会议提交有关国家内政外交活动基本方针、国家经济和社会发展计划的建议；必要时可组建内阁直属委员会、总管理局和其他主管部门；领导政府机关、国营企业和组织的活动，有权撤销各部和主管部门的决定；等等。

司法权归法院。1992年宪法第99条规定：在土库曼斯坦，司法权只属于法院。司法机构分法院系统和检察院系统。法院系统由最高法院、最高经济法院、军事法院和各级法院组成。最高法院是国家最高审判机关，法官由总统任命，任期5年。法官的职能是以民事、经济、行政和刑事诉讼形式行使司法权，各法院案件的审理均公开进行。第101条规定：法官独立活动，只服从法律，不允许任何方面对法官活动进行干预。宪法还规定：法官不得兼任除教学和科研工作之外的其他任何有报酬的职务，法官在任期内不得参加政党和具有政治目的的社会团体。

检察机关实施司法监督权。1992年宪法第110条规定：各级检察院对国家管理机关、武装力量管理机关、生产经济活动和商业活动参与者、组织机关、社会团体、公职人员和公民遵守法律和总统法令的情况实施监督。第113条规定：总检察长、副总检察长和州检察长由总统任命，任期5年。总检察长负责领导统一、集中的检察院机关系统，市、区检察长由总检察长任命。检察长在任职期间不得参加政党和其他有政治目标的社会团体。

土库曼斯坦政治体制的一个特点是成立了最高权力代表机构全民族复兴运动人民会议（简称"人民会议"）。1992年宪法在"权力机关和管理机关"部分中，对人民会议的性质和权限做了以下规定：土库曼斯坦人民会议是人民政权的最高代表机关；人民会议的职权范围很广，包括修改和补充宪法，制定有关国家社会、经济、政治发展的基本方针，对总统表示不信任和罢免，等等。此外，人民会议有权确定全民公决，1/4以上的人民代表提议，人民会议可以确定进行全民公决。不难看出，人民会议兼有立法、行政和司法权力。

土库曼斯坦人民会议的人民代表是由人民按每区1个名额的比例通过无记名投票直接选举产生的，人民代表的任期为5年，成员是兼职，而且无偿履行自己的职责。人民会议每年至少召开会议一次，在必要时经总统、议会或者人民会议法定人数1/3比例的倡议，可以随时召开。

人民会议的设立反映了独立后的土库曼斯坦因袭苏联时期最高苏维埃的政治文化模式，对独立初期的国家起到了集中权力和稳定社会的作用。随着政治转型的深入，凌驾于三权之上的这一机构被抛弃；在2008年版宪法中，人民会议被撤销，它的职能转归总统、议会和最高法院。

在独立建国的过程中，土库曼斯坦从理论上建立起以三权分立为原则的政治制度，但实际上，国家政治制度的基本结构却是与三权分立原则相违背的，其中国家的行政权过大，而在国家行政权中，总统的权力最大。总统兼任人民会议主席、武装力量总司令，国家的党政军大权都集中在总统手中。在中亚五国中，土库曼斯坦总统权力大、议会职权弱的特征最为突出。不可否认，尼亚佐夫总统执政以来，土库曼斯坦是独联体各国中政局最为稳定的国家之一。尼亚佐夫总统认为，土库曼斯坦现行的政治体制是可行的和有效的，但尚需进一步完善。

第三节　进展缓慢的政治改革

独立初期，土库曼斯坦的建国方针是：建立一个民主的、法制的世俗国家，并将此方针写入1992年宪法。1992年12月，政府制定了《十年稳定纲领》。该纲领指出：土库曼斯坦将逐步改变社会制度的形式，建立多种成分并存的市场经济的任务。[1] 从土库曼斯坦的政治转型来看，以总统为首的政府强调了逐步改革和国家稳定的重要性。

在土库曼斯坦的政治改革中，以尼亚佐夫为首的土库曼斯坦领导人始终将巩固国家独立和主权、保持社会稳定、振兴民族经济放在首位。尼亚佐夫总统认为，保持社会稳定是完成其他几项任务的先决条件，没有政治稳定的地方，就不可能谈什么经济发展和繁荣。[2] 他指出，土库曼斯坦政治体制改革应该按本国独特的国情，有计划、有步骤地革新原有的权力机构。1993年8月16日，总统尼亚佐夫在一次答记者问中说："还是请你们看看自己国家的历史。你们的过渡时期长达30多年。为什么你们要求我们在独立的第二年就建成民主社会？这种情况是不会有的。不可能在一夜之间就建成民主社会。不管西方说我们什么，我们走自己的道路，通向民主，通向文明社会。"[3]

为了社会稳定，土库曼斯坦宪法赋予总统至高无上的权力，总统制取代了过去的苏维埃制，总统的权力超过了过去党的第一书记。[4] 首先，总统具有很大的行政权。按宪法规定，国家执行权力机关内阁由总统直接领导，不设总理，在政府中负责各部门工作者都是副总统。总统在全国各地派驻总统代表，这些代表是常设的。他

---

1 施玉宇：《土库曼斯坦总统——萨·阿·尼亚佐夫》，《东欧中亚研究》1999年第3期。
2 〔土库曼〕萨·阿·尼亚佐夫：《永久中立，世代安宁》，赵常庆等译，第28页。
3 同上书，第107页。
4 王正泉主编：《剧变后的原苏联东欧国家（1989—1999）》，东方出版社，2001年，第128页。

们代表总统负责检查各州、市、政府各部、各委员会所属机构执行宪法、法律、总统和政府命令的情况，全面领导有关行政管理机关公务人员的工作。在新体制中，总统对整个国家负责，州长对各州负责，市长对各市负责，下级必须服从上级。

其次，总统获得了一部分立法权和司法权。1992年宪法第66条规定：议会可以把颁布有关某些问题的法律权力转交给总统；但议会却无权对总统表示不信任或罢免总统。宪法虽然规定司法权独立，但又规定：所有法院的法官都由总统任命，总检察长、副总检察长和州检察长也由总统任命；总检察长在其活动中应向总统报告工作。因此，司法权在一定程度上受总统制约。

再次，总统操纵和利用了凌驾于三权之上的人民会议。1992年宪法第53条规定：国家最高权力代表机关人民会议的工作由总统或者由人民会议从其成员中选出某个人进行领导；人民会议按总统、议会或成员法定人数中1/3的人的倡议可随时召开。总统、议会或其主席团，或者人民会议成员满法定人数1/4，有权把议案提交人民会议审理。

总统利用人民会议，可以全民公决的形式，不经过大选而延长任期。1994年1月15日，土库曼斯坦举行全民公决，99.99%的投票率赞成将尼亚佐夫的总统任期不经选举延长一届（5年），即从1997年至2002年。[1]1999年12月召开的第5届人民会议通过决议，授予总统无限期行使权力。在2002年8月8日召开的第12届人民会议上，尼亚佐夫被推举为"终身总统"。

为了社会稳定，土库曼斯坦对社会生活和意识形态的一些重要

1　施玉宇:《土库曼斯坦总统——萨·阿·尼亚佐夫》，《东欧中亚研究》1999年第3期。

方面进行了控制和监督。

首先,土库曼斯坦对多党民主政治采取谨慎态度,对政党实行严格控制。1992年宪法第28条规定公民有权建立政党,但是,该条款又规定:禁止建立以暴力改变宪法制度为目的,或以暴力反对公民的、由宪法规定的权利和自由,宣传鼓动战争、鼓动种族、民族、社会和宗教仇视情绪,危害人民健康和道德品质的政党和其他社会团体,并禁止它们活动。土库曼斯坦的多党制实际上只是停留在宪法条文上,国家领导人多次强调现阶段土库曼斯坦还不具备实行多党制的条件,强调土库曼斯坦要建立的是一种由国家引导的民主制度。

土库曼斯坦独立十几年来,能够参与土库曼斯坦政治生活的只有一个拥护总统的民主党。在民主党于2001年12月召开的第3次代表大会上,尼亚佐夫当选该党的终身主席,党宣称"尼亚佐夫的政策即是民主党的方针"。鉴于尼亚佐夫总统的威望,国内未出现对他的地位构成威胁的力量。

西方新闻媒介对尼亚佐夫的集权政治进行指责,他反驳说,在人民毫无准备、必要条件尚未成熟的情况下,幻想在短时间内就确立理想的民主制是一种真正的冒险行为;这种冒险会导致无政府状态,引起内战、民族部落纠纷,使国家丧失集中精力发展经济的机会,最终还孕育着使土库曼斯坦失去独立的危险。[1]

以总统为首的政府严格限制,并以强硬手段对待反对派的活动。2002年11月25日,总统尼亚佐夫在上班途中遭遇多名枪手伏击,前副总理、外长鲍利斯·谢赫穆拉多夫等人受到牵连,被指控

---

[1] 王鸣野:《独立以来土库曼斯坦的内外政策取向》,《新疆社会科学》1994年第1期。

参与谋害事件，被捕入狱。同年 12 月 30 日，在第 13 届人民会议上，通过了尼亚佐夫总统的修宪提议，以叛国罪判处鲍利斯·谢赫穆拉多夫等三名反对派领导人终身监禁，所有参与者永不赦免。[1]

其次，统一思想，国家倡导团结，遏制民族分裂。尼亚佐夫把民族和睦视为国家和睦的根本，要求土库曼人树立起独立的国家意识，培养主人翁精神，他说："我们年轻国家新的意识形态的主要任务就是培养人们在精神上的统一。"统一、和平、团结是其三条原则。

为此，土库曼斯坦政府在各种场合大树领导人的个人威望。尼亚佐夫总统的画像悬挂在首都阿什哈巴德的主要建筑物上；土库曼斯坦的国家报《中立的土库曼斯坦》每日头版都刊登尼亚佐夫的最新照片和言论；尼亚佐夫撰写的关于土库曼民族起源、独立历程和发展前景的著作《鲁赫纳玛》被誉为土库曼人的"灵魂之书"，与《古兰经》一样每天在电视和广播中宣读；他仿照凯撒大帝重新命名月份，1 月以尼亚佐夫之名相称；人们在吃饭之前口中默念：祝尼亚佐夫总统身体健康。这些做法超过了苏联政权时期对共产党权威的宣传。

再次，坚持世俗发展方向，反对宗教介入政治，反对让伊斯兰法在国家立法中占据更高地位。独立初期，土库曼斯坦禁止宗教活动的一切有形与无形的限制被解除了，清真寺重新向公众开放，教职人员可自由传教，信仰伊斯兰教的人数迅速增加，伊斯兰教对社会生活的影响逐渐加强。在阿什哈巴德的科尔霍兹市场上有巴基斯坦学者、伊斯兰复兴运动三大理论家之一的赛义德·毛杜迪（1903—1979）的专著《伊斯兰"圣战"》出售，此书在政治上主张

---

[1] 《土库曼斯坦》，中国经济网 2007-10-30。

建立伊斯兰国家。

尼亚佐夫在他的《永久中立，世代安宁》一书中阐明了自己对伊斯兰教的态度，他说："我们立即声明，我们正在建设的社会不是社会主义社会，也不是共产主义社会和伊斯兰社会，而是世俗的、法制的、民主的国家"，"按照宪法，我们把宗教与国家分开。这就是说，我们正在建设世俗的社会"。[1]1992年宪法第11条规定：宗教组织同国家相分离，且不得行使国家职能。国家教育系统同宗教组织相分离。第28条规定：国家禁止按照民族或宗教特征建立军事化团体和政党。

为了社会稳定，以总统为首的政府建立了监督机制控制新闻媒体，限制思想自由，取消互联网，阻断国民获取信息的渠道；尼亚佐夫总统对外部势力高度警惕，设立了外国公民注册局，对来土库曼斯坦的外国公民严加管控，对具有西方背景的非政府组织更是严拒在国门之外。[2]对于来自伊朗、阿富汗或巴基斯坦的激进伊斯兰团体，不允许在土库曼斯坦立足和发展，对于他们在土库曼斯坦的干扰国内政治稳定的活动采取镇压手段。此外，政府严格限制公民出境。2003年颁布的一则总统令规定除公派留学生外，近十年内土库曼人在国外取得的毕业证无效；在国外接受教育的大学生回国后需在国内进行专业考试来证明自己的专业水平，此外，还要考核尼亚佐夫总统写的《鲁赫纳玛》的有关内容。[3]

独立以来，在尼亚佐夫总统的领导下，土库曼斯坦对内采取强硬手段治理国家，为国内建设创造了有利的政治环境；对外奉行中

---

[1] 〔土库曼〕萨·阿·尼亚佐夫：《永久中立，世代安宁》，赵常庆等译，第37页。
[2] 钟娅：《土库曼斯坦政权缘何能平稳过渡》，《当代世界》2007年第2期。
[3] 李睿、李敬欢：《土库曼斯坦教育状况与改革初探》，《民族教育研究》2017年第3期。

立政策，为国家的政治经济改革赢得了一种相对优越和宽松的外部环境。土库曼斯坦虽然与独联体各国一样也遇到种种困难，但是，国内政治和经济形势一直保持基本稳定，可以说，土库曼斯坦在独立国家的创建时期很大程度上实现了基本国策的目标。

为了社会稳定，土库曼斯坦的政治体制表现出典型的威权主义政治特点，尽管如此，民主化是土库曼斯坦追求的目标。总统尼亚佐夫说："我们选择了民主国家的道路。我们准备分阶段地推行民主制来达到这个目标。"他指出，从专制制度向民主体制过渡的时期，当必要的条件还未成熟，就要求一个在专制制度下生活了七十年、现在仅一岁的国家在几年时间里确立理想化的民主，企图建立一个民主社会，这不仅是一种冒险，还会导致内战和部族纷战，除了人民损失外，还会面临丢掉独立国家的危险。[1] 基于这样的认识，在尼亚佐夫时代，土库曼斯坦朝着民主化前进的步伐是缓慢的。

第四节 一党执政的制度

1978年的苏联宪法写道：土库曼共产党是社会的领导和指导力量，是唯一合法的执政党。独立前夕，土库曼共和国追随戈尔巴乔夫的政治改革，开始实行多党制。独立初期，1991年11月颁布的《结社法》规定：公民可以建立各种社会组织。这一原则在1992年宪法中得到确认：公民有权建立在宪法和法律规定范围内开展活动的政党和其他社会团体。然而，在实践中，土库曼斯坦只有土库曼斯坦民主党一个政党，多党制的局面未能形成。

土库曼斯坦民主党是在土库曼共产党的基础上组建的。1991

---

[1]〔土库曼〕萨·阿·尼亚佐夫：《永久中立，世代安宁》，赵常庆等译，第33页。

年"8·19"政变以后,面对苏共中央"自行解散"、苏共不复存在的新形势,土库曼共产党于当年12月16日召开了第25次代表大会,会上宣布土库曼共产党停止在土库曼斯坦的活动,并将它改建为土库曼斯坦民主党。1992年3月,民主党在司法部正式登记,党的机关刊物为《政治谈话人》(周刊)。

1991年12月16日,在土民主党成立大会上原土库曼共产党中央第一书记尼亚佐夫当选为民主党主席;会上还通过了民主党党章和党纲。民主党党章规定了该党的性质:民主党是代表工人、农民、知识分子的所有劳动人民利益的政治力量,是议会型的独立自主的政治组织;民主党党纲阐述了党的奋斗目标:一、使土库曼斯坦成为真正独立自主的国家;二、建成法制的民主社会;三、确立社会公正的原则。[1]

民主党提出的任务包括政治、经济、意识形态,以及对外关系、社会领域等方面。政治方面的任务是:支持人民合法选出的总统和人民政权代表机关,保障公民在法律面前人人平等,保障公民思想和信仰自由。经济方面的任务是:支持旨在走向市场经济的改革,为在国民经济一些部门实行非国有化和私有化,为各种所有制的平等发展创造条件。意识形态方面的任务是:尊重人的价值,尊重各民族的民族尊严和权利,奉行爱国主义和国际主义。对外关系方面的任务是:在互相尊重国家利益和民族利益基础上与其他国家建立友好关系,在互利条件基础上促进对外经济联系和与世界经济一体化。社会领域方面的任务是:确保居民生活的社会保障政策的实施,保障居民充分就业,保障公民享受免费医疗、免费教育;实施城乡

---

[1] 施玉宇:《变革中的土库曼斯坦政治体制初探》,《东欧中亚研究》1997年第2期。

居民的住房建设规划，以及煤气化、电气化等社会综合发展规划。

在尼亚佐夫总统的领导下，民主党的执政地位十分稳固。2006年尼亚佐夫去世以后，别尔德穆哈梅多夫总统任党主席。建党以来，民主党党员人数呈增长趋势。1991年成立之时拥有6.1万余名党员。党员来自国内47个民族，有45%以上的党员是机关工作人员，30%是知识分子，14.5%是工人；民主党在全国各州、市、区设有委员会，共有2300个基层组织。[1] 为了推动国家改革和民族复兴，民主党同工、青、妇等社会组织共同组成民族复兴运动，2012年2月，民族复兴运动解散。

除民主党外，土库曼斯坦重要的社会组织有工会、马赫图姆库里青年联盟、元老会、世界土库曼人人文协会等。工会是土库曼斯坦最大的社会团体，在独立以前，工会就拥有会员124.7万人（约占全国人口的1/3以上），基层组织有8034个。[2] 在1990年9月29日召开的第11次代表大会上，通过了土库曼工会联合会成立宣言，组建了土库曼工会联合理事会。独立以后，土库曼斯坦工会继续发挥作用。

马赫图姆库里青年联盟是仅次于工会的第二大社会团体，联盟的前身是土库曼共青团。独立以后，共青团在1991年11月16日举行的代表大会上，决定将土库曼共青团改建为马赫图姆库里青年联盟。马赫图姆库里是土库曼人的伟大思想家，联盟以他的名字命名，表现了人道主义和团结的精神。该联盟章程规定，各界青年不论信仰，均可自由参加和退出。该组织的领导机构为中央理事会。该联盟的任务是：团结各界青年，为建设一个民主、法制和繁荣的

---

[1] 施玉宇：《土库曼斯坦民主党》，《东欧中亚研究》1996年第5期。
[2] 施玉宇：《变革中的土库曼斯坦政治体制初探》，《东欧中亚研究》1997年第2期。

共和国而努力。

元老会是土库曼斯坦重要的社会组织。独立前夕，土库曼共和国于1990年3月5日成立了元老会，成员由各州、区、市推举的资历深、威望高的年老的代表组成。元老会的宗旨是：恢复土库曼民族的优良传统，加快民族文化的复兴，加强民族团结，稳定社会经济形势，保障和促进经济的正常发展。1991年8月，第二届元老会在马雷市召开，会议决议号召人民发扬积极主动精神，支持总统，为国家克服困难，为独立和繁荣而忘我工作。独立以后，元老会一直起到政府助手的作用，政府在做重大决策之时都要听取元老会的建议。

世界土库曼人人文协会也是在独立前夕，即1991年9月2日成立的全国性社会团体。世界土库曼人人文协会的宗旨是：研究土库曼文化的根源与发展，保持土库曼语言、文学、艺术、民族传统和风俗习惯。协会在土库曼人的居地建立了土库曼文化中心和维护土库曼同胞权益中心。独立以后，尼亚佐夫总统兼任该协会主席。

土库曼斯坦2003年新宪法对建立政党和社会团体进行了规范。宪法明确规定，政党和社会团体的建立和活动必须在宪法和法律规定的范围内，宪法还强调："禁止建立目的在于以暴力和改变宪法制度，允许使用暴力，反对公民的合法权利和自由，宣传鼓动战争和挑起种族、民族、社会和宗教仇视情绪，企图损害人的身体健康和道德品质的政党和社会团体，也禁止按照民族或宗教特征建立军事团体和政党。"[1]

土库曼斯坦没有出现党派林立的情况，也没有形成公开有组织的反对派。1996年9月，尼亚佐夫总统说，今后在条件成熟的情况

---

[1] 施玉宇编著：《土库曼斯坦》，第82页。

下，不排除有成立其他政党，出现多党制的可能性。2003年9月，他在人民会议、元老会和民族复兴运动第14次联席会议上说，土库曼斯坦今后将实行多党制。[1]然而，直到尼亚佐夫去世的2006年，土库曼斯坦仍然只有民主党一个政党。

2012年以后，土库曼斯坦出现了另外两个政党，即工业家和企业家党和农业党。工业家和企业家党于2012年8月21日成立，党的宗旨是为企业提供帮助和支持，推动国家经济发展；党的执行机构为中央委员会，奥·马梅多夫任党主席。2014年，土库曼斯坦成立了农业党创建委员会，会上决定于2014年9月28日成立土库曼斯坦农业党，其宗旨是支持国家经济社会发展战略，为农民提供扶持和帮助以促进农业发展。农业党大量吸收农业领域的专家，研究现代市场经济环境下农业生产与农业科研之间的协调问题，以及农业技术人才的培养等问题。农业党下设中央委员会等机构，原副总理列·巴扎罗夫被选为该党主席。2013年，工业家和企业家党通过选举进入议会，改变了议会单一党派局面。

第五节　不断完善的军队建设

独立前夕，1991年，苏联在土库曼共和国领土上的驻兵是3.4万人。[2]1992年1月，土库曼斯坦总统尼亚佐夫发布总统令：收编驻扎在境内的苏军部队，土库曼斯坦开始组建自己的武装力量。此后，土库曼斯坦建立了包括国防部、边防局、内务部、国家安全委员会和总统警卫局在内的军事机构；国防部和国家安全委员会直属总统领导，国防部通过总参谋部对武装力量实施日常领导。土库曼

---

[1] 施玉宇编著：《土库曼斯坦》，第82页。
[2] 王凯：《土库曼斯坦的军事战略和军事力量》，《国际资料信息》2004年第6期。

斯坦宪法规定，总统是武装力量最高统帅，在议会的批准下，总统有权下令进行全国或局部动员武装力量，有权任命武装力量的高级将领。1994年3月，土通过了《土库曼斯坦军事学说》，1995年12月，《土库曼斯坦永久中立法》出台，它们为土库曼斯坦国防和军事政策奠定了法律基础。

土库曼斯坦的建军方针是：建设一支足以抵御侵略、维护国家统一和主权完整的少而精的国防力量。方针明确了军队对外反击侵略、保卫国家，对内防止国内冲突的职能。《土库曼斯坦军事学说》强调：土库曼斯坦军队的规模、装备和作战能力以合理、有效为标准；军事建设的目标是造就一支人数不超过5万、机动能力强、装备有现代化武器的军队。

《土库曼斯坦军事学说》规定，国防部所属的武装力量包括陆军和空军两大军种，2002年，消防队和交警也划归国防部指挥。据国外资料反映，国防部所属部队的总人数为2.8万人。土库曼斯坦陆军是在原苏联突厥斯坦军区的基础上组建的，全国划分为五大军区，兵力主要部署在库什卡、克孜勒阿尔瓦特、阿什哈巴德、土库曼巴什。[1] 空军是在原苏联土库尔克军区解体之后组建的，分布在马雷和阿什哈巴德两个大型空军基地。2002年，空军总兵力已达3000人，是土库曼斯坦重要的军事力量，弥补了土库曼斯坦海上力量的不足，保证了该国对里海地区的控制权。[2]

除国防部直属的武装力量外，土库曼斯坦还有直属边防局的大约1.2万边防军，边防军承担了边境防务。2001年以后，土库曼斯坦加强了边防军的建设，陆续组建了三支边防队，其中两支分别部

---

[1] 王凯：《土库曼斯坦的军事战略和军事力量》，《国际资料信息》2004年第6期。
[2] 葛瑞明：《土库曼斯坦武装力量的基本情况》，《国际资料信息》2002年第12期。

署在与哈萨克斯坦交界的西北边境和临近阿富汗的南部边境，另外一支是高尔达克边防部队，部署在土库曼斯坦、阿富汗、乌兹别克斯坦三国交界地区。[1] 为巩固国家的边界安全，截至2008年，边防局计划修建12座新的边防哨所。[2]

土库曼斯坦海军也属边防局，这支部队是在苏联里海区舰队第228水上警卫队的基础上组建的。最初，海军兵力只有500人，装备有205M级炮艇、14081级巡逻艇、1352级海岸扫雷艇和两艘气垫船，不具备作战能力。为了维护本国在里海的利益，2010年，总统别尔德穆哈梅多夫宣布成立海军，2011年10月，海军接收了俄产两艘1241.8型"闪电"级导弹艇，同年11月，政府支持在土库曼巴什建造船厂。除此以外，土海军的装备有一艘美国"杰克逊"号快艇、两艘土耳其产快艇巡逻艇、两艘乌克兰产快艇和两艘俄产"索博"级巡逻艇等先进装备。目前，舰队和地勤人员大约有2000人，主要基地在土库曼巴什。尽管如此，在里海周边国家中，土海军仍然是最弱的，为改变这种状况，政府已将海军作为军事建设的优先方向之一。据报道，近年来，土库曼斯坦购买了导弹系统来装备海军，有迹象表明，这些武器将装备在国家边防局的护卫艇上。[3]

除海陆空军外，土库曼斯坦武装力量还有直属警卫局管辖的大约2000人的警卫部队，直属内务部管辖的大约2000人的内卫军，以及直属国家安全委员会的大约2500人。[4] 内务部和国家安全委员会保留了苏联时期克格勃和警察部队的结构，主要机构设在阿什哈巴德、克孜勒阿尔瓦特和塔沙乌兹等地，所属部队遍布全国各地。

---

1 葛瑞明：《土库曼斯坦武装力量的基本情况》，《国际资料信息》2002年第12期。

2 《土库曼斯坦将修建12座边防哨所》，杨建梅译，《中亚信息》2008年第10期。

3 《俄媒：美国军援土库曼斯坦或引发俄罗斯激烈反应》，环球网2015-04-08。

4 王凯：《土库曼斯坦的军事战略和军事力量》，《国际资料信息》2004年第6期。

国家安全委员会在土库曼斯坦的所有强力部门都安插了官员，负责打击重大的犯罪行为和政治犯罪。2006年，尼亚佐夫总统命令，国防部取代内务部接管国家的交通管制任务，从此，在土库曼斯坦公路上承担交通执勤任务的不再是警察，而是全副武装的军队士兵。

独立以后，土库曼斯坦实行常备军制度。1993年10月，土通过了《兵役义务和服役法》。该法规定：18—30岁的男性公民须服役两年（海军为两年半），受过高等教育者的服役期为一年半，根据个人申请，17岁也可入伍。为降低地区影响，武装力量实行异地补充原则，军人通常不能在入伍地的军区服役。土库曼斯坦军人在民众心中享有良好的声誉，土库曼斯坦青年把入伍当兵看作是最大的荣耀。2002年8月12日，总统尼亚佐夫签署命令，确定了预备役方案，该方案规定每年剩余的2万至2.5万未入伍者作为预备役人员，可一边工作，一边训练。[1]

军官队伍是军队建设的重中之重。独立初期，土库曼斯坦军队的大部分军官是俄罗斯人、乌克兰人和白俄罗斯人。1992年10月，政府在土库曼斯坦国立大学设立了军事系，培养坦克部队、航空部队、通信和后勤部队的军官；1993年9月，阿什哈巴德军事学院建立，为国家培养军官。在国防部的努力下，截至2008年，土库曼族军官已占军官总数的70%至80%。尽管如此，校级以上的陆军军官和其他军兵种军官的培养仍然依靠外国机构，部分高级军官和专业技术人员还在德、英等国参加培训。2008年9月15日，总统在国家安全委员会会议上提议，国家将组建多层次的职业警察和军队干部培养体系，开设专门的反恐课程；此外，每州都应该开办一

---

[1] 亚兵：《2002年中亚国家兵役制改革进展情况》，《中亚信息》2003年第1期。

家隶属于国防部的中等军事学校。[1]

土库曼斯坦用于国防的开支,其中2000年为1.44亿美元,2001年为2.26亿美元。[2]2006年以后,国家加大了对国防的投入,2008年,国防预算比2007年增长27%,占政府开支规模的2.5%。据伦敦国际战略研究中心的统计,2012年,土国防支出占政府预算支出的1.5%。不过这些资金对于武装力量的大规模改造是不够的,土武器装备仍然很陈旧。截至2012年,土军队现有大约2万人,装备1941辆装甲输送车、680辆坦克、112架直升机和作战飞机。[3]

独立初期,土库曼斯坦在军事上寻求与外国合作,主要合作者是俄罗斯。1992年7月31日,土俄两国签署了《关于采取联合措施建立土库曼斯坦武装力量的条约》;同年,俄罗斯国防部的一个战役集群在土国防部的名义下开始协调两国在军事领域内的合作。1994年3月,俄罗斯在土建立了人数在2000至3000人的俄边防军战役集群,司令部设在阿什哈巴德,负责保卫土陆上和海上边界。[4]土俄军事合作一直持续到1998年。

新任总统别尔德穆哈梅多夫于2009年1月21日批准了《独立和中立的土库曼斯坦军事学说》,该学说重申了以下原则:土库曼军队是防御性的、积极中立的,不参加任何军事集团和同盟,不在本国领土部署外国军事基地;优先致力于通过政治外交和其他和平方式解决问题;不生产或扩散核化等大规模杀伤性武器。为适应新形势的要求,该学说补充了三项原则:国家军事力量建设要逐步与国际接轨;提高技术装备、军事管理水平和战备能力;加强全军纪

---

[1] 《土将建立新的警察和军队干部培养体系》,杨建梅译,《中亚信息》2008年第10期。
[2] 王凯:《土库曼斯坦的军事战略和军事力量》,《国际资料信息》2004年第6期。
[3] 《俄媒称中亚只想购高端武器,中国的暂时谈不上》,环球网2012-12-31。
[4] 王凯:《土库曼斯坦的军事战略和军事力量》,《国际资料信息》2004年第6期。

律。在该学说的指导下，土库曼斯坦就国防建设问题开始与独联体成员国、欧安组织成员国及邻近地区的军事政治机构合作，在国际法原则和准则的基础上开始与联合国成员国以及联合国安理会合作。

总而言之，从1992年改编原苏联军队以来，土库曼斯坦的军队建设一直处在不断完善之中。

第八章
独立国家的经济建设

在从计划经济向市场经济的转轨中，土库曼斯坦走自己的道路，既没有照搬西方的经验和模式，更没有采用俄罗斯式的休克疗法，而是在强调社会保障的前提下，稳步推进经济改革，逐步和渐进地向市场经济过渡。

第一节 迈向市场经济的改革

独立初期，土库曼斯坦确立了以市场经济为导向的经济改革。1991年10月27日颁布的《关于土库曼斯坦独立和国家制度原则的法律》第9条规定：共和国在经济上要向市场经济过渡。在构建市场经济体系中，土库曼斯坦颁布了《股份公司法》、《有价证券营业税法》等法律，陆续出台了《专利法》、《审计活动法》等法律以保证市场经济正常运行。以上法律法规的制定从理论上确立了市场体制。

在实践中，土库曼斯坦对经济发展模式进行了不断的探索。1992年，土库曼斯坦从本国国情出发制定了《十年稳定纲领》，该纲领强调在注重社会保障的前提下，稳步推进经济改革。在此纲领的指导下，土库曼斯坦没有采取激进的休克疗法，市场关系主要由政府调控，并且采取了渐进的平稳过渡方式。尼亚佐夫总统不主张实施休克疗法，他指出，激进式的改革只能加剧严峻的形势，加剧各种社会力量的对抗，他主张建立在强有力的国家宏观经济调控下的、发达的、以社会为导向的混合型市场经济。[1]1992年12月，土库曼斯坦确立了总统和政府在经济改革中的重要地位，经济改革的进程一直处于以尼亚佐夫总统为首的国家权力的绝对控制之下。在《致人民书》中，总统说："强有力的政权和国家对经济改革实行监督和控制是必要的。在从计划经济到市场经济，从公有制到私有制，从社会主义竞赛到竞争的过渡时期，国家将把控制私有化和价格的缰绳牢牢掌握在自己手中。"[2] 在此思想的指导下，在经济改革初期，政府实际上仍然保留了国民经济计划管理体制。

土库曼斯坦以价格改革为先导开始了从计划经济向市场经济的过渡。1992年1月10日，政府放开了物价，开放的范围不大，大部分商品，特别是食品和生活必需品仍然保留计划经济时期由国家定价的做法。此外，对主要工业品（98种日用消费品和26种工程和服务）规定了国家订货，提供一些优惠以鼓励它的分配和完成，保留了142种主要产品所需资源的集中供应。[3] 1994年8月1日，土库曼斯坦国家商品原料交易所挂牌营业，加强了国家对原材料商品交易的干预和调控；是年，国民的基本食品实行票证供应。[4]

1993年，俄罗斯突然单方面决定废除苏联时期发行的卢布，以及1991—1992年版的俄罗斯卢布，导致卢布区国家金融秩序混乱，土库曼斯坦深受其害。为了实现经济独立，土退出了卢布区，

---

[1] 〔土库曼〕萨·阿·尼亚佐夫：《永久中立，世代安宁》，赵常庆等译，第146页。
[2] 薛克翘、赵常庆主编：《简明南亚中亚百科全书》，中国社会科学出版社，2004年，第899页。
[3] 〔俄〕Б.普雷舍夫斯基：《土库曼斯坦的经济改革》，陈宁译，《世界经济译丛》1994年第4期。
[4] 孙壮志：《中亚五国贫困化问题初探》，《东欧中亚研究》1995年第1期。

并于1993年11月发行了本国第一套纸币马纳特。马纳特发行之初，官方汇率为1美元兑10马纳特，黑市汇率1美元兑270马纳特。[1]为了巩固马纳特的地位，土库曼斯坦于1994年12月起禁止外币在本国流通。

所有制改革是经济改革的重点。独立以前，所有制改革在土库曼共和国已经开启，新的劳动组织形式在1986至1988年间已经出现；独立以后，土库曼斯坦加强了所有制改造方面的立法，1992年初，《国有财产非国有化和私有化法》出台。该法界定了"非国有化"和"私有化"的概念，为发展市场关系奠定了法律基础。1993年10月，《土库曼斯坦企业法》颁布，该法对企业的创立、改组与消亡等一系列活动做了明确规定。此外，尼亚佐夫还颁布了《关于国有项目非国有化和私有化的一些措施》的总统令，根据该总统令，土库曼斯坦的私有化可以通过拍卖、股份化和投标竞买等形式实现。有关法律法规的制定标志着土非国有化和私有化进程进入了实施阶段。

土库曼斯坦私有化进程首先在服务业、食品业和小零售批发业行业展开，进展十分顺利。到1999年初，全国约有2000家企业实行了私有化，其中65%为服务行业，商业及公共饮食业占32%。[2]从1996年下半年起，私有化开始在大中企业、建筑业和军工企业展开。1997年初，土库曼斯坦制定了《1997—2000年社会发展构想》，拟定了旨在加速向市场经济过渡的"一千天计划"，计划的核心是加速企业私有化和深化农村改革进程。据报道，截至1997年9月，土库曼斯坦实行私有化的企业和项目累计达1900家，

---

[1] 韩玉蓉：《独立以来土库曼斯坦的政策选择》，《东欧中亚研究》1996年第6期。
[2] 胡振华主编：《中亚五国志》，中央民族大学出版社，2006年，第165页。

1997年底在私有经济部门中就业的人数占52.9%。[1] 在私有化过程中，有75%的企业直接出售给了企业原来的管理者和职工，大多数是通过拍卖的方式售出，仅有很少一部分企业是直接出售给企业以外的私人。[2]

农村私有化的进展比较缓慢。尼亚佐夫总统认为，由于缺乏善于经营的富裕阶层，土库曼斯坦在农业领域还不能进行大规模的私有化，因此，农业改革的最初尝试是推行租赁制和进行耕地使用权的转让。[3]1995年，政府开始对国有农场进行非国有改造，并以法律的形式确认对集体农场、国有农场和私人农场一视同仁。1998年，为了促进小麦的生产，规定达到目标的农民获准拥有永久性土地所有权，可以将土地传给后人，但不准出卖。[4] 这些措施收效有限，到1999年初，真正属于农民私有的土地只占2%，农民长期租赁的土地也仅占1%，94%的土地还是归农民联合社集体所有。[5] 截至2004年，土库曼斯坦90%的灌溉地仍属国家或集体所有[6]，不过经营方式有所改变，个体经营占据主导地位，到2004年，全国88%的蔬菜、89%的瓜类作物、99%的土豆、84%的浆果和66%

---

[1]《独联体国家经济新闻》1998年第4期，转引自施玉宇：《土库曼斯坦的经济政策、经济发展现状、特点和前景》，《东欧中亚市场研究》1999年第4期；笔者认为应该是占从业人员的52.9%。

[2] 陈江生、毛惠青：《中亚的转轨：土库曼斯坦的经济改革》，《中共石家庄市委党校学报》2007年第2期。

[3] 赵惠、杨恕：《中亚国家农业经济体制改革述评》，《东欧中亚研究》1999年第1期。

[4] 朱行：《土库曼斯坦农业现状》，《乡镇经济》2001年第6期。

[5] 陈江生、毛惠青：《中亚的转轨：土库曼斯坦的经济改革》，《中共石家庄市委党校学报》2007年第2期。

[6] 施玉宇：《〈土库曼斯坦至2020年经济、政治和文化发展战略〉国家纲要》，《俄罗斯中亚东欧市场》2004年第2期。

的葡萄是由个体农户提供的。[1]

金融领域的所有制改造基本上没有进展,政府拥有所有银行的大部分股份,并直接或间接地操纵金融业。银行的职能也由政府规定。1993年《土库曼斯坦中央银行法》和《商业银行和银行活动法》获得通过,根据该法的规定:中央银行直接向总统负责,履行国家中央银行的职能;其余的为商业银行,由8家银行和近70家分行负责经济日常业务[2],国有资产在商业银行资产中占有绝对优势。土库曼斯坦建立了证券市场,并且有专门的法律,但国家垄断的程度很高。政府在制定和完善独立的金融信贷体制和税收方面还处于不断探索和实践阶段。

在所有制改革的实施过程中,土库曼斯坦始终以改善居民的物质福利为方向,同时采取了国家调节与市场相结合的方法。与其他中亚国家相比,这一改革方式使土经历了较小的经济衰退,也未经历严重的经济危机,人民生活的状况也相对好一些。

经济改革初期,由于与原来苏联各加盟共和国几十年经济联系的断裂,土库曼斯坦经济遭到了打击,国内生产总值(GDP)一度呈现负增长:1991—1995年,GDP的增长率分别是-4.7%、-5.3%、-10.0%、-18.8%、-8.2。[3]1997年和1998年开始实现正增长。[4]1999年以后,经济步入稳定增长时期,经济改革初见成效。

在经济稳定增长的情况下,2000年,土库曼斯坦政府制定了中长期经济发展计划,即《2010年以前社会经济改革战略》,该战

---

1 岳萍:《2004年土库曼斯坦经济发展统计》,《中亚信息》2005年第3期。
2 陈江生、毛惠青:《中亚的转轨:土库曼斯坦的经济改革》,《中共石家庄市委党校学报》2007年第2期。
3 冯绍雷、相蓝欣主编:《俄罗斯经济转型》,第20页表1.2。
4 邓浩:《中亚和外高加索地区形势的演变及其走向》,《俄罗斯中亚东欧研究》2017年第6期。

略分两个阶段实施。2000年至2005年的主要任务是保证经济的增长速度（平均增长速度不低于18%）。从GDP来看，第一阶段的任务在2001年已经完成，自1999年起，GDP连续六年（1999—2005）获得了两位数的快速和稳定增长，据国际货币基金组织（IMF）统计，2000—2005年，GDP平均年增长率高达16.6%。[1]

土库曼斯坦在独立初期迅速走出经济困境，实现经济增长，保持社会稳定等成就与政府采取的符合国情、保证人民生活、保证政局稳定的渐进改革之路是分不开的。

第二节 进展不大的结构调整

产业结构的调整是土库曼斯坦经济改革的任务之一。苏联解体以后，土库曼斯坦产业结构不合理的现象凸显出来。1992年，土库曼斯坦制定的《十年稳定纲领》提出："要改变土库曼斯坦在世界市场分工体系中的作用，把土从原料供应国变为成品生产国。"[2]此后，在2000年制定的中长期发展规划中，除了保国民生产总值的增长外，还有经济结构调整的任务。然而，由于独立初期严峻的经济形势，土在产业结构调整中并未制定实质性的政策，能够带来外汇收入的石油、天然气的开采仍然是优先发展的领域。

土库曼斯坦在独立初期的农业结构调整中，主要是改变粮食与棉花的种植比例。土拥有1200万—1700万公顷适合耕种的土地[3]，尽管耕地不多，但气候适宜农作物的生长。农业领域结构的特征是

---

[1] 赵青松：《中国与土库曼斯坦经贸合作的历史、现状及前景展望》，《新疆财经》2013年第6期。

[2] 施玉宇：《土库曼斯坦总统——萨·阿·尼亚佐夫》，《东欧中亚研究》1999年第3期。

[3] 〔土库曼〕萨·阿·尼亚佐夫：《永久中立，世代安宁》，赵常庆等译，第79页。

以种植业为主、畜牧业为副，兼营养殖业。种植业主要是棉花、粮食、瓜果和蔬菜。其中粮食种类很多，包括小麦、玉米、大麦和水稻，小麦主要有软红冬麦和软白冬麦。1990年，土库曼共和国的粮食种植面积只有18万公顷左右，不及棉田面积的三分之一[1]；当时，谷物的种植面积还不到棉田面积的三分之一，共和国每年只能生产7万吨小麦[2]，粮食和食品自给率仅为30%，绝大部分依靠其他共和国提供。[3] 独立以后，政府成立了主管农牧业的农业部，政府制定的农业发展方针将粮食种植列为优先方向。在《十年稳定纲领》中，政府提出实现小麦自给，小麦的生产、加工和国内外贸易由国家控制。

为实现粮食自足，政府采取了两方面的措施：一方面，大兴水利以扩大种植面积；另一方面，调整粮棉种植面积的比例，将原来种植棉花的土地改种小麦。种植业的调整很快见效，经过三年的粮棉调整，到1994年，谷物的种植面积增至58.3万公顷，超过了棉田面积。[4]

为了提高农民种植小麦的积极性，政府对小麦种植户给予补贴，1996年还颁布命令宣布，允许小麦种植的个体农民拥有10至15公顷土地的临时所有权；此外，政府从美国进口了近1亿美元的农业机械以促进生产。在以上措施的推动下，不仅种植小麦的面积不断扩大，而且产量也从1996年的45万吨迅速增长至1998年的100万吨[5]，从1998年起，土库曼斯坦首次满足了国内对小麦的需求，并且从粮食进

---

[1] 赵常庆主编：《中亚五国概论》，第108页。
[2] 《土库曼斯坦粮食丰收》，聂书岭译，《中亚信息》2003年第8期。
[3] 施玉宇：《土库曼斯坦总统——萨·阿·尼亚佐夫》，《东欧中亚研究》1999年第3期。
[4] 土言：《土库曼斯坦的农业生产结构、农业外贸和农业科技》，《东欧中亚市场研究》1999年第4期。
[5] 朱行编译：《土库曼斯坦农业现状》，《乡镇经济》2001年第6期。

口国转为出口国。[1] 到 2002 年，小麦产量达到 230 万吨。[2]

畜牧业是土库曼斯坦又一个重要的农业部门。土库曼斯坦的畜牧业以养羊为主，其中卡拉库尔绵羊享誉世界，驰名产品土库曼地毯就是用这种优质细羊毛织成的。独立之前，土库曼共和国的羔皮产量约占全苏的 1/5，居第二位。[3] 独立初期，土库曼斯坦养羊业呈下滑趋势。1992—1997 年，牛的存栏量平稳增长，绵羊和山羊数量停滞不前，而家禽却减少了约 50%。[4] 为了促进畜牧业的发展，政府给予牧民一些优惠政策，如承包养羊者可以得到一半的新生仔畜作为劳动报酬，免费使用草场和水源，免除了所有的税。1997 年以后，牛、绵羊、山羊和家禽的存栏量都在增长，其中绵羊和家禽增长较快。

在大力推动农牧业的同时，土库曼斯坦政府注意农牧产品的加工。1993 年 3 月 9 日，尼亚佐夫总统发布命令，将农产品的生产、运输和储存作为农业发展的优先方向。政府在储粮和粮食加工等基础设施上加大了投资力度。1996 年以前，土库曼斯坦小麦的日加工能力大约只有 700 吨，是年，政府投资 1.12 亿美元新建了 6 个面粉加工厂，日加工能力达到 1050 吨。2001 年，土库曼斯坦拥有 15 个小麦加工厂，每年加工面粉总量为 100 万吨。2000 年，土库曼斯坦粮食产品协会与伊朗的佳卡特公司签订协议，由伊朗方出资建设了造价为 1620 万美元、总储存量达 18 万吨的 6 个粮食储存仓库。[5]

---

[1] 赵青松：《中国与土库曼斯坦经贸合作的历史、现状及前景展望》，《新疆财经》2013 年第 6 期。

[2] 《土库曼斯坦粮食丰收》，聂书岭译，《中亚信息》2003 年第 8 期。

[3] 土言：《土库曼斯坦的农业生产结构、农业外贸和农业科技》，《东欧中亚市场研究》1999 年第 4 期。

[4] 郭静利、粟若扬：《中国与土库曼斯坦农业合作前景分析》，《世界农业》2016 年第 11 期。

[5] 朱行：《土库曼斯坦农业现状》，《乡镇经济》2001 年第 6 期。

工业领域的产业调整没有实质进展，仍然沿袭苏联时期重视油气生产的老路。独立初期，土库曼斯坦制定了"能源富国"的发展战略，把天然气和石油作为国家的支柱产业以及强国富民、提高国际地位的"金钥匙"。

土库曼斯坦的油气产业主要集中在西北地区，石油、天然气集中的沿里海地区被人们称为"黑金区"。独立以后，土库曼斯坦的石油勘探和开采逐年提高，而天然气的生产却因出口管道的限制受到了严重影响。苏联解体以后，送往西方的天然气管道被俄罗斯控制，土库曼斯坦通过这些管道必须支付高额的费用。在缺乏出口渠道的情况下，土库曼斯坦天然气直到 2014 年仍然赶不上 1990 年的生产量。[1] 在此形势下，土库曼斯坦除了积极与国际有关企业合作建设新的运输管道外，还加强了石油和天然气的加工。

在石油加工上，政府对苏联时期的两大炼油厂进行了改造。其中，查尔朱炼油厂发展成为土库曼斯坦最大的炼油厂，可以生产汽油、柴油、重油、沥青等多种石油化工产品；第二大炼油企业土库曼巴什石油加工企业积极引进德国工艺设备以提高生产技术，目前，该企业能够生产符合国际上各种标号的润滑油。在天然气加工方面的措施，是扩大液化气生产和利用天然气发电。截至 2005 年，土库曼斯坦有 7 家热电站在使用天然气发电，总输电量为 3057.2 兆瓦[2]，除满足本国的电力需求外，还出口到周边国家。

除石油和天然气，土库曼斯坦的优势产业还有纺织业，农业领域的支柱棉花、羊毛和蚕丝的生产为纺织工业提供了充足的原料。

---

[1] 1990 年，天然气产量为 850 亿立方米左右（徐树宝等：《土库曼斯坦油气地质和资源潜力》，《石油科技论坛》2007 年第 6 期）；2014 年，天然气生产量为 693 亿立方米（王海燕：《土库曼斯坦天然气多元化出口战略》，《大陆桥视野》2015 年第 23 期）。

[2] 《土库曼斯坦经贸指南》，中华人民共和国商务部 2006-08-26。

独立以后，政府将发展纺织业作为重点产业。随着纺织工业的发展，土库曼斯坦形成了多个纺织中心。其中，以马雷市为中心的河谷地带因盛产棉花、卡拉库尔绵羊和蚕丝，轻纺织业成为该地区的主要工业部门，棉纺、毛纺业、皮革业、建材业等企业的工业产值在全国工业生产中占比为26%；以查尔朱市为中心的阿姆河中游地带因盛产羊毛和丝绸，毛纺织业和丝织业发达，丝绸的生产占全国生产的98%[1]，是全国毛纺织品和丝织品的主要生产基地；以塔沙乌兹市为中心的阿姆河下游地区是棉花加工业和食品加工基地。

此外，以首都阿什哈巴德为中心的地区是土库曼斯坦轻工业基地，该地区的地毯业享有盛名。食品加工、玻璃、水泥、石棉水泥板、离心水泵、钢筋混凝土构件等建筑行业和化工行业都集中于该地区。目前，阿什哈巴德拥有50多家工业企业，工业生产占全国的19%。[2]

独立初期，土库曼斯坦政府对国内的基础设施建设十分重视。1993年，政府出台了铁路发展规划。据规划的要求，政府不仅要对已有的铁路运输基础设施进行改造和完善，而且还计划建设新铁路线。1996年，新建的第一条铁路捷詹—谢拉赫斯—马什哈德铁路开工，该线路全长308千米，其中有132千米在土库曼斯坦境内。该线路的建成将东连远东和东南亚，西接土耳其，南通波斯湾。1999年，土库曼纳巴德—阿塔穆拉特铁路动工，该线全长203千米，在阿姆河上建起了长约1.5千米的铁路公路两用桥，不仅将阿姆河右岸的铁路线与全国铁路网连接起来，而且加强了阿姆河右岸地区与首都阿什哈巴德的联系。[3]2006年，连接阿什哈巴德—卡

---

1 思瑜：《土库曼斯坦的5个经济区》，《东欧中亚市场研究》1999年第4期。
2 同上。
3 弗拉基米尔·扎连博：《土库曼斯坦铁路发展史话》，杨建梅译，《中亚信息》2006年第6期。

拉库姆—塔沙乌兹的南北铁路干线开通,这条铁路全长 540 千米,穿越卡拉库姆沙漠的中心,将土库曼斯坦南北两部连接起来。[1] 截至 2006 年,土库曼斯坦共有 3000 多千米长的铁路线,其中有 1000 多千米是独立以后在 14 年内修建的。[2]

独立初期,土库曼斯坦的机械制造业几乎是一片空白,除可生产通风器、油气设备配件、泵等小型机电产品外,其他大部分机电产品依靠进口。1992—2002 年,进口机电产品总额达 74.26 亿美元,占进口总额的 43.47%。2002 年,进口机电产品总值为 7.35 亿美元,占进口总额的 39.09%,其中,钢、铝制品占机电产品进口总额的 34%,机械设备占机电产品进口总额的 28%。[3]

第三产业在土库曼斯坦得到极大发展。苏联时期,土库曼斯坦电信业不发达,设备落后,电话网络使用模拟设备。独立以后,国家成立了土库曼斯坦邮电部,下设国家电信局和阿什哈巴德市话局,邮电、电信业都属国家所有。为了促进电信业的发展,政府在加大投资力度的同时,引入外国投资;1994—1998 年间,外国投资者对土库曼斯坦电信业的投资总额超过 5000 万美元;2001 年 9 月,伊斯兰发展银行向土提供 1511.8 万美元贷款,用于建设土库曼纳巴德—阿塔穆拉特—吉尔吉齐通信光缆。截至 2005 年底,全国程控交换机容量共有 453738 线,其中数字程控交换机容量为 201316 线;尽管如此,土库曼斯坦的数字化率不足 50%,人均电话普及率不到 10%。[4]

---

1 《土库曼斯坦铁路运输业现状和发展前景》,中华人民共和国商务部 2008-09-26。

2 弗拉基米尔·扎连博:《土库曼斯坦铁路发展史话》,杨建梅译,《中亚信息》2006 年第 6 期。

3 《土库曼斯坦经贸指南》,中华人民共和国商务部 2006-08-26。

4 同上。

总的来看，土库曼斯坦产业结构不合理的现象还未得到根本改善，石油、天然气工业仍然是本国的支柱产业，机械制造等产业还未跟上经济发展的步伐。

第三节　开放政策下的对外经贸

苏联时期，土库曼共和国虽然也参与外贸工作，提供出口商品货源，但是，外贸权受控于苏联中央政府，按中央政府的统一计划，通过配额和许可证制度来控制各加盟共和国的对外经贸活动；当时，土库曼共和国的外贸活动基本上局限于苏联各加盟共和国内。在苏联解体前夕，土库曼共和国于1987年的贸易额是24.47亿卢布，其中与苏联各加盟共和国的贸易为23.27亿卢布，占95%。[1] 苏联中央也曾允许土库曼共和国与苏联以外的国家从事小量的边境贸易，如在苏联与伊朗解决了边界问题之后，1955—1956年间曾允许土库曼共和国与伊朗进行边境贸易。苏共中央全会于1989年9月24日通过了《党在当前条件下的民族政策》(行动纲领)，其中规定，在不违背联盟利益的情况下，各加盟共和国有权独立开展对外政治活动和对外经济活动。此后，土库曼共和国的对外经济活动发展起来。

独立以后，建立开放型经济是土库曼斯坦经济改革的重要方向之一。1992年5月，土库曼斯坦颁布了《对外经济活动法》，该法是土对外贸易遵循的基本法律，法律的制定保证了对外经济活动的进行。对外贸易是对外经济活动的主要方面之一。为了促进对外贸易，土库曼斯坦还出台了《贸易法》、《能源产品外销交易程序》、

---

[1] 《土库曼斯坦农业概况》，《新疆经济报》2005-12-19。

《进出口商品海关征税规定》等法律法规。

除了制定法律,政府还建立了协调进出口贸易和市场供求关系的机构。1994年8月,土库曼斯坦国家商品原料交易所成立,其职责是:组织商品交易;审查、注册外贸合同,协调进出口贸易;审核进出口商品价格;监督、检查在交易所签订的合同的执行情况等。交易所在土库曼斯坦各州设有分支机构,国家通过这些机构控制和干预企业的对外贸易活动。1998年底,政府将贸易部和消费合作部合并,组建贸易和对外经济联络部(以下简称"外经贸部"),外经贸部的职责是:制定和调节国内商业和对外贸易的政策、规章和制度;管理对外贸易,具体包括出具出口欧美商品的原产地证明;管理边境贸易;保护国内市场,通过采取关税和非关税措施调节进出口贸易;统一协调国家外经贸工作等。外经贸部的事务必须上报内阁并由总统审批。外经贸部下设立了负责制定外经贸政策的外经局、负责审核部属公司的财务账目的财会金融局、负责监督政府文件的执行情况的特别工作局等9个局;处于外经贸部管辖的企业有43家,其中只有14家有进出口经营权。

以上机构的建立保证了政府对对外经济活动的管控,高度集中的管理体制在实际的经济活动中起着重要作用。首先,贸易合同必须由外经贸部审核,出口欧盟和美国商品的许可证,以及武器、化学品和马匹等特殊商品的进出口许可证由外经贸部颁发。其次,国家对出口实行计划配额管理,国家根据产品的实际产量和国内需求,确定当年出口计划,对外贸易的经营由国家统一进行。此外,出口产品必须放在国家商品原料交易所进行竞卖,截至2003年,通过该交易所已向世界50多个国家进行出口。[1] 进口产品必须将进

---

[1] 《怎样到土库曼斯坦做生意——介绍土库曼斯坦国立商品交易所》,《大陆桥视野》2003年第7期。

口合同交到上述交易所注册，与国有企业签订的供货合同也要经过商品原料交易所、财政部等单位的审核、注册，最后经海关部门认可才能入境，对不在交易所注册的合同，海关有权将货物充公。

尽管外贸活动在很大程度上受国家的管控，但政府的一些政策仍然对外贸的发展起到了促进作用。2000年以前，土库曼斯坦一直实行零关税政策；2000年8月8日，总统签署了命令，对进出口商品征收海关关税。在优惠的关税政策下，土库曼斯坦对外贸易得到了迅速发展。

据土库曼斯坦官方统计，独立十五年来，土对外贸易发展迅速，1992—2002年的对外贸易额分别是9.4、15.6、36.2、32.4、30.1、19.8、15.8、24.7、42.9、49.7、47.3亿美元，其中进口额分别为0.3、5.0、14.7、13.6、13.2、12.3、9.8、13.3、17.9、23.5、18.8亿美元，出口额分别为9.1、10.6、21.5、18.8、16.9、7.5、6.0、11.4、25.0、26.2、28.5亿美元，贸易顺差分别为8.8、5.6、6.8、5.2、3.7、-4.8、-3.8、-1.9、7.1、2.7、9.7亿美元。[1]

土库曼斯坦对外贸易的进口商品是以粮食、肉、奶制品、土豆、白糖等食品为主的农牧产品，以及化肥、拖拉机、载重卡车等农用机械；天然气、石油、纺织品是主要出口产品。对外贸易的商品结构直到2005年都没有发生根本的变化，是年，出口商品中天然气占出口总额的44.7%，原油和石油制品占37.5%，纺织品占6%，短棉绒占1.9%，其他产品占9.9%。[2]

随着经济的发展，土库曼斯坦对外贸易的地区结构发生了变化。独立初期，土库曼斯坦主要贸易伙伴是独联体国家，1996年，

---

1 《土库曼斯坦经贸指南》，中华人民共和国商务部2006-08-26。
2 同上。

与独联体国家的进出口额分别占进出口总额的 30% 和 67%[1]，出口主要依赖独联体国家。1998 年前十个月，土库曼斯坦的外贸总额 12.4 亿美元，其中，独联体国家占比为 44%，非独联体国家的占比为 56%。[2] 到 2000 年，土库曼斯坦已经与 89 个国家建立了商贸关系[3]，主要贸易伙伴有乌克兰、俄罗斯、意大利、伊朗、俄罗斯、土耳其、阿联酋、德国、美国、中国。

引进外资是土库曼斯坦对外经济活动的重要方面。独立初期，在经济体制和产业结构转轨之时，土库曼斯坦急需投入大量资金，因此，吸引外资显得非常迫切。土库曼斯坦于 1992 年颁布了《外国投资法》，1993 年 11 月 26 日又出台了《总统关于保障外国投资和资本的决议》对《外国投资法》进行了补充，此后，又陆续颁布了《外国特许权法》、《外国租赁法》等一系列保护外资的法规和政策。与此同时，政府开始建立吸引外资的机制，并且确立了内阁对投资方面的责任。内阁有权制定国际投资合作政策，并负责监督政策的落实；内阁有权确定优先引资的项目。1996 年 4 月，隶属于总统的土库曼斯坦国家外国投资管理局成立，其主要职能是确定投资的优先发展方向，对投资项目进行审定和监督，对投资项目进行注册并颁发许可证。

独立初期，外国资本在本国的投资不受行业限制，可在任何经济活动领域进行。不过政府将矿产资源的开采和加工、纺织、基础设施建设、旅游等行业列为吸引外资的优先方向。政府在油气产区划出了 32 个区块，以国际招标的方式吸引外国公司进行风险开

---

1 土言：《土库曼斯坦的农业生产结构、农业外贸和农业科技》，《东欧中亚市场研究》1999 年第 4 期。

2 施玉宇：《土库曼斯坦的经济政策、经济发展现状、特点和前景》，《东欧中亚市场研究》1999 年第 4 期。

3 同上。

发。[1]1995年10月，尼亚佐夫总统在纽约与美国联合石油公司、沙特三角洲石油公司签署了修建该管线协议；伊朗国家石油公司承担土库曼—德黑兰—波斯湾石油管线在伊朗境内的设计和铺设，出资达90%。[2]

按《外国投资法》的规定，外国资本可以独资或与土库曼斯坦合资建立企业的方式投资；可以购买土库曼斯坦的企业，以获取动产和不动产的方式投资；可以股票、债券及其他有价证券的方式投资；可以通过单独或参股土库曼斯坦法人或自然人以获得土地使用权的方式投资；等等。

土库曼斯坦吸引外资的主要方式是投资者建立外国独资企业、外国企业的分支机构，以及外国与土库曼斯坦建立合资企业；其中，通过出售国有企业股权给外国公司，建立合资企业是吸引外资的重要手段。1996年，土库曼斯坦与俄罗斯签订了建立"土库曼—俄罗斯天然气"联合公司的协议，土库曼斯坦在其中占有51%的股份，45%的股份属于该联合企业，4%的股份属于包括俄方在内的国际公司。[3]

创办经济特区也是土库曼斯坦促进外国投资的方式之一。1992年12月，政府决定建立自由经济区吸引投资，在自由经济区内实行免税和减税政策；1993年，国家议会通过了《自由企业经济区法》，根据这一法律，自由经济区陆续建立起来。截至2004年，土库曼斯坦建立了马雷-拜拉姆阿里、奥卡雷姆-切列肯、查尔朱-谢伊迪、巴哈尔登-克孜勒阿尔瓦特、阿什哈巴德-安纳乌、阿什哈

---

1 曾锁怀：《发展中的土库曼斯坦市场》，《大陆桥视野》2005年第5期。
2 向书军：《土库曼斯坦石油天然气资源及其管道工程》，《东欧中亚市场研究》1996年第2期。
3 赵惠、杨恕：《中亚国家利用外资情况简析》，《东欧中亚市场研究》2001年第2期。

巴德–别兹梅因、阿什哈巴德国际航空港、谢拉赫斯和古涅什利等自由经济区。在自由经济区内企业可享受优惠政策,即自取得利润之时起的三年内不征税,在以后的三年内按低利率征税;对自由经济区内的商业企业降低出口税、土地租赁费和公用事业费。[1]

土库曼斯坦出台了一系列优惠政策以吸引外资。一、海关优惠:对运入土库曼斯坦作为外资法人(企业)注册资本投入的财产和用于企业生产产品所需的财产免征关税和进口税;对外资法人(企业)运入土库曼斯坦供外国职员自用的财产免征关税。其中对进出口产品的海关优惠:当外资法人(企业)以可自由兑换货币所进行的投资额占注册资本的30%以上时,有权根据授权机构所颁发的证书,在不需要许可证的情况下出口相当于外资在注册资本中所占比例数量的自产产品(工程、服务);外资法人(企业)有权在不需要许可证的情况下进口用于企业经营活动的产品(工程、劳务)。二、税收优惠:在首批投资回收期内,以可自由兑换货币所进行的投资额占注册资本的30%以上的外资法人(企业)免缴红利税,企业免征利润税;将利润用于再投资的外资企业,在首批投资回收后,对其再投资的部分予以免税。

上述优惠政策起到了一定作用,截至2001年3月,土库曼斯坦总共引进外资140亿美元,居中亚各国之首。[2]

---

[1] 施玉宇:《土库曼斯坦经济发展现状、外经合作与土中经贸关系》,《东欧中亚市场研究》2002年第4期。

[2] 《中立的土库曼斯坦报》2001-03-29,转引自施玉宇:《土库曼斯坦经济发展现状、外经合作与土中经贸关系》,《东欧中亚市场研究》2002年第4期。

第九章
意识形态与宗教、文化

独立前夕，在苏共中央总书记戈尔巴乔夫的提倡下，土库曼共和国放弃了原来的共产主义信念，各种思潮因主流意识形态的丧失而泛滥；独立以后，培植国民对新独立国家的认同、树立新的价值观和构建新意识形态是土库曼斯坦领导者必须面对的重要任务之一。独立初期，政府以树立总统权威和倡导团结、纪律，实现了国民对国家的认同；以复兴伊斯兰教和弘扬民族文化凝聚了社会意识，缓和了信仰危机，使宗教势力始终未能超越自身的范畴转化为一股独立的政治力量。

第一节 意识形态的构建

在苏联执政的大部分时期，包括土库曼共和国在内的苏联各加盟共和国以共产主义教育和宣传无神论思想为主要的意识形态，直到1988年，戈尔巴乔夫领导的苏共放弃了原来的共产主义信念，开始提倡"公开性"和"信仰多元化"，原社会主义国家主导的社会意识形态逐渐丧失，各种思潮开始泛滥。"信仰多元化"在几年之间膨胀起来，到苏联解体时的1991年，在包括土库曼共和国在内的中亚五国，旧的社会意识形态崩溃而新的社会意识形态尚未建立，伊斯兰教起到了缓和信仰危机的作用，这种状况延续到独立以后的最初几年。为了增加国家的凝聚力，稳定当权者尚不稳固的权力地位，中亚国家的领导人几乎都以伊斯兰教凝聚民心，增强人民对新独立国家的认同。

1991年10月，土库曼斯坦独立，被视为土库曼民族精神文化源泉之一的伊斯兰教成为构建新意识形态的核心。以尼亚佐夫总统为首的土库曼斯坦领导人在铸造新的意识形态以修正苏联解体之后意识形态多元或混乱的状况之时，大力提倡伊斯兰教。总统尼亚佐夫认为，对待宗教的态度是土库曼斯坦确立民主原则的鲜明例证。他在自己的著作中说："一般认为，教会同国家和教育系统分离的国家为世俗国家。土库曼斯坦是世俗国家，但我们理解，这种分离不是也不可能是绝对的。的确，宗教组织不履行国家职能，但宗教，是我们历史、精神文化、传统和生活方式的一部分。国家帮助宗教组织发挥正常的作用。这种对待宗教的态度保障了它对社会团结产生积极影响，并有利于祖国的繁荣。"[1]1992年4月，土库曼斯坦总统尼亚佐夫访问沙特，在此期间到伊斯兰教圣地麦加和麦地那朝觐。[2]同年5月18日，土库曼斯坦通过的宪法解除了以往对宗教活动的有形与无形的限制，宪法第21条规定：国家保证宗教及宗教信仰自由，并保证其在法律面前一律平等。在此期间，土库曼斯坦开办了许多进行宗教教育的神学校，普通学校开设了宗教教育课程，伊斯兰教的原理被列入中学必修课程。在政府的提倡和宪法的保护下，伊斯兰教在土库曼斯坦迅速复兴。

在伊斯兰教复兴期间，土库曼共和国与其他中亚国家一样发生了社会动荡。1987年，阿什哈巴德的科尔霍兹市场开始出售赛

---

1 〔土库曼〕萨·阿·尼亚佐夫：《永久中立，世代安宁》，赵常庆等译，第198页。
2 中国现代国际关系研究所民族与宗教研究中心编著：《周边地区民族宗教问题透视》，时事出版社，2002年，第139页。

义德·毛杜迪的专著《伊斯兰"圣战"》；1989年和1990年，在苏联政治改革浪潮的冲击下，一些伊斯兰组织在土库曼共和国建立起来，其中激进的派别有"埃兹别尔利克"和"苏联伊斯兰复兴党"土库曼共和国分部。

伊斯兰教在中亚国家的复兴伴随着强烈的参政意向，即鼓吹政治和文化自治，主张建立政教合一的国家。不过，与塔吉克共和国不同，激进的伊斯兰教组织，或者说伊斯兰极端势力一直未能成为土库曼共和国的主流意识；同时，宗教势力在土库曼共和国始终没有超越宗教的范畴，发展为一支独立的政治势力。

独立以后，土库曼斯坦以宪法的形式将宗教势力严格限定在国家政权以外。1992年宪法第1条规定：土库曼斯坦是民主的、法制的世俗国家，以总统制共和国的形式进行国家管理。宪法明确了国家与宗教的分离，其中第21条规定：宗教组织同国家相分离，且不得行使国家职权。宪法规定了土库曼斯坦不允许建立宗教性质的政党，其中第28条规定：禁止按照民族或宗教特征建立军事化团体和政党。以上宪法条款限制了宗教组织参与国家政权，为阻止宗教干预国家社会政治生活提供了法律保障。

伊斯兰教在土库曼斯坦未能成为主流意识的另一个原因，是国家首脑的绝对权威和他们对伊斯兰教的鲜明态度。在建立民族国家的过程中，尼亚佐夫认为："土库曼斯坦是个小国，民主制度不发达，存在一定程度的个人崇拜和专制是必要的。"[1] 独立初期的政治稳定使以尼亚佐夫总统为首的土库曼斯坦政府迅速树立起威信。在土库曼斯坦的建国过程中，游牧民出身的土库曼人保留下来的王权

---

1 常玢：《苏联解体前后的中亚国家伊斯兰教状况》，《东欧中亚研究》2001年第5期。

至上、臣属意识对国家的稳定起到了重要作用,尼亚佐夫所提出的树立国家各级领导人的权威,倡导团结和纪律的原则得到了国民的认可。事实证明,作为民族英雄的尼亚佐夫成了土库曼斯坦的精神支柱,被国民视为国家的象征,民众通过对他的崇敬,促进了对国家的认同,保障了国家的政治稳定。

以总统为首的土当局领导人对伊斯兰教参政表达了鲜明的态度。1992年,尼亚佐夫总统发表讲话说:"政府的方针既清楚又明确,即建立一个非宗教性的国家。"[1]同年,土库曼斯坦外交部长库利耶夫说:"我们并不打算把某些人的意识形态升格为国家的意识形态,即使在我国已有伊斯兰意识形态基础。土库曼斯坦既不是伊斯兰国家,也不是苏维埃国家,而是非宗教的民主国家。"[2]1995年初,尼亚佐夫总统又重申:"土库曼斯坦要置身于东边邻国的政治漩涡和冲突之外,因为俄国十月革命前,土库曼的人民,首先是游牧民,很少被伊斯兰化。在这里(指土库曼斯坦)伊斯兰教不是历史的一个重要论据。"[3]1996年,尼亚佐夫的著作《永久中立,世代安宁》出版,书中写道:"伊斯兰教给予了人类无价的精神财富。我们高度评价它的表达纯洁心灵的崇高思想、虔诚性、纯洁的良知。因此从国家的方面为信教的人创造了一切条件。现在每个人有权信仰任何一种宗教。谁也无权妨碍祈祷、斋戒。同时,也不应把宗教与国家政治等同起来。问题也在于宗教不是政治,而仅仅是纯洁人们心灵的力量。"[4]

宗教团体和宗教管理被纳入国家管理的轨道也是伊斯兰教最终

---

[1] 许勤华主编:《当代中亚概况》,世界知识出版社,2007年,第124页。
[2] 徐晓天:《土库曼斯坦民族宗教概况》,《国际资料信息》2002年第11期。
[3] 黄陵渝:《土库曼斯坦的伊斯兰教》,《中国穆斯林》1999年第3期。
[4] 〔土库曼〕萨·阿·尼亚佐夫:《永久中立,世代安宁》,赵常庆等译,第37页。

没有成为一股政治势力的原因。1994年，土库曼斯坦成立了宗教委员会。宗教委员会在各省市都有自己的分支机构，管理着各地的清真寺和教职人员，教职人员作为国家工作人员直接从国家领取工资。这种管理体系加强了教职人员对国家的认同，同时也加强了政府对宗教活动的控制，如清真寺的建设、伊斯兰的教育、穆斯林的朝觐等活动都受到政府的监控。有学者认为这一机构是苏联时期警察体制的延续。

土库曼斯坦严格限制国内穆斯林与国际伊斯兰世界的接触。苏联时期，土库曼共和国名义上是一个国家，但实际上只是苏联的一个地方政权，没有独立的外交。独立以后，土库曼斯坦开始了与伊斯兰世界的交往。邻国伊朗是与新独立国家土库曼斯坦最早发生联系的国家之一。1979年，伊朗伊斯兰革命成功，霍梅尼宣称，伊朗要向全世界输出伊斯兰革命。与伊朗共享一千多千米边界线的土库曼斯坦首当其冲地成为其重点目标。独立初期，尼亚佐夫是第一位访问伊朗的中亚国家总统。土耳其共和国也是土库曼斯坦独立以后最早联系的国家之一，两国在民族、宗教、文化诸方面都有共同之处，1992年，土耳其为土库曼斯坦提供200万美元的教育援助，此后，大约有2000名土库曼斯坦学生陆续到土耳其学习医学、法律、金融、农业、语言和文化。尽管如此，土库曼斯坦领导人对国外伊斯兰原教旨主义思潮十分警觉，因此限制国内去麦加朝觐的穆斯林人数，例如担心出国朝觐人员过多可能会引入危险的思潮，破坏国家稳定，2010年土库曼斯坦只派遣了一架免费客机搭载188名朝觐者前往沙特，且所有朝觐者都需要经过安全部门严格的政治审查。[1]不难看出，这一系列做法阻止了危险思潮的渗入，有效地维护了独

---

[1] 郭泰山：《中亚国家依法管理宗教事务概述》，《新疆大学学报》2014年第4期。

立之初的国家的稳定。

除了法律和政策因素外,客观因素也使土库曼斯坦远离了以原教旨主义为核心的伊斯兰极端势力。土库曼斯坦虽然与提倡原教旨主义的伊朗有一千多千米的共同边界,但是两国之间存在很大差别。从种族上看,土库曼人是突厥人,而伊朗是波斯人后裔;从宗教信仰上看,土库曼人信仰伊斯兰教逊尼派,而伊朗穆斯林大多数信仰伊斯兰教什叶派。因此,伊朗的伊斯兰原教旨主义在土库曼人中的影响并不广泛。

总的来说,土库曼人的伊斯兰化程度不高,宗教情绪也不浓厚。这一国情有利于独立之后的世俗民族国家的建设,也是国内政治形势稳定的基础。独立以后,以尼亚佐夫为首的土库曼斯坦领导人开始以爱国主义凝聚人民对国家的认同。

爱国主义意识被明确地提了出来。总统尼亚佐夫说:"不久前,由于土库曼人民还未建起独立国家,因此,人民的意识中诸如祖国、国家这样一些神圣的概念开始失去了其崇高的意义。有句哲言:'不能爱自己国家、自己人民的人,也不会爱别的人民和别的国家。'……应该做到,在这样的社会里完全恢复爱国主义的崇高感情,使这种感情深入人们的意识。"[1] 总统本人撰写了《鲁赫纳玛》一书,并以它为教材在中小学开设相关的课程,培养青少年对祖国的热爱。2003年,土库曼斯坦总统著作的主要思想被列为普通中小学教授的首要任务;政府对教育系统人员发出号召,要求青年一代认真学习国家历史,对祖国忠诚,维护国家利益。[2]

土库曼斯坦的主体民族是土库曼族,政府构建意识形态的一项

---

1 〔土库曼〕萨·阿·尼亚佐夫:《永久中立,世代安宁》,赵常庆等译,第40页。
2 杨建梅:《土库曼斯坦中小学概况》,《中亚信息》2003年第10期。

内容是：唤起主体民族意识和传统价值观。1993年5月19日，土库曼斯坦举办了纪念土库曼族思想家、著名诗人马赫图姆库里诞辰260周年的活动，总统号召全体人民向他学习，用自己的才能和智慧，全心全意地拥护"十年顺遂"方针和民族复兴运动。[1] 为了培养爱国主义精神，总统号召土库曼人学习阿拉伯人和印度人，像他们那样把穿本民族服装视为一种骄傲；号召在国家一级政府尊重自己民族价值观、民族习俗和传统的教育和实践；不允许任何人在任何时候践踏民族传统、民族风俗和习惯。此外，政府还通过设置纪念性节日和举行纪念活动等方式增强民族国家的凝聚力和自豪感。

此外，政府号召境外土库曼人回归。对于长居土库曼斯坦境外的土库曼族，政府表示："所有想回到父辈的祖国并有志促进土库曼斯坦繁荣昌盛的同胞们，我们准备向他们提供住房和工作。我们特别期待想在这里投资建立合资企业的土库曼人。"[2] 为此，政府举行过几届世界土库曼人大会，并成立了以尼亚佐夫总统为主席的世界土库曼人人文协会，以此提升土库曼人在国际上的地位。

第二节 以伊斯兰教为主的多元宗教

土库曼斯坦是多民族国家，各民族有着不同的宗教信仰，其中约占全国人口89%的居民信仰伊斯兰教（土库曼人占77%，乌兹别克人占9.2%，哈萨克人占2%）；9%的人（主要是俄罗斯族和亚美尼亚族）信仰东正教；其他信仰在信教者中只占2%，其中萨满教在民间十分盛行。[3]

---

1 〔土库曼〕萨·阿·尼亚佐夫：《永久中立，世代安宁》，赵常庆等译，第92页。
2 同上书，第33页。
3 张志刚等：《当代宗教冲突与对话研究》，经济科学出版社，2011年，第84页。

考古确认，在今土库曼斯坦和伊朗境内最早存在的宗教信仰是拜火教，在以上地区发现了大约公元前2500年的拜火教遗址（Gonur Tepe），遗址上有拜火的祭坛、圣水等一系列与后来拜火教描述接近的文物。拜火教信仰一直持续到波斯萨珊王朝时期（226—642），642年，阿拉伯人在尼哈温战役中打败了波斯萨珊王朝，开始将伊斯兰教传入今土库曼人居住地。

8世纪，伊斯兰教传入今土库曼斯坦境内的呼罗珊地区[1]，历经两百多年，随着塞尔柱突厥人在呼罗珊统治的确立（1040），伊斯兰教得到了进一步发展。以后在呼罗珊建立政权的花剌子模帝国、蒙古伊利汗国、帖木儿帝国、波斯萨法维王朝都将伊斯兰教作为国家的主要宗教，特别是在帖木儿帝国统治时期，帖木儿在中亚地区大兴伊斯兰宗教和文化，中亚地区逐步取代巴格达，成为伊斯兰文化的学术中心。

长期在这片土地上生活的土库曼人严格遵守伊斯兰教教规，如出生、婚姻、丧葬仪式由毛拉主持，穆斯林姑娘不能与非穆斯林通婚，据1921—1971年的统计，在土库曼异族通婚的事例中，没有一例是土库曼姑娘与俄罗斯人通婚的。[2] 土库曼人将纳吾鲁兹节、乌拉扎节（开斋节）和古尔邦节等伊斯兰教节日定为民族节日。尽管严格遵守着伊斯兰教教规，然而由于土库曼人游牧经济的分散性和近代的大迁徙运动，土库曼人的集体祈祷场所是不固定的，在松散的社会组织内，宗教氛围也不像乌兹别克人和塔吉克人那样浓厚，如对土库曼妇女没有蒙面的要求，更没有出现宗教狂热的现象。

大多数土库曼穆斯林信仰伊斯兰教逊尼派，遵奉哈乃斐教法学

1　中世纪时期的呼罗珊地区很大，包括今伊朗的霍拉散、今阿富汗西北部的赫拉特和今土库曼斯坦的马雷。

2　徐晓天：《土库曼斯坦民族宗教概况》，《国际资料信息》2002年第11期。

派；只有少数人信仰伊斯兰教神秘主义的苏非派。苏非派中的库布拉维教团是在呼罗珊地区创建的。该教团的创立者纳吉姆·丁·库布拉（1145—1221）在基辅出生，年轻时在埃及、波斯学习苏非派教义，后来在呼罗珊建立了自己的修道院，发展了很多分支。13世纪以后，苏非派在今土库曼斯坦的许多地区流传。如今，苏非派教团的创始人及其继承者被尊为圣贤，他们的埋葬地被尊为圣地，其墓被称为圣墓（即麻扎），每年有许多穆斯林前往朝拜。

沙俄时期，随着俄罗斯人的到来，东正教传入土库曼人居地，尽管如此，伊斯兰教并未受到压制，1911年，在今土库曼斯坦境内尚有伊斯兰教经文学校6000所，经学院328所，在校学生超过10万人。[1]苏联时期，由于提倡无神论，土库曼共和国各地的清真寺相继关闭，1924年，土库曼共和国有清真寺480多座，1942年减至5座，1948年10月，首都阿什哈巴德唯一的清真寺因地震坍塌，以后未重修。[2]苏联时期，苏联中央政府实行严厉的宗教政策，苏非派教团被取缔，禁止割礼，党员如参加教职人员主持的葬礼要受纪律处分，维护旧风俗就是人民公敌等等，但压制性政策未能取代传统的伊斯兰文化，苏非派的活动转入地下，出现了未经登记的毛拉和各种形式的地下苏非派教团。

苏联解体前夕，在苏联政治改革浪潮的冲击下，土库曼共和国的政治气氛骤然宽松，在周边伊斯兰国家（伊朗、阿富汗）伊斯兰运动的影响下，伊斯兰教信仰在土库曼共和国复兴，伊斯兰运动在共和国活跃起来。土库曼共和国内伊斯兰教的信仰人数迅速增加，宗教活动频繁，清真寺建筑增加。1987—1992年，清真寺由4个

---

[1] 张志刚等：《当代宗教冲突与对话研究》，第83页。
[2] 沙宗平：《中亚五国的宗教纷争》，张志刚等：《当代宗教冲突与对话研究》，第89—97页。

增加到115个[1]；1989年，一些伊斯兰组织在土库曼共和国成立，其中埃兹别尔利克和伊斯兰复兴党的影响最大。尽管如此，与塔吉克斯坦不同，民主和宗教组织在独立国家土库曼斯坦始终未能对世俗政权构成威胁。

独立以后，土库曼斯坦1992年宪法规定：国家保证宗教信仰自由，并保证其在法律面前一律平等。每个人都有权独立自主地确定自己对宗教的态度，单独地或同他人一起信仰或不信仰宗教，有权表达和传播同对待宗教态度有关的见解，参加宗教仪式、祭祀和典礼。随着伊斯兰教的复兴，管理伊斯兰教的机构建立起来。1994年，土库曼斯坦成立了穆斯林宗教事务委员会管理国内的伊斯兰事务，伊斯兰教大法官纳斯鲁拉·伊本·阿卜杜拉担任该委员会主席。与此同时，政府注意发挥宗教上层人士的积极作用，任命他们兼任某些省区负责人成立伊斯兰经学院，培养能为国家所用的伊斯兰教职人员。为满足社会对伊斯兰教神职人员的需求，该委员会派出大约120名经学院学生到土耳其的最高伊斯兰教学府进修。[2]

尽管如此，土库曼斯坦政府对宗教的政策仍是严格的。政府严密监控境外极端思想的渗透，并对出国的穆斯林有很多限制。土库曼斯坦非常担心国外伊斯兰教思潮的影响，为此，该国严格审查朝觐人员。有研究者认为，"当局担心在土耳其或巴基斯坦受过伊斯兰教育的穆斯林在国内传播伊斯兰信仰真相，会对国内居民产生影响，敦促他们要求公正、自由、和平。从上至下钦定的朝觐名单，要经过安全部门的政治审查，凡是对政府有不忠诚言行的人，一律

---

[1] 常玢：《苏联解体前后的中亚国家伊斯兰教状况》，《东欧中亚研究》2001年第5期。

[2] 赵常庆主编：《十年巨变——中亚和外高加索卷》，东方出版社，2003年，第153页。

没有资格去朝觐"。[1]

宗教界领袖和卓阿赫迈德·奥拉吉里奇曾因尼亚佐夫总统在庆祝新年节日时让孩子们围绕圣诞树跳舞而提出公开批评,指责这种活动违背了伊斯兰教法,他因此受到了监禁,他与别人合译的土库曼文《古兰经》被视为"邪恶的"和"失去原意的"而被公开焚毁。

按土库曼斯坦宪法,土库曼斯坦境内大小民族一律平等,不会因为宗教信仰而受到迫害。但政府对伊斯兰教以外的其他宗教,如东正教,仍然采取限制政策。在尼亚佐夫提倡伊斯兰文化的政策下,信奉东正教的俄罗斯人逐渐迁出土库曼斯坦,以致东正教在该国的影响力渐衰。政府禁止基督教传教士在穆斯林地区传教,禁止浸礼会在土库曼斯坦传教。2000年3月,土库曼斯坦判处两名违规的浸礼会传教士四年徒刑。[2]

总的来看,土库曼斯坦虽然提倡宗教信仰自由,但政府制定的宗教政策是将信仰纳入国家管控的。

第三节 弘扬土库曼族文化的举措

在今土库曼斯坦境内,历史上先后形成了纯印欧文化、以波斯文化为特征的印欧文化、突厥文化、土库曼文化、俄罗斯文化。

公元前7世纪至公元7世纪以前,在今土库曼斯坦境内活动的人群是印欧种的雅利安人、帕尔尼人、波斯人,他们创造了纯印欧文化。7世纪至11世纪,阿拉伯人在其上建立了总督统治,担任总督的大多数是波斯人,于是,呼罗珊地区呈现出波斯文化的优势。11世纪中叶以后,塞尔柱人和蒙古人先后在呼罗珊地区建立了政

---

[1] 马景:《中亚伊斯兰教新思潮及其动向》,《世界宗教文化》2014年第4期。
[2] 王建平等编:《当代中亚伊斯兰教及其与外界的联系》(内部报告),第103页。

权，随着统治地位的确立，突厥人和蒙古人以及突厥化的蒙古人接受了当地的印欧文化（波斯文化），经过近五百年的相互融合，到16世纪表现出民族特征的土库曼文化形成。它是一种融合了突厥-伊斯兰-波斯因素的新文化。19世纪后期，沙俄在今土库曼斯坦境内建立了统治，俄罗斯文化开始渗入。苏联时期，出现了俄罗斯化的倾向。1938年，苏联中央政府通过决议，要求各加盟民族共和国的学校必须开设俄语课。随着俄语的推广，俄罗斯文化开始在土库曼共和国扎根。

苏联解体前夕，土库曼共和国开始大力提倡主体民族的文化。1990年5月，土库曼共和国通过的《语言法》规定土库曼语是土库曼共和国的国语；独立后的1992年宪法第13条规定土库曼语是土库曼斯坦的国语，以后历次修改的宪法草案都重申了这一规定。

除了以法律、法令强化土库曼语外，政府还采取了多项措施推广土库曼语，以总统为首的领导人表现出强烈的维护土库曼族语言文字的民族主义精神。首先，政府削减了俄语学校的数量，使俄语学校减少了三分之二；到2001年，土库曼斯坦的俄语学校全部改为混合学校；到2010年，土库曼斯坦仅存一个高校俄语教学机构，即阿什哈巴德的阿扎季世界学院俄语系。其次，在各类学校中设置土库曼语教学，到2000年，全国高校已经全部使用土库曼语进行教学。[1]根据2005年进行的一项"世界上的俄语"研究表明：在土库曼斯坦有20.8%的人使用俄语，不仅能解释而且会读会写的人在土库曼斯坦只有2.1%。[2]再次，政府对俄语大众传媒进行限制。一

---

1 张宏莉、张玉艳：《俄语在中亚的现状及发展前景》，《新疆社会科学》2010年第6期。

2 《俄语在中亚五国的不同现状，一国仍是官方语言，一国已沦为外语》，网易新闻2020-01-15。

是政府加强了对境内俄语使用的限制。2002年前,俄语版的官方报纸只有《中立的土库曼斯坦报》和文艺杂志《重生》,到2010年,《中立的土库曼斯坦报》成为境内唯一一份俄语报纸,印数约为1.6万份。[1]二是境外的俄语出版物禁止进入土库曼斯坦境内。1992年,在土境内禁止公开出售俄罗斯的出版物;从1997年起,对机构和私人订购的俄罗斯出版物进行干预;2002年7月,完全禁止俄罗斯定期出版物进入土境内。

历史上,土库曼语经历了用阿拉伯字母书写到用俄语字母书写的变化。最初,土库曼语使用阿拉伯字母拼写,1927年,土库曼语开始采用拉丁字母拼写,1938—1940年间,土库曼语开始改用斯拉夫语的西里尔字母(俄语的书写字母)书写。独立以后,土库曼斯坦对土库曼语的书写进行了改革。1996年土库曼语开始使用以拉丁字母为基础的土库曼字母表,并且规定从2000年起在国家机关中使用新字母表。如今,全国基本实现了以拉丁字母为基础书写土库曼文的变革。

独立以后,土库曼文学不再受意识形态的束缚,表现出多元倾向,出现了题材多样的作品。特别要提到的是土库曼地毯的绘画艺术,在国家文化复兴中地毯艺术已经成为独立国家的象征。独立初期,土库曼地毯上的传统花纹被描绘在国旗和国徽上,成为民族精神的象征;1992年,国家规定每年五月的最后一个星期日为法定的"土库曼地毯节";1993年3月20日,总统尼亚佐夫颁布命令,在首都阿什哈巴德建成了土库曼地毯博物馆;2001年,为了纪念土库曼斯坦独立十周年,土库曼妇女为总统尼亚佐夫编织了名为《伟大

---

[1] 张宏莉、张玉艳:《俄语在中亚的现状及发展前景》,《新疆社会科学》2010年第6期。

的萨帕尔穆拉特土库曼巴什的黄金世纪》的作品。不难看出，作为土库曼民族文化重要载体的土库曼地毯不仅见证了民族历史和传统文化，而且在土库曼斯坦大力弘扬和复兴传统文化过程中获得了新的生命力。

在复兴土库曼民族文化的过程中，以总统为首的土库曼斯坦领导人大力弘扬土库曼族的历史。总统尼亚佐夫指出，在奠定和加强土库曼斯坦的政治和经济基础时，我们从未忘记传统的精神基础；目前世界各个民族最需要的就是在这个全球化的世界里保留自己独有的特点。为此，总统亲自撰写了名著《鲁赫纳玛》。《鲁赫纳玛》一书表达了如下观点：土库曼斯坦所在地是世界文明的发祥地之一；土库曼族创造的精神财富在世界文化宝库中有着不可替代的位置；应该加强对土库曼族历史和文化遗产的研究，确立它们在世界文化中的地位。

该书将土库曼族历史追溯到远古时期："我们从生活在5000年前的土库曼民族的始祖奥古兹汗时代起就有自己的纪年。在今天回首可望的这一历史时期中，土库曼人曾多次向世界表明自己真正的历史使命，并创造了巨大的物质财富和精神财富，这些财富已成为从印度到地中海的古老文明的不可分割的一部分。仅仅在自己的土地上，他们就建立过70多个国家！其中享誉世界的有：安诺，阿尔滕－杰佩，马尔吉亚纳，帕提亚王国，土库曼塞尔柱帝国，库尼亚－乌尔根奇土库曼人的国家。"[1] 书中对各个时期的土库曼族精神面貌做了评述，撰写了各个时期土库曼族的杰出人物，并且指出：土库曼民族献给了世界许多英明的统治者、杰出的统帅、科学家、作

---

1 〔土库曼〕萨帕尔穆拉特·土库曼巴什：《鲁赫纳玛》，李京洲等译，土库曼斯坦国家出版局，2003年，第12页。

家、诗人等等,他们在世界历史上给很多民族留下了深刻的印象。独立以后的第二任土库曼斯坦总统别尔德穆哈梅多夫也曾写书歌颂祖国,并撰写了涵盖赛马、医药和艺术等内容的15本书。在出任总统之后,他发表了歌颂祖国的诗歌《前进》,他在诗中写道:"前进,一直前进,亲爱的国家土库曼斯坦。"

除了撰写历史著作和诗歌外,土当局还定期举办国际会议,通过国际会议,让世界的目光注视土库曼斯坦,弘扬土库曼族的文化。土当局针对弘扬土库曼族历史和文化制定的文化政策促进了精神文化的复兴,丰富了不同民族之间的文化。

第十章
民族问题与民族政策

土库曼斯坦是多民族国家，现有一百多个民族。土库曼族是土库曼斯坦的主体民族，乌兹别克族是该国人口居第二的族群，俄罗斯族是仅次于乌兹别克族的第三大民族。由于乌兹别克族在语言、文化、风俗习惯方面与主体民族较为接近，两个民族的关系相对稳定，因此，处理好土库曼族与境内俄罗斯族的关系是政府关注的主要民族问题。此外，土库曼部族之间的矛盾随主体民族地位的提升而日益尖锐。虽然土库曼斯坦要解决的民族问题很多，但保证各民族和睦相处是民族政策的最高目标。

第一节 保证国家稳定的民族政策

1989年苏联进行了最后一次人口普查，土库曼共和国人口为353.4万。其中，土库曼族人口有253.7万，占总人口数的72%；俄罗斯族人口有33.4万，占总人口数的9.5%。[1] 俄罗斯人是在沙俄和苏联时期陆续迁到土库曼斯坦的。

18世纪初，沙俄政府开始涉足土库曼人的居地。随着对里海沿岸及其周边地区地理条件的了解，19世纪下半叶，沙俄开始征

---

[1] 吴宏伟：《中亚人口现状与发展趋势》，孙力等主编：《中亚国家发展报告（2014）》，社会科学文献出版社，2014年，第101页。

服土库曼人的居地，随之进行了有组织有计划的移民。尽管如此，沙俄时期迁到这里的俄国人并不多。十月革命以后，苏联政府为了让边远地区尽快赶上中部发达地区，帮助中亚地区发展经济文化，以消除民族之间的不平等状况。从20世纪20年代起，一批俄罗斯族工人、技术人员、教师、医生等被派到中亚各国，在苏联第一个五年计划（1928—1932）期间来到土库曼共和国的技术专家就有2.5万名。[1] 20世纪50年代至60年代，由于新灌溉区的开发，迁入土库曼共和国的俄罗斯族开始增多；除俄罗斯族外，还迁入一些鞑靼人和亚美尼亚人，他们大多数从事行政或商业工作。

来到土库曼共和国的俄罗斯族大多数居住在北方城市，其中，在里海沿岸城市中还形成了以俄罗斯族为主的欧洲移民聚居区。移居土库曼共和国的大多数欧洲移民是熟练工人、技术员和管理人员，有少数人还在共和国的政府部门和教育系统工作。由于大多数欧洲移民的文化程度较高，他们成为共和国一些重要部门的支柱，对共和国经济和文化的发展做出了贡献。欧洲移民的优越地位曾引起当地土库曼人的不满，1969年12月，土库曼共产党中央第二书记（俄罗斯人）因推行大俄罗斯沙文主义政策而被土库曼人赶下台。尽管如此，土库曼族与以俄罗斯族为主的欧洲移民基本能够和睦相处。

苏联解体以后，随着民族独立自主运动的兴起和发展，土库曼斯坦境内俄罗斯族"老大哥"的地位发生了变化。

首先，土库曼斯坦的语言政策让以俄罗斯族为主的欧洲移民丧失了优越地位。为了发展本民族语言文化，独立以后，土库曼斯坦于1992年颁布的宪法第13条规定：土库曼语是土库曼斯坦的国语。

---

[1] 刘庚岑：《中亚国家的民族状况与民族政策》，《东欧中亚研究》1995年第6期。

虽然在本条中也提到了确保全体公民享有使用本民族语言的权利，但对俄语却未有任何规定。除了法律上的规定外，土库曼斯坦还要求从1993年起，在乡镇和区以及有关国家机构，应按新的方式办案，要求各级学校都要学习土库曼语。土库曼斯坦政府开始削减以俄语教学的学校，据俄罗斯报刊报道，土库曼斯坦全境只剩下一所俄语学校；成千上万名教师、医生因为不懂土库曼语而失去了工作。[1] 土库曼斯坦的语言政策使以俄语为母语的俄罗斯人地位下降，2001年，总统尼亚佐夫在国民议会发表的讲话中强调，不懂土库曼语的人不能担任领导职务。[2]

其次，土库曼斯坦在政权建设和干部任用方面也采取了主体民族化政策，以俄罗斯族为主的欧洲移民政治地位下降。1992年宪法规定：保护土库曼族的民族价值和利益并加强其主权是国家基本法的宗旨。宪法还规定：总统候选人的条件之一必须是土库曼族，必须通晓共和国国语的人才能竞选共和国领导人和议会议员。以上规定把俄罗斯族从国家最高权力机构排挤出去，在政府中几乎没有俄罗斯族。

随着俄罗斯"老大哥"地位的下降，一些俄罗斯人选择离开土库曼斯坦。1989年，在土库曼斯坦的俄罗斯族有33.4万人，占全国人口总数的9.5%。独立以后，迁出土库曼斯坦的俄罗斯族继续增加，到1992年，在土的俄罗斯族中有4%的人离开了土库曼斯坦。[3] 2001年，根据土库曼斯坦总统的讲话，俄罗斯族只占2%。按照这个比例计算，当年的俄罗斯族只有10.74万。[4]

---

1 《前苏联国家中还有谁在说俄语》，新华网2008-09-11。
2 施玉宇编著：《土库曼斯坦》，第28页。
3 刘庚岑：《中亚国家的民族状况与民族政策》，《东欧中亚研究》1995年第6期。
4 吴宏伟：《中亚人口现状与发展趋势》，孙力等主编：《中亚国家发展报告（2014）》，第101页。

没有迁走的俄罗斯族与主体民族土库曼族之间矛盾突出。在此形势下，土库曼斯坦开始加强民族和睦的宣传，把维持族际关系和谐放在重要的位置上。总统尼亚佐夫指出，尽管在国家建设中什么都重要，国家还是把争取社会稳定、保持大小民族和谐视为最重要的方面，他认为，即使可以拥有世界上所有的珍宝，但是，如果家庭不和谐，那么这些珍宝也不能带来幸福。[1] 他指出，只有靠公民和谐与民族和睦才能实现土库曼斯坦的建国思想。[2]

民族和睦政策首先从俄语地位的确立开始。根据总统尼亚佐夫的倡议，土库曼斯坦在发展土库曼语和扩大使用范围的同时，注意保障其他民族语言的自由发展和发挥作用。

民族和睦政策主要反映在承认双重国籍上。独立初期，没有离开土库曼斯坦的俄罗斯族提出了双重国籍的问题。1993年，在俄罗斯总统叶利钦出访土库曼斯坦时，两国政府签署了关于双重国籍和保护迁徙者利益的双边协定，对居住在土的数十万俄罗斯族的地位采取了灵活立场。

土库曼斯坦还建立了民族和睦的机构长老会，长老会由首都阿什哈巴德和其他五个州各选一百名长老组成，其宗旨是维护各个部族之间的团结，主要任务是协助政府解决国家和社会事务，包括民族方面的问题，以及审核提交给议会的法律、提案和宪法修正案，如果议案没有通过长老会的批准，则不能生效。长老会成员都是土库曼族各部落德高望重的重要人物，每年召开大会一次，会议地点每年在首都和其他五个州轮换。

土库曼斯坦领导者就民族问题广泛与各民族代表协商，倾听他

---

[1] 常庆：《中亚国家如何解决民族问题》，《中国民族》2005年第3期。
[2] 〔土库曼〕萨·阿·尼亚佐夫：《永久中立，世代安宁》，赵常庆等译，第46页。

们的意见。1993年8月16日，总统尼亚佐夫在答记者问时说，在国家改革的最初阶段，土库曼斯坦曾出现过民族关系紧张的情况，当时他亲自与许多居民代表进行过长时间交谈。[1] 土库曼斯坦把损害民族利益的行为定为重大刑事犯罪，把破坏民族团结定为反社会罪行之一。土俄两国之间保持着友好关系，这一外交政策有利于土俄两族关系的改善。以上政策和措施对缓和民族矛盾、稳定局势有着积极的作用。据1995年人口普查，俄罗斯族仍然是土库曼斯坦的第三大族群。

必须指出，土库曼斯坦民族政策的主要方面仍然是提升主体民族的地位和维护国家统一。这一目标从以下两点反映出来：一、在坚持民族和睦的同时，继续实施向主体民族倾斜的民族化政策，在2016年的土库曼斯坦新宪法中，"掌握民族语言"仍然是参与总统选举的条件之一。二、在时机成熟之时，放弃了有可能破坏国家统一的双重国籍政策。2003年，总统尼亚佐夫将土库曼斯坦天然气向西出口业务给予俄罗斯企业，以此为代价换取普京解除了1993年签署的双重国籍协议，双方签署了终止双重国籍政策的备忘录。土库曼斯坦于当年修改宪法，在宪法中规定：土库曼斯坦不承认那些持有外国护照、拥有其他国家国籍的人是土库曼斯坦公民。此后，尼亚佐夫颁布法令，规定拥有双重国籍者必须在2013年7月以前做出国籍选择；2007年上台的新总统别尔德穆哈梅多夫下令让公民更换出境护照，试图一劳永逸地解决双重国籍问题，在俄罗斯政府出面进行干预之后，拥有双重国籍者才得以保留第二本护照。截至2011年，在土库曼斯坦仍有人持有双重护照，但土库曼斯坦对双重

---

1 〔土库曼〕萨·阿·尼亚佐夫：《永久中立，世代安宁》，赵常庆等译，第105页。

国籍的人持歧视态度。[1]

除了俄罗斯族外，在今土库曼斯坦还有相当数量的乌兹别克族、哈萨克族、卡拉卡尔帕克族，他们主要居住在边境附近。在土哈萨克族大约占土总人口的1%，他们聚居在土北部和西北部土地肥沃地区，主要从事工业、渔业和农业。独立初期，哈萨克族外迁使在土哈萨克族急剧减少，与1990年相比，2000年的哈萨克族只有10.7万。与哈萨克族不同的是，乌兹别克族有所增加，2000年在土乌兹别克族有49.4万。[2] 在土库曼斯坦南部地区，居住着为数不多的俾路支人、库尔德人、楚瓦什人、阿富汗人，他们主要从事农业生产。

在土库曼斯坦，族际关系中的分裂倾向并不明显，处理民族关系的最高目标仍然以民族之间的和睦、保证国内政治形势的稳定为主要方向。

第二节 矛盾重重的土库曼族

独立以后，作为新兴独立国家的主体民族，土库曼族的内部也存在着矛盾冲突。16世纪末，在今土库曼斯坦北部的土库曼部落联盟逐渐瓦解，大多数部落开始向东部和南部迁徙，这一迁徙过程持续了两个多世纪，到19世纪下半叶，迁徙运动基本结束。来到新住地的土库曼人与当地的其他土库曼人或非土库曼人融合，形成了现代土库曼族的主体。

19世纪末，土库曼人的部落融合形成了七大部落联盟（以下称之为部族），其中特克、约穆德、埃尔萨里、萨利克、乔多尔等部

---

[1] 《土库曼斯坦再一次解聘有双重国籍的人》，亚心网 2011-10-14。
[2] 施玉宇编著：《土库曼斯坦》，第28页。

族构成了今土库曼族的主体;前两个部族的人数最多,特克部人口超过了 27 万,约穆德部人口超过了 10 万,两部人口之和占到了全国总人口数的 50% 以上。土库曼部族各有集中居住的地盘,其中,特克和约穆德两部的地盘占全国总面积的 60% 以上。[1] 在没有组建本民族国家之时,土库曼人(无论是以游牧为生还是以农业为业)生活在以氏族、部落为单位的社会中,部落之间以联盟形式结成部族;部族之间很少往来,只有在重大节日庆典之时才聚合在一起。实际上,一个部族就是一个小社会,有着独立的政治和经济。部族首领通过选举产生,他们的主要职责是掌管本部族政治、经济方面的大事,如分配和组织抵抗外来侵略等。在 20 世纪以前,土库曼部族尽管存在着联合起来的意识,但基本上仍处于由部族首领统治本族的割据状况。

部族与部族之间的长期隔离,使各部族具有了本部族的、与其他部族相区别的文化,于是,文化差异成为区分部族身份的标志,这一点明显反映在语言和艺术方面。虽然土库曼人说的都是土库曼语,但各部族的方言差异很大,从方言上即可判断其部族身份;各部族的服饰和帽子、地毯图案也不同,它们成为区别部族属性的标志。部族文化对土库曼共和国以及独立以后的土库曼斯坦的政治、经济生活产生了深刻的影响。

19 世纪后期以后,沙俄和苏联政府都曾尝试以地域原则取代以血缘关系为纽带的部族原则。20 世纪 20 年代,苏联中央政府组建了土库曼共和国,土库曼人被组织在具有现代意义的民族国家内,有了统一的政治机构和标准化语言[2];1926—1932 年,苏联政府提

---

[1] 吴宏伟、肖飞:《土库曼人传统社会结构探析》,《新疆师范大学学报》2004 年第 5 期。

[2] Yuri Slezkine, "Imperialism as the Highest State of Socialism", *Russian Review*, 2000, Vol. 59, No. 4, p. 229.

倡的农业集体化运动使土库曼人从游牧走向定居，随之，他们的部族意识有所减弱。尽管如此，土库曼各个部族仍然保持了传统的部族习俗，集体和国有农场的成员通常也是根据氏族身份和部族关系来确定的。[1]

苏联时期，土库曼部族之间的矛盾时有发生，冲突集中在管理权的分配，以及对土地和水资源的争夺上。为了政局稳定，避免激化部族之间的矛盾，苏共采取了部族平等的政策，以保证所有部族成员都有平等获得政府管理职位和经济利益的机会。在最高领导层，即在任命土库曼共产党中央委员会第一书记时，莫斯科确立了各部族轮流担任的政策。1947—1991年，土库曼共产党第一书记的人选大部分是在特克、约穆德和埃尔萨里三个部族之间轮换。为了更好地执行这一政策，土库曼部族的一些成员还前往莫斯科接受教育，培训完后再任职于政府的各个管理职位。

虽然轮换权力的做法在平衡部族关系上起到了一定作用，但国家权力主要还是由人数最多的特克部掌握。特克部族居住的城市阿什哈巴德成为土库曼共和国首都以后，社会、经济、民生得到很大发展，教育、就业也比其他地区或城市优越，因此，特克部族不仅在社会经济发展中受益，而且在受教育程度和政治影响力等方面也是其他部族难以超越的。对此，苏联中央政府曾采取措施制衡特克部族，计划将都城迁往列巴普州（埃尔萨里部族居地）的查尔朱市（今土库曼纳巴德市），然而，这一计划始终没有实现。

独立前后，随着土库曼族地位的上升，土库曼人的部族意识随之增强，部族之间的分歧也成了新兴独立国家深刻的社会问题和

---

[1] 秦屹等:《部族文化与土库曼当代社会》,《世界民族》2016年第6期。

敏感的话题。[1] 目前，土库曼斯坦的五个行政州基本上是依据部族居地划分的。特克部族占据了阿哈尔和马雷两州；其中阿哈尔州是阿哈尔特克部的领地，首都阿什哈巴德在其境内，马雷州是马雷特克部的领地。约穆德部族分为西约穆德和北约穆德两部；西约穆德的领地在巴尔坎州，该部又被称为巴尔坎约穆德，主要聚居区邻近里海；北约穆德部生活在达绍古兹州，他们又被称为达绍古兹约穆德。埃尔萨里部族的居地在列巴普州，其中阿姆河河谷是该部族的主要聚集地。

尽管对各部族之间的权力采取了一些平衡措施，但土库曼斯坦的政治权力分配仍然是不平等的。在土库曼斯坦独立国家建设中，部族文化被国家领导人所利用，成为他们执政的重要权力基础。土库曼斯坦的首任总统尼亚佐夫出自阿哈尔特克部族，为了照顾本部族的政治利益，大批特克部成员被提拔和安置在政府各部和一些重要岗位上，该部族的政治精英在政治利益的分配上占据了统治地位，他们控制了政府四分之三的职位。通过国家权力体系，部落势力得以加强，而总统也获得了以部落为依托的有力的政治基础。[2]

在经济方面，经济发展和建设项目也集中在阿哈尔州。以阿什哈巴德为中心的建设和经济发展计划的主要受益者是阿哈尔特克部族，出现了阿哈尔特克部族"一枝独大"的局面。尼亚佐夫在经济发展方面忽视其他各州的做法导致了其他部族的不满，特别是达绍古兹州的约穆德部族和列巴普州的埃尔萨里部族。由于有着不同的历史、方言、传统和生活方式，这两个部族与特克部族以及土库曼

---

[1] Richard Tapper, *The Conflict of Tribe and State in Iran and Afghanistan*, Croom Helm, 1983, pp. 10-11.
[2] 吴宏伟、肖飞：《土库曼人传统社会结构探析》，《新疆师范大学学报》2004年第5期。

其他小部族之间都存在很大的差异，也因此被更多地忽视和孤立。[1]

尼亚佐夫去世以后，他的继任者别尔德穆哈梅多夫也出自阿哈尔特克部族。别尔德穆哈梅多夫当选总统以后，在2007年组阁时，7名内阁成员中有4名副总理出自阿哈尔特克部族，22位部长中有18名来自阿哈尔特克部族。[2] 不难看出，阿哈尔特克部继续主导着土库曼斯坦的政治舞台，非阿哈尔特克部人获得高级政府职位的机会非常微弱。

不难看出，历史上起到凝聚作用的、在独立国家创建之初曾经作为政权依托的部族政治文化，在土库曼斯坦政权中不可避免地产生了负面影响，甚至影响了民族和睦和国家稳定，因此，平衡部族之间的利益，保持部族之间的和睦，是土库曼斯坦必须面对的一个民族问题。

---

1 秦屹等：《部族文化与土库曼当代社会》，《世界民族》2016年第6期。
2 同上。

第十一章
社会问题

独立以后,土库曼斯坦在政治、经济改革的过程中,因财富分配的不均导致贫富差距的拉大和社会分化的日趋明显,占人口绝大多数的工人、农民和知识分子迅速流向社会下层。在此形势下,贫困、失业、腐败、毒品等问题相继出现,成为土库曼斯坦面临的新的社会问题。

第一节 市场经济导致的两极分化

独立以后,土库曼斯坦在从计划经济向市场经济改革的过程中,在社会资源分配和再分配的过程中,产生了两极分化:一方面是生活水平远远低于社会平均水平的赤贫人口的大量增加;另一方面是财富迅速积累起来的少数富裕人群。两极分化和贫困人口的增加成为独立以后的土库曼斯坦面临的社会问题之一。

沙俄时期,土库曼人社会分为两极,一极是广大的农牧民、工人和个体劳动者,另一极是少数的地主、富农和资本家;后者占有社会的大量财富。苏联时期,土库曼共和国在20世纪30年代消灭了剥削阶级,并通过合作化道路使个体劳动者不复存在,土库曼共和国只保留了工人、农民和知识分子。当时,社会各阶层人民的收入主要是劳动报酬,在高度集中的计划经济体制下,土库曼共和国的社会成员之间只有社会劳动分工的不同、劳动收入的微小差别，不存在拥有资本、支配生产资料的阶级和阶层，社会利益的分配仅仅是由社会制度决定的国家（官方）政策行为。[1]因此，贫富两极分化在土库曼共和国并未成为一个社会问题。

独立以后，在抛弃了社会主义计划经济，选择了走市场经济的道路之后，原有的收入与分配体系被打破。从收入上看，苏联时期土库曼共和国劳动者的收入主要来源是工资，无论城市工人还是农庄农民，其雇主均为国家，国家劳动部门根据劳动性质、强度、技能水平、对社会贡献大小等方面以划定工资标准，尽管存在着工资差别，但这种差别不是很大，而且劳动者收入基本上不受其他收入来源的影响。独立以后，土库曼斯坦的收入开始从单一的劳动报酬向多元的合法的非劳动收入过渡，收入已经不仅仅只是劳动报酬，还包括了生产要素的投入。于是，一部分人的收入除了工资以外，还有债券、资金和财产性等各种非劳动的合法收入，如股息、红息、利息的收益。由于占有的资金、不动产、技能、社会关系等方面的不同，收入差距逐渐拉大，社会阶层迅速分化。从分配上看，苏联时期的"按劳分配"向多元的"按市场要素分配"过渡。因此，单靠劳动报酬，即单靠工资收入的人群，或者处于失业或退休的人群迅速滑向底层，成为贫困人群。他们即便通过个人努力也很难摆脱劣势；而不仅靠工资，还拥有市场要素者，即利用他们的资金、不动产、社会关系等获得收入的人迅速走向社会上层，他们在两极分化中成为新富有者。于是，两极分化迅速扩大。

两极分化的现实可以从衡量总体收入差距和贫富差距的基尼系

---

[1] 李景阳：《基本经济制度转变中的社会冲突——对俄罗斯的实证分析》，东方出版社，2002年，第12—13页。

数[1]中了解到。基尼系数表明了一个国家贫富差距和收入的平均状况。在苏联解体前的1989年,土库曼共和国的基尼系数为0.307,与哈萨克和吉尔吉斯两个共和国相比(同期两国的基尼系数分别是0.289和0.287),这一数字是比较高的。尽管如此,土库曼共和国的收入分配还是处于"较不平均"之列。

独立以后,随着收入与分配朝着不平等的趋势发展,两极分化的速度增加。在不到十年的时间里(1991—1998),1998年,土库曼斯坦的基尼系数已经超过了0.4的国际警戒线,达到0.408[2],进入了国民收入分配"高度不平均"的行列。分配不平均的趋势在以后一段时间中未得到有效的治理,到2008年,这一数字达到0.4302。

土库曼斯坦两极分化还呈现出差距进一步扩大的特征。1993年,土库曼斯坦20%最富裕人口的收入与20%最贫困人口的收入之比是7.9∶1;这一比例在2008年达到了8.33∶1,与哈萨克斯坦(同期这一数字是5.61∶1)相比,土库曼斯坦贫富之间的差距是比较大的。[3]两极之间的差距还可以从国民的消费份额中表现出来。1998年,20%的最贫困人口在国民总消费中的份额只有6%,而在经济仍未恢复的1993年,哈萨克斯坦的这一数字是7.5%。[4]此外,土库曼斯坦的贫困人口消费占国民总消费的份额还在下降,表明最贫困人口与整个社会平均消费水平之间的差距仍在扩大。

---

1 基尼系数是经济学家用来衡量收入分配公平程度的指标,即在全体居民收入中,用于不平均分配的那部分收入占总收入的百分比。"基尼系数=0"表示收入分配绝对平均;"基尼系数=1"表示绝对不平均;一般把"基尼系数=0.4"作为警戒线,高于这一数字的国家居民收入和分配差距巨大,社会分层明显。

2 杨进:《贫困与国家转型:基于中亚五国的实证研究》,第36页。

3 同上书,第36页图2-6。

4 同上书,第37页图2-7。

土库曼斯坦两极分化迅速扩大的原因很多，20世纪90年代经济形势持续下滑，恶性通货膨胀、高失业率、原有的福利保障制度无力继续实施，以及一些部门、单位和个人在私有化过程中出现违规违法、巧取豪夺、欺诈贿赂、偷税漏税等非法手段，这些因素都加速了两极分化，使大批工人、农牧民和文化界的知识分子迅速滑向社会底层，与此同时也造就了少数掌握社会大量资源的富裕者。在所有以上因素中，收入分配的不平等是导致土库曼斯坦两极分化迅速扩大的最直接因素。

收入分配是指社会产品或国民收入在不同的社会成员以及各经济实体之间的归属。从分配层次上看，初次分配的不公正是造成两极分化的原因之一。在市场经济的构建中，私有化可以视为初次分配。土库曼斯坦于1992年2月通过了《土库曼斯坦国有财产非国有化和私有化法》，该法令对非国有化和私有化的概念、对象、原则及实施办法分别做了详细规定。1997年对该法进行修改，在1997年6月12日颁布的新法第1条对非国有化和私有化做了定义：非国有化是指把国有财产改造成其他所有制形式，如集体企业、股份公司、其他法律组织形式的企业；私有化是指公民或由公民创办的法人把国有财产项目购为己有。该法第6条规定：国有财产的转让通过拍卖、投资竞标等方式进行；第5条规定：对国有财产项目的非国有化和私有化由土库曼斯坦内阁授权的机关实施，这些机关可以在自己的职权范围内发布用于调节非国有化和私有化方面各种关系的法令。[1]

不难看出，以上法律有很大的可操作性：一、被授予国有财产

---

[1]《土库曼斯坦共和国非国有化及私有化法》，聂书岭译，《中亚信息》1998年第1期。

私有化的机关领导层可以制定对自己有利的法令,低估私有化国有资产价值是带有普遍性的一种倾向,有些企业领导人故意低价折股、低价出售企业资产。[1] 二、进行私有化的机关中,小型国有企业大多数以拍卖的方式实现私有化,大中型企业一般以股份公司、出售股票的方式实现私有化,因此,手中握有钱的人可以获得国有财产的转让。三、在私有化法律中,同时规定了企业职工和集体单位购买本企业股票和资产所享受的优惠。一些人利用转给集体的优惠条件,实际上是将国有财产转到了个人手中,于是以往企业和机关领导摇身变成了非国有制或私有制企业的厂长或经理。这一事实可以说明在私有化过程中的获利者往往是掌握权力的领导者。

此外,政治权力的掌握者在做出决策时,在一定程度上更倾向于他所属的地区或部族,而其他地区或部族只能从中获取相对较少的收益。在私有化进程中,一些部族的政治精英形成一个相对封闭的团体,共同维护部族利益。相反,那些在政治上没有获得优势地位的部族或民族地区则处于私有化的不利地位,这些群体构成了边远地区或农村贫困的主体。

土库曼斯坦在初次分配的制度安排中出现的差距从住房私有化中反映出来。不同主管部门下达的方案与国家规定的住房购买原则往往不一致,政策中的漏洞常被人利用,以至于有一些人在短时间内几次得到新住房;而由于受物价上涨因素的影响,房价上涨速度也很快,很多人因此失去了及时购房的机会。[2] 这种初次分配中的不公正现象是导致弱势群体失去后续发展能力的重要因素。

贫困不仅仅是低收入,而是基本能力的剥夺和机会的丧失。随

---

1 王大成:《浅析中亚各国国有资产非国有化与私有化的现状和特点》,《东欧中亚研究》1994年第3期。

2 赵常庆主编:《中亚五国概论》,第138—148页。

着收入的降低，贫困者成为弱势群体，他们的注意力更多地集中于争取改善生活方面，参与政治的热情日益消减，这在事实上造成了贫困人群在政治上被逐渐边缘化，他们在政治上处于无权地位。与之相反，在政治资源重新分配的过程中，苏联原有政治体系中的政治精英们理所当然地在国家政权中占据了优势地位。由于当时民主政治的发展严重不足，作为多数的穷人对立法和政治活动的影响力微乎其微。因此，政府的行为不能体现他们的意志，维护他们的利益。[1]如政府出台的私有化政策，对贫困者而言产生的严重后果之一是失业，因为他们根本没有资金购买私有化股份；而一些富有者通过营私舞弊手段吞噬国家财产，这种私有化使极少数人能够在短期内积聚巨额财产。

市场经济体制下的社会公正要求国家在再次分配中制定并执行合理的财税与社会保障体系，为初次分配追求效率而牺牲的社会公正提供修正机会。中亚各国独立初期无论就理论还是实践，对再次分配问题都处于探索阶段，而且由于经济持续下滑使得政府更加倾向于追求分配效率，忽视了再次分配对于社会公正的重要性。

第二节 雪上加霜的贫困与失业

苏联时期，土库曼共和国的贫困现象在苏联其他加盟共和国中算是比较严重的。据世界银行公布的数据，1989年苏联的贫困率为11%[2]，其中土库曼共和国的贫困率为35%，也就是说，土库曼共和

---

[1] 张千帆等：《宪政、法治与经济发展》，北京大学出版社，2004年，第149页。
[2] 1989年，世界银行有关贫困人口的划定标准为家庭人口平均月收入低于75卢布者，见 World Bank (2005a), *Growth, Poverty and Inequality, Eastern and the Former Soviet Union*, Washington D.C., 2005。

国在独立前夕已经有35%的人口生活在贫困线以下了[1]。独立初期，土库曼斯坦的贫困问题益加严重，1993年贫困率达到63.5%。[2]

造成生活贫困的因素很多。首先，是经济结构不合理带来的消费品短缺。苏联时期，按照各加盟共和国的"劳动分工"，土库曼共和国重点发展石油和天然气开采，以及棉花种植业和畜牧业。1988年，苏联消费品（包括食品、非食品和轻工产品）人均生产水平为1224卢布，而土库曼共和国的这一数字只有357卢布，不到全苏平均数的三分之一，其中食品生产领域的生产水平只是苏联平均水平的三分之一左右（苏联为473卢布，土为180卢布）。[3]苏联时期，土库曼斯坦不生产的生活必需品依靠其他加盟共和国的调配得以满足。独立以后，没有了中央的调剂政策，土库曼斯坦的消费品生产不再能满足国民的需求。

消费品缺乏导致了通货膨胀，降低了居民的购买力。1991年至1995年，土库曼斯坦的通货膨胀率分别是102.5%、492.0%、3102.0%、2400.0%、1800.0%。1992年，土库曼斯坦的货币贬值接近5倍，1993年，3102%的通货膨胀率使货币贬值幅度达到了高峰。即使在经济好转的1998年，土库曼斯坦的通货膨胀率仍然高达58.1%。[4] 这种恶性通货膨胀表明，民众手中的货币收入被严重的货币贬值所"吞噬"，居民购买力剧烈下降在所难免。

其次，经济下滑是土库曼斯坦居民生活贫困的主要因素。独立以后，由于经济联系的中断，土库曼斯坦原有的工业企业大部分停产或半停产，生产不景气是贫困产生的根源之一。土库曼斯坦的

1　杨进：《贫困与国家转型：基于中亚五国的实证研究》，第16页表1-5。
2　同上书，第33页表2-5。
3　同上书，第9页表1-1。
4　同上书，第21页。

经济危机持续到1998年,是年,土库曼斯坦的国民生产总值只有1990年的60.5%。[1]

经济不景气导致了国民收入的下降,失业或就职人员的收入低是贫困的又一因素。土库曼斯坦在1991—1997年的就业率分别是52.60%、52.70%、52.60%、52.40%、52.40%、52.90%、52.60%。[2] 然而,大部分人是低工资就业,1993年,有63.5%的就业人口日均收入低于1美元[3],就业者获得的劳动收入不能满足生活需求。

生活贫困的另一因素是引进外国援助的力度有限。土库曼斯坦油气资源领域的改革一直坚持能源部门受总统直接领导的体制,农村的土地私有制和租赁制改革实行国家储备土地制度,这些因素阻碍了外国资本的进入,到2008年,外国投资占土库曼斯坦国民生产总值的4.3%。[4]

土库曼斯坦解决生活贫困的措施首先是限制物价。在经济改革过程中,土库曼斯坦没有像其他一些国家那样全面放开价格,而是保留了严格的国家定价。1993年11月,总统尼亚佐夫下令降低商品零售价格,对生活必需品实行定量低价供应,对住房实行低租金政策,因此,相当大一部分商品,特别是食品和生活必需品的零售价维持在较低水平。这些措施有效地防止了在其他独联体国家出现的赤贫现象。

其次,政府通过国家机器加大了社会保障的力度,财政收入

---

1 杨进:《贫困与国家转型:基于中亚五国的实证研究》,第19页表1-6。
2 资料来源:http://databank.worldbank.org/data/views/variableselection/selectvariables.aspx? source=poverty-and-inequality-database。
3 国际组织通常把日均消费低于1美元作为发展中国家的极端贫困线标准。数据来自联合国统计司网站:http://mdgs.un.org/unsd/mdg/Data.aspx。
4 欧洲复兴开发银行网站:http://www.ebrd.org/country/sector/econo/stats/mptfdi.xls。

的11%用于居民必需品的价格补贴。[1]尼亚佐夫总统命令,从1993年1月1日起,国家免费向居民提供天然气、电、水、盐;此后的25年,土库曼斯坦的居民从来没有为基本公共资源付过费。这些优惠措施一定程度上改善了土库曼斯坦公民的贫困状况。

第三,发展经济,提高工资。由于世界原油和天然气市场价格不断攀升,土库曼斯坦GDP连续七年(1999—2005)以两位数的速度增长;2003年以后,土库曼斯坦每年增加工资,截至2005年,国企职工工资与2003年相比要增加50%,政府打算此后每5年将工资提高1倍。[2]

失业是造成生活贫困的主要因素。独立以后,失业也是土库曼斯坦严重的社会问题之一,2004年土库曼斯坦官方公布失业率为0.4%(这是一个极小的失业率,即便最发达国家也极难达到),而美国中央情报局对该国当年失业率的估计值则高达60%。[3]

失业的产生有以下一些因素:一是土库曼斯坦人口的增加迅速。1992年到1996年,土库曼斯坦人口增加了75.6万,14岁以下的青少年和婴幼儿占居民总数的40%,等待就业的劳动人口将越来越多。[4]二是经济衰退,开工不足,工业领域未能吸收劳动者。土库曼斯坦的经济改革是在原苏联统一的经济空间突然破裂的情况下进行的,原有的产业大多数处于瘫痪状态,不仅不能吸引新工人,原来的职工也处于失业或半失业状况。独立初期,土库曼斯坦工业

---

[1] 陈江生、毛惠青:《中亚的转轨:土库曼斯坦的经济改革》,《中共石家庄市委党校学报》2007年第2期。

[2] 施玉宇:《〈土库曼斯坦至2020年经济、政治和文化发展战略〉国家纲要》,《俄罗斯中亚东欧市场》2004年第2期。

[3] 杨进:《贫困与国家转型:基于中亚五国的实证研究》,第82页。

[4] 孙壮志:《中亚五国经济转轨中的失业与就业问题》,《东欧中亚研究》1997年第3期。

的就业人数仅占应就业总人数的9.9%，大多数劳动力转向农村，农业就业人数占总就业人口的42.9%。[1]三是劳动力素质下降，不能适应新时期的需求。独立初期，经济衰退导致文化、教育、卫生等部门的开支削减，教育投入不足导致一些青少年在未接受良好教育或专门训练的情况下直接进入社会，这些年轻人不能适应企业的用工要求，除了打点零工外，绝大多数处于失业状况。

政府采取多种措施解决失业问题。首先，是对失业者采取保障措施。1992年宪法第34条规定：公民在年老、患病、残疾、丧失劳动能力、失去供养和失业的情况下，享有社会保障权。此后，土库曼斯坦陆续颁布了《劳动法》和《居民就业法》。除法律保障外，政府加大了对社会领域的拨款，对失业者生活进行补助。国家用于社会领域的拨款从1992年的27.9%增加到1995年的38.5%[2]；这些拨款用于补贴的数额十分巨大，如1993年给居民发放的补助金达3亿马纳特。

其次，采取大力发展中小企业的积极的就业政策。国家扶持私营企业，大力发展服务业、中小商业和私人企业，扩大生产以满足劳动力的需求。到1995年底，在私人商业、私有企业中就业的人数已经占就业总人数的49%。[3]在工业吸收劳动者减少、农业人口增加的情况下，政府大力发展农业原材料加工，以扩大农村就业。从2000年9月1日起，政府开始对本国进出口商品征收关税。其中对本国能够自产的商品征收了100%的进口关税，如蔬菜、水果、

---

[1] 孙壮志：《中亚五国经济转轨中的失业与就业问题》，《东欧中亚研究》1997年第3期。

[2] 同上。

[3] 赵定东、朱励群：《1990—2000年前苏联与东欧国家的失业状况与治理》，《东北亚论坛》2006年第3期。

纺织品等。[1]

第三，促使国有企业和外资企业吸纳国内的劳动力。在国有企业私有化的条件中，均附有以下条件：在一定期限内保持企业经营方向和工人岗位不变。在引进外资中，也严格执行吸收本国劳动力的规定，2003年2月25日，总统尼亚佐夫在政府工作会议上强调，外资公司的当地雇员应达到70%以上。[2]

第四，出国务工是政府解决失业的一个办法。自2007年以来，土库曼斯坦出国务工人员的数量增长到了原来的3倍，2014年，在俄罗斯的土库曼劳务人口有17.6万人。[3]

尽管政府采取了许多措施解决失业问题，但时至2012年，土库曼斯坦失业率仍保持高位，将近50%的土库曼斯坦居民没有工作[4]，失业问题成为土库曼斯坦最紧迫的问题之一。

第三节 难以控制的毒品问题

苏联时期，土库曼共和国是苏联吸毒人员最多的加盟共和国，平均每10万人中有124人在吸毒。[5]为了满足医药和化学工业的需要，土库曼共和国在其国土的东南部种植罂粟，在此地区还有野生大麻；此外，国内有罂粟加工厂。

独立以后，毒品成了土库曼斯坦面临的重要社会问题之一。在

---

1 《土库曼斯坦进出口管理》，中华人民共和国商务部2002-07-10。
2 闫午：《俄罗斯中亚东欧经贸动态》，《俄罗斯中亚东欧市场》2007年第5期。
3 纪祥、郭晓琼：《中亚国家在俄罗斯的劳务移民问题》，《俄罗斯东欧中亚研究》2017年第1期。
4 《土库曼斯坦将近50%的居民没有工作》，中亚研究网2012-12-25。
5 张晓慧、肖斌：《中亚地区的毒品贸易及其影响》，《新疆社科论坛》2003年第6期。

独立初期的政治经济改革中，随着失业率的上升，贫困现象蔓延，沾染毒瘾的人逐渐增多，特别是年轻的一代。按土库曼斯坦官方的统计，1997年国内吸毒者每10万人中有42人[1]。鸦片是所吸食毒品种类中最多的，吸食海洛因的人员数量也在不断增加。

在土库曼斯坦，罂粟种植区的面积不断扩大。20世纪90年代以来，毒品种植在中亚有扩大的趋势，据乌兹别克斯坦学者阿里莫夫博士研究："中亚各国有一半农村居民在自家土地上种植毒品作物，种植毒品作物的土地面积迅速扩大，有些毒品种植园生产规模庞大，甚至到了人手短缺，不请帮工就无法做到'颗粒还家'的地步。"[2]土库曼斯坦的鸦片种植区主要在沿伊朗边境的阿哈尔州、马雷地区和列巴普北部地区；野生大麻的主要生长地在土库曼斯坦东南地区。以往为满足医药和化学工业需要的罂粟加工为非法毒品加工提供了条件，毒品加工业抬头，加工的毒品主要是海洛因。

然而，土库曼斯坦的毒品主要来自阿富汗，因此，该国禁毒的主要任务是打击毒品走私和贩卖。1990年，阿富汗生产鸦片818—1328吨，一跃位居世界鸦片产量的第二位[3]，此后，毒品生产一直呈上升趋势，到2004年鸦片的生产达4200吨，占到世界鸦片总产量的87%[4]；2007年以后，罂粟种植面积占世界的比重一直维持在63%—74%之间[5]。阿富汗成为世界四大毒源地之一。

阿富汗毒品流向世界各地的途径主要有两个方向：南方线路通过巴基斯坦和伊朗运出，抵达土耳其以后，分运到欧洲各地；北方

1　汪嘉波：《毒品泛滥，中亚告急》，《光明日报》2000-09-01。
2　苏·威廉斯：《中亚毒品贸易猖獗》，《科技潮》1999年第10期。
3　陆树芳：《世界毒品生产交易情况》，《国际资料信息》1991年第7期。
4　UNODC, *World Drug Report*, United Nations Publication, Sales 2006, 10(2): [8].
5　UNODC, *Afghanistan Opium Survey*, 2002-2013.

线路通过与之接壤的塔吉克斯坦、乌兹别克斯坦和土库曼斯坦中亚三国运出。根据联合国毒品控制署的估计，阿富汗每年毒品出口的65%（相当于80吨海洛因）通过中亚国家运往西欧和其他市场。[1]阿富汗—中亚各国—俄罗斯—欧洲贩毒通道，是毒品走向国际市场的主动脉。在中亚交易的鸦片99%来自阿富汗。[2]

土库曼斯坦与毒品种植和毒品生产大国阿富汗毗邻，历史上，两国在民族、宗教、文化等方面有诸多联系，如今还有一些土库曼人居住在阿富汗北部与土库曼斯坦接壤的地区。这些因素为土阿边境地区的毒品走私和贩运带来了便利，土库曼斯坦成为阿富汗毒品转运的主要国家之一。

土阿边境线长744千米，这条边境线成为毒品进入土库曼斯坦的主要通道，这一路线以运输鸦片为主。[3]阿富汗的毒品从坎大哈经赫拉特进入土库曼斯坦，由于伊朗与阿富汗边境检查站查缴毒品力度大，以往经由伊朗交易的毒品现在也走土阿边境这条路。此外，还有一部分毒品经乌兹别克斯坦进入土库曼斯坦。抵达土库曼斯坦的毒品一部分满足了当地吸毒者的需求，大部分北上抵达里海出境；从里海输出的毒品经高加索进入欧洲，由于经里海之路的交通廉价快捷，因而受到毒贩们的欢迎。因此，土库曼斯坦已经成为全球毒品贩运网络的主要通道之一。

在土库曼斯坦，毒品引起的犯罪率在上升。1997年，被判处死刑的700名罪犯中有90%的人参与了毒品犯罪；1998年，在该国的1.35万名罪犯中有4000名涉嫌从事毒品犯罪。[4]尤其在土阿

---

[1] 苏·威廉斯：《中亚毒品贸易猖獗》，《科技潮》1999年第10期。

[2] 张雪宁、杨恕：《塔吉克斯坦禁毒斗争简述》，《兰州大学学报》2011年第3期。

[3] Ramtanu Maitra, *Afhan Drugs Gold to the Taliban Executive Intelligence Review*, Sept. 8, 2000, Vol. 27, No. 35, p. 61.

[4] *Central Asia: Drugs and Conflict*, ICG, Nov. 26, 2001, p. 15.

边境，毒品走私十分猖獗，诸如绑架、偷盗等与毒品有关的犯罪随之不断增加。由于高利润，一些执法者或者其家属冒险参与毒品犯罪，总统尼亚佐夫曾解除过一名高级警官的职务，原因是其家属涉嫌贩毒。[1]

独立初期，土库曼斯坦打击毒品走私的力度不大。20世纪90年代中期以后对毒品走私进行了严打。土库曼斯坦刑法规定：制造、持有、销售或使用非法麻醉品为非法行为；凡贩运2公斤海洛因者将被处以极刑。[2]尽管如此，立法工作是滞后的，直到2003年底，政府还没有对毒品及鸦片的管制进行全面立法，打击毒品的法律和条例仍沿用苏联时期的。从机构上来看，1996年，土库曼斯坦成立了国家禁毒协调委员会。

土库曼斯坦积极参与国际禁毒。20世纪90年代末，为了有效地打击吸毒及贩毒活动，总统向国民发出"无毒品进入21世纪"的倡议；2000年，在联合国倡议下，中亚各国筹划在阿富汗周围建立一个阻挡毒品过境的缓冲安全地带，土库曼斯坦参加了这一计划的磋商；2002年，土库曼斯坦加入了由美国禁毒署发起、旨在阻止阿富汗毒品外流的一个代号为"围堵行动"的反毒品行动。

土库曼斯坦打击毒品犯罪的工作取得了一些成效。在2000—2003年中，政府缴获的鸦片分别是2003公斤、（缺）、1200公斤、138公斤[3]；同期，缴获海洛因分别是200公斤、71公斤、400公斤、80.5公斤[4]。截获的毒品只是毒品走私中的很小部分，据估计，

---

[1] *Central Asia: Drugs and Conflict*, ICG, Nov. 26, 2001, p.18.
[2] 邓浩：《中亚毒品问题：现状与前景》，《国际问题研究》2001年第4期。
[3] UNODC, *Global Illicit Drug Trends 2003*, p. 217. *World Drug Report 2004*, Vol. I, p. 76.
[4] *World Drug Report 2004*, Vol. I, p. 280.

各国警方缴获的毒品不超过"金新月"带毒品产量的15%。[1]据联合国网站报道，2009年，大约有90吨阿富汗海洛因走私进入中亚地区，其中约75—80吨最终抵达俄罗斯，约11吨在中亚地区消费，中亚各国截获3.4吨。[2]在缉毒斗争中虽然取得了成绩，但一些边防人员、警员和海关人员为此付出了血的代价，在土阿边界的名为"鸦片战争"的一次行动中，土库曼斯坦内务部反毒品局局长献出了生命。[3]

2014年以后，土库曼斯坦打击毒品走私的任务变得十分艰巨。从2014年起，阿富汗反政府武装开始在土阿边界聚集，对土库曼斯坦边界安全造成了极大威胁，毒品走私的形势也变得十分严峻。

1　汪嘉波:《毒品泛滥，中亚告急》，《光明日报》2000-09-01。
2　吴大辉:《后反恐时代阿富汗的重建：关于中亚国家作用的探讨》，《俄罗斯研究》2014年第2期。
3　贾铁军:《毒品走私——中亚公害》，《光明日报》1998-08-07。

下编
走向稳定与成熟

独立初期，土库曼斯坦在尼亚佐夫强硬手段的治理下，国内基本上保持了政治稳定的局面。2003年，政府通过了《土库曼斯坦2020年前政治、经济和文化发展战略》，这一纲要性文件确定了社会经济发展的目标；2006年，总统尼亚佐夫去世，土库曼斯坦经历了政权更替，新任总统别尔德穆哈梅多夫在继承以往既定的国内外政策的同时，开始了被称为"新复兴时期"的政治和社会改革。2010年出台的《2011—2030年国家社会与经济发展纲要》明确规定了土库曼斯坦今后社会经济的发展目标。

第十二章
新时期的政治改革

在土库曼斯坦2003年的宪法修正案中,人民会议被确立为常设的最高权力代表机构;在2008年的宪法修正案中,人民会议被取消,其职能分别归属于国民议会、总统和最高法院;在2016年的宪法修正案中,总统的任期从5年延长到7年。2007年,土库曼斯坦实现了权力的平稳过渡,第二任总统别尔德穆哈梅多夫开始了一系列推动民主进程的改革,土库曼斯坦步入了"新复兴时期"。

第一节 政权的平稳过渡

独立初期,土库曼斯坦确立了立法权归国民议会、总统为国家元首和最高行政首脑、司法权归法院的三权分立的总统共和制政体;然而,随着行政权的不断膨胀,土库曼斯坦政体步入了总统具有绝对权威的威权政治体制。在西方人眼中,土库曼斯坦不是一个民主国家,而是一个君主独裁国家。

2003年以后,土库曼斯坦总统的权力继续扩大。随着展示人民参政议政的人民会议地位的提升,总统获得了更大的权力。人民会议在设立之初不是常设机构,每年举行一次会议;1992年宪法第53条规定:人民会议的工作由总统,或者人民会议选出的一位委员来领导。2003年,土库曼斯坦第二部宪法出台,该宪法规定:人民会议为常设最高权力代表机构，设立主席一职。2003年，土库曼斯坦颁布的《人民会议法》规定，总统尼亚佐夫兼任会议主席。

关于立法权，2003年宪法规定：国家立法机构仍然是一院制的国民议会。2004年12月12日，土库曼斯坦举行了第三届议会选举，议会的50个席位全部由选区选举产生。本届议会有131位候选人参与角逐，结果，由总统尼亚佐夫领导的民主党在议会中占据主要地位。按民主党党纲的规定，党的目标是：政治上使土库曼斯坦成为法制的民主社会；经济上支持市场经济改革，坚持实行非国有化和私有化，为各种所有制的平等发展创造条件；在社会领域内，确立社会公正的原则。

关于行政权，2003年宪法仍然坚持了1992年宪法中"内阁是国家权力执行机关，由总统直接领导"的规定。在土库曼斯坦，总统不仅是本国最高行政机关首脑，而且直接领导和主持政府工作。总统为民主党的主席，从中央到地方的各政权机构的领导人实际上也基本是民主党成员，他们在群众中享有较高的威信。

尼亚佐夫领导的政府致力于国家世俗政权的建设，谨慎地对待国内的政治改革，遏制了伊斯兰极端主义的渗透，避免了国家动荡；在经济上推行能源富国的方针，实行高福利的政策，使社会秩序稳定；在外交上奉行中立立场，不参与集团政治，使国家赢得了较宽松的国际空间，为国内建设创造了有利的国际环境。以尼亚佐夫为首的政府获得了民众的普遍认同，1999年，土库曼斯坦人民会议和国民议会通过决议，授予尼亚佐夫"无限期行使总统权"；2002年8月8日，人民会议推举尼亚佐夫为"终身总统"。

在尼亚佐夫总统的领导下，土库曼斯坦安全度过了"颜色革命"的危机。2005年，吉尔吉斯斯坦和乌兹别克斯坦先后爆发了"3·24事件"和"安集延事件"。独立以来，以尼亚佐夫为首的土库曼斯坦领导人对外部势力高度警惕，对具有西方背景的非政府组织严格拒之门外；专门设立了外国公民注册局，对进入土库曼斯坦的外国公民严加管控。为了防止"颜色革命"在土库曼斯坦的发生，2005年10月，尼亚佐夫总统做出了放弃终身总统的决定。由于采取了防范措施，在土库曼斯坦没有发生"颜色革命"。

2005年10月24日，尼亚佐夫总统在第16届人民会议上提议，土库曼斯坦将于2009年举行总统选举，新一届总统将由人民选举产生。[1] 然而，未等到新总统选举这一天，尼亚佐夫就因突发心脏病于2006年12月21日去世了。尼亚佐夫是一位经验丰富的政治家，从20世纪70年代步入政坛以后，先后出任土库曼共和国部长会议主席、共和国共产党中央第一书记、共和国最高苏维埃主席、总统。在独立国家创建初期，尼亚佐夫在政治上坚持建立"民主、世俗和法制"的国家政权，在经济上以"社会市场经济"为目标，在外交上以"永久中立"为指针，在社会改革中以"所有人应有可能实现其向往的幸福"为基石，使土库曼斯坦政治上趋于稳定，经济上走出了困境。他的执政得到了土库曼斯坦人民的拥护，被人民尊称为"土库曼巴什"（土库曼人之父）。不过，应该指出的是，在尼亚佐夫执政的15年中，他改革的步伐是缓慢的，由于他本人受到苏联政治制度的影响较大，土库曼斯坦在政权建设上基本上继承了苏联时期的一党制和高度集权的体制。

尼亚佐夫总统去世以后，在强力部门关键人物、总统警卫局局长阿克穆拉特·列杰波夫的策划下，在内务部长拉赫马诺夫、安全部长阿希尔穆罕默多夫和国防部长马迈德格尔迪耶夫的支持

---

[1]《土库曼斯坦将于2009年举行总统选举》，聂书岭译，《中亚信息》2005年第11期。

下，国家安全委员会在总统去世的第二天召开了紧急会议，任命当时担任副总理兼卫生和医药工业部长的库·别尔德穆哈梅多夫出任代总统，兼武装力量最高总司令，同时担任尼亚佐夫治丧委员会主席。在短短两天之内，别尔德穆哈梅多夫掌握了土库曼斯坦的最高权力。

别尔德穆哈梅多夫于1957年在阿什哈巴德州出生，土库曼族；曾就读于莫斯科，并取得医学副博士学位，从事医学工作。1997年，别尔德穆哈梅多夫开始步入政坛，是年5月出任卫生和医药部长；2001年出任副总理兼卫生和医药部长。在尼亚佐夫病重期间，别尔德穆哈梅多夫曾于2006年11月28日代尼亚佐夫总统出席了独联体国家政府首脑理事会。

在任代总统期间（2006.12.22—2007.2.10），别尔德穆哈梅多夫采取以下措施使自己代总统的身份合法化。第一，宪法规定，如果总统因某种原因不能理政，在新总统选举之前其权限应移交给议长；按此规定，议长奥·阿塔耶夫是代行总统职权的人选。然而，议长阿塔耶夫曾经被指摘虐待儿媳，本应立案调查，尼亚佐夫总统按宪法"议长享有司法豁免权"的规定让阿塔耶夫继续担任议长。别尔德穆哈梅多夫出任代总统以后，要求总检察院对阿塔耶夫涉嫌滥用职权和侵犯公民权利案立案调查，并将议长判处了五年监禁。这样，阿塔耶夫议长不可能按宪法的规定行代总统之职。

第二，在别尔德穆哈梅多夫的建议下，修改宪法的工作迅速展开。在他代行总统之职三四天后，2006年12月26日，人民会议召开了第18次特别会议，会上通过了《关于修改和增补土库曼斯坦宪法》的文件。文件规定：如果总统因某种原因不能理政，在新总统选举以前，在国家安全委员会决定的基础上，任命副总理代理总统职务，于是，别尔德穆哈梅多夫的代总统有了法律保障。

除了使代总统合法化，宪法修正案还保证了代总统可以参与总统大选。原宪法有"代总统不能作为总统候选人参加总统选举"的规定，而别尔德穆哈梅多夫主持修改的宪法去掉了这一规定。于是，别尔德穆哈梅多夫可以参加总统竞选。此外，宪法修正案还对总统候选人做出了不利于反对派的一些规定。土库曼斯坦反对派曾于2002年策划了一次刺杀总统的未遂事件，事件涉及一批高官，包括副总统、外长、中央银行行长等人，他们或因贪污罪名被投入监狱，或逃亡国外。尼亚佐夫去世以后，这些人要求平反，并组成联合反对派，推荐总统候选人。[1] 别尔德穆哈梅多夫主持通过的宪法修正案规定：只有连续在土库曼斯坦居住十年的公民才有权被推荐为总统候选人。[2] 这一规定，让逃亡国外的反对派失去了竞选资格。最终，人民会议确认了包括代总统别尔德穆哈梅多夫在内的六位候选人的资格。

2007年的大选是土库曼斯坦首次有多位候选人参加的差额选举。除别尔德穆哈梅多夫以外，另外的五位候选人都是富有经验的领导干部：奥拉兹穆拉特·卡拉贾耶夫在苏联时期曾担任阿什哈巴德区党委意识形态部部长，2004年任阿哈尔州副州长，2005年任阿巴丹市市长；阿希尔尼亚兹·波马诺夫于2005年出任巴尔坎州土库曼巴什市市长；伊尚库利·努雷耶夫从2005年起担任土油气工业和矿物资源部副部长；阿曼尼亚兹·阿塔吉科夫于2001年至2005年期间在达绍古兹州先后担任生产联合体副厂长、住房公用事业厂厂长和该州主管农业的副州长等职；穆罕默德纳扎尔·古尔班诺夫从2000年起出任列巴普州卡拉贝卡乌尔区区长。不难看出，

---

[1] 万成才：《土库曼斯坦面临新考验》，《瞭望》2007年第7期。
[2] 胡梅兴：《土库曼斯坦首任民选总统别尔德穆哈梅多夫》，《国际资料信息》2007年第3期。

参与大选的五位候选人，无论是声望还是实力都无法与代总统相提并论。

竞选活动从2007年1月2日启动，别尔德穆哈梅多夫为此做了一些颇得人心的准备。在2007年新年伊始，别尔德穆哈梅多夫发行了已故总统尼亚佐夫的诗集，巧妙地利用了前总统在国民心中的影响，拉近了与选民的距离，赢得了他们的支持。2007年2月11日，土库曼斯坦举行总统大选，选举过程十分顺利，没有发生骚乱。选举结果也无悬念，代总统别尔德穆哈梅多夫以89.23%的高票率当选。[1] 据选举法，总统任期为五年，最多可以连任一届；宪法规定：总统在任期内将同时兼任政府总理和国家武装力量的最高总司令。

2月14日，别尔德穆哈梅多夫宣誓就职。参加就职仪式的国家领导人有：哈萨克斯坦、塔吉克斯坦、阿富汗等国总统；俄罗斯、土耳其等国总理；乌兹别克斯坦等国议长，中国派出全国人大常委会副委员长司马义·艾买提出席；还有负责南亚和中亚事务的美国助理国务卿鲍彻、欧安组织秘书长。就职仪式的盛况反映了国际社会对土库曼斯坦政权交接的高度关注。别尔德穆哈梅多夫在宣誓就任总统之后宣布："将继续奉行土库曼之父的对内对外政策，与尼亚佐夫时代一样，今后也要建设稳定、和平和繁荣的土库曼斯坦。"[2] 至此，土库曼斯坦政权实现了平稳交接。

土库曼斯坦的权力平稳过渡得益于尼亚佐夫确立起来的威权主义制度和中立的外交政策。首先，土库曼斯坦反对派势单力薄，在政权建设上不可能有所作为。尼亚佐夫执政期间始终把政治稳定视

---

[1] 胡梅兴：《土库曼斯坦首任民选总统别尔德穆哈梅多夫》，《国际资料信息》2007年第3期。

[2] 万成才：《土库曼斯坦面临新考验》，《瞭望》2007年第7期。

为重要的基本国策,而权力和总统集权是国家稳定的保证;尼亚佐夫长达二十多年的强权政治限制了反对势力的发展,使国内反对派没有挑战国家政权的力量,而潜在的反对势力更无力与拥护尼亚佐夫的政治精英争夺权力。

其次,尼亚佐夫构建的强力部门和党务系统在权力交接过程中发挥了至关重要的作用。一是利用议会和人民会议排除了有资格成为代总统的阿塔耶夫议长。在尼亚佐夫总统去世后第二天(2006年12月22日),别尔德穆哈梅多夫和护法机关负责人召开了议会特别会议,总检察长奥格舒科夫认为阿塔耶夫涉嫌滥用职权和侵犯公民权利,对他提起刑事诉讼,并立即逮捕。二是人民会议召开的特别会议通过的《关于修改和增补土库曼斯坦宪法》的文件,确保了别尔德穆哈梅多夫作为代总统的合法性。三是以别尔德穆哈梅多夫为首的政治精英们利用人民会议修改选举法,使别尔德穆哈梅多夫作为总统候选人合法化。尼亚佐夫的政治精英们成功利用了议会和最高代表机构人民会议,以及在此过程中所采取的策略是权力平稳过渡的保证。

第三,尼亚佐夫推行的中立外交政策也是权力得以平稳过渡的原因之一。在权力交接过程中,外部势力未能介入,降低了外部势力对国内政治影响。

可以说,土库曼斯坦实施的集权政治保证了权力的移交,而年富力强、精力充沛的别尔德穆哈梅多夫表现的既继承传统又锐意革新的形象也让土库曼斯坦民众对新总统充满信心。民主党代表穆沙耶夫说:"别尔德穆哈梅多夫证明了自己是经考验的尼亚佐夫的副手,是有经验的政治家,土库曼之父把最复杂的任务委托给了他。"[1]

---

[1] 万成才:《土库曼斯坦面临新考验》,《瞭望》2007年第7期。

别尔德穆哈梅多夫的执政,标志着土库曼斯坦进入了一个新的发展时期。

第二节 拟促进民主进程的改革

别尔德穆哈梅多夫在就职仪式中指出:土库曼斯坦坚持中立,实行一党制,从未发生过大的经济和社会动荡,说明现行国家体制是符合国情和历史传统的。他对前来出席就职典礼的俄罗斯总理弗拉德利夫表示,他不急于改变尼亚佐夫制定的政治体系和法律规范,因为土库曼斯坦最大的成就是:15年来没有发生经济休克和政治动荡。[1] 不过他又表示,国家政体固然要保持相对稳定,也不是建成后就永远不变了,而是需要根据国内外情况做适当的调整。[2] 他认为,国家正处在"伟大复兴时期",他将在国内逐步推行政治、经济和社会等领域的改革。

别尔德穆哈梅多夫就职以后,开始树立"改革者"的形象,推行民主进程是改革的主要方向。与尼亚佐夫不同,别尔德穆哈梅多夫受苏联官僚政治的影响不深,有较强的民主意识。在参与竞选总统之时,他就表现出要推进民主政治改革的迹象。他曾在不同场合表示,在条件成熟的时候,土库曼斯坦可以在可控民主政治制度下进行渐进的民主改革,在国内实行多党制以推动民主的发展。在继任总统之后,别尔德穆哈梅多夫发布命令,拟定了巩固国家和社会民主基础的重要文件,倡导逐步实现社会民主化。2012年,土库曼斯坦颁布了新的政党法和选举法。新选举法鼓励多党竞争,按新的

---

[1] 纪军:《土库曼斯坦没有颜色革命》,《中国社会导刊》2007年第5期。
[2] 张宁:《土库曼斯坦新总统别尔德穆哈梅多夫》,《俄罗斯中亚东欧研究》2007年第3期。

政党法，土库曼斯坦将实行多党制，并且公民有结社建党的自由。是年，由民营企业家组建的工业家和企业家党在官方的支持下建立，成为土库曼独立以来建立的第二个政党；为了打破民主党的垄断地位，别尔德穆哈梅多夫于2013年退出了执政党民主党。此外，别尔德穆哈梅多夫提倡民众参政议政，他认为，土库曼斯坦人民有自由和公开表达自己的愿望和主张的权利，有权参与国家的管理。

除了政权建设外，别尔德穆哈梅多夫还提倡信息渠道"多元化"。在尼亚佐夫执政时期，政府对新闻出版、电视等媒体实行国家垄断，封锁国外信息和新闻，国内的发行报纸只有《中立的土库曼斯坦》，禁止国民订阅国外报刊，因此只有1%的居民使用互联网[1]，这些做法导致了土库曼斯坦民众的不满。别尔德穆哈梅多夫认为，这些政策影响了国家民主化和现代化的发展进程，在竞选总统之时，他就公开承诺，如当选总统将向公民开放互联网，为活跃思想，还提出了新闻媒体自由化的理念。

在推动民主改革的进程中，别尔德穆哈梅多夫改变了尼亚佐夫执政期间推行的个人崇拜，这一改变以淡化的方式进行。尼亚佐夫执政时期，在土库曼斯坦境内各地矗立着他的巨幅画像和雕塑，别尔德穆哈梅多夫上台以后，这些画像和雕塑被拆除或移走，其中包括土库曼斯坦中立柱上的随太阳旋转的尼亚佐夫镀金塑像。悄悄发生的变化还有：电视节目中尼亚佐夫的画面减少，国歌中涉及尼亚佐夫的词句被删掉，土库曼历法中的"尼亚佐夫月"（一月份）恢复了原名[2]，尼亚佐夫的著作《鲁赫纳玛》不再作为民众的必读书，以及在2009年发行的新货币中，除500马纳特的正

---

1 胡梅兴：《土库曼斯坦首任民选总统别尔德穆哈梅多夫》，《国际资料信息》2007年第3期。

2 《土库曼斯坦再次修宪》，顾凡译，《中亚信息》2008年第7期。

面保留了尼亚佐夫的头像外，其他的分别以土库曼族英雄或历史文化名人的画像取代。

别尔德穆哈梅多夫总统注重通过宪法以获得权力的合法性，除在2006年国家紧急状况中通过修改宪法以保证他继承总统的合法性外，还以修改宪法的方式推动民主改革。2008年1月21日，别尔德穆哈梅多夫总统在接见知识分子代表时指出，土库曼斯坦需要一种新的意识形态[1]；同年4月下旬，别尔德穆哈梅多夫总统在政府扩大会议上表示：现行宪法有部分章节过时了，甚至已经成了国家前进的阻碍，国家所进行的改革要求进一步完善其法律制度。[2]

2008年7月23日，总统决定恢复长老会人民咨询机构的地位，长老会定期举行会议，会议在土库曼斯坦五个州及阿什哈巴德市轮流举行。同年9月26日，人民会议通过了土库曼斯坦的第三部宪法，新宪法对国家权力架构进行了重组。[3]

依据2008年宪法，人民会议将被撤销，其职能转归总统、国民议会、最高法院。独立初期设立的以总统为核心的人民会议不仅履行了国家最高权力代表机关的职能，而且还履行了国家行政管理机关的职能，因此，作为人民会议主席的总统既控制了共和国议会，又主持和领导了政府工作，成为凌驾于三权之上的国家最高权威人物。人民会议撤销以后，国民议会的权力扩大了，不仅负责通过、修改和补充宪法，审议国家政治、经济和社会发展纲要，而且还有权决定全民公决、总统选举、议会选举，以及批准或废除相关国际协议、国家边界的变更，审议和平与安全等事宜。此外，按

---

[1] 杨进等：《2008年中亚国家大事记》，邢广程主编：《俄罗斯东欧中亚国家发展报告（2009）》，社会科学文献出版社，2009年，第370页。

[2] 《土库曼斯坦再次修宪》，顾凡译，《中亚信息》2008年第7期。

[3] 《土库曼斯坦新宪法对国家权力架构进行重组》，新华网2008-09-28。

2008年宪法的规定：议会人数从原来的50人增加到125人。[1]

根据新宪法，2008年12月14日，土库曼斯坦进行了第四届议会选举。这次选举共设125个选区，每个选区将产生1名议员，全国共有288名候选人参加了本次选举。候选人获得50%以上的选民投票即可当选为议员。如果某选区的候选人得票未过半数，那么该选区的选举委员会将在首轮投票得票最多的两名候选人中举行再次投票。[2] 选举结果表明，当选本次议会议员的绝大多数是亲总统的民主党党员，以及妇女、青年、工会等组织的代表，其中女议员占了近20%。

2009年1月9日，在议会举行的第一次会议上，女议员阿·努尔别尔德耶娃成功连任议会主席。努尔别尔德耶娃曾两次当选议员（2000年和2005年），于2006年12月22日开始任国民议会代主席；2007年2月23日当选为国民议会主席；在2009年的议会选举中获得连任。[3]

人民会议的撤销对总统权力有一定的影响，2008年宪法修正案对总统权力的规定如下：有权组建中央选举委员会、全民公决委员会、国家安全委员会；有权制定国家政治、经济、社会发展纲要。2008年10月2日，在新宪法通过后的第一次政府工作会议上，别尔德穆哈梅多夫总统提出了以"复兴"为主题的新发展战略。[4]

别尔德穆哈梅多夫总统上任以后，土库曼斯坦的外交也发生了一些变化。独立以来，土库曼斯坦对外实行"永久中立"政策，实

---

1 吴宏伟：《2008年中亚地区发展形势》，邢广程主编：《俄罗斯东欧中亚国家发展报告（2009）》，社会科学文献出版社，2009年，第232—233页。
2 《土库曼斯坦举行议会选举 折射国家变革稳步推进》，《人民日报》2008-12-15。
3 《努尔别尔德耶娃再次连任土库曼斯坦议长》，新华网2009-01-10。
4 杨进等：《2008年中亚国家大事记》，邢广程主编：《俄罗斯东欧中亚国家发展报告（2009）》，第371页。

施了严格的边境管理,国内安全形势一直较为稳定。尼亚佐夫在执政期间很少出国外访,他认为世界上没有哪个国家的景色可与土库曼斯坦媲美,在此思想的指导下,土库曼斯坦实际走的是一条闭关锁国的道路,影响了国家现代化发展进程。[1]

别尔德穆哈梅多夫继任总统之后,遵循了尼亚佐夫实行中立原则的外交路线。别尔德穆哈梅多夫认为,在当前复杂的国际环境中,中立原则是维护土库曼斯坦国际地位的最佳政策;但他又指出,在坚持中立立场的同时,必须逐步推行开放政策。在总统于2008年3月批准的《2008—2012年土库曼斯坦落实中立外交战略的基本方向》中,确立的外交方针是:周边是首要,大国是关键,国际组织是依托,推动能源出口多元化。别尔德穆哈梅多夫在上任之后不久就外出访问,2008年,他外出访问达15次,相继出访了沙特阿拉伯、俄罗斯、哈萨克斯坦、伊朗、中国、意大利等国;3次出席独联体峰会;以嘉宾身份出席上海合作组织峰会;此外,还参与了伊斯兰会议组织及里海沿岸国家峰会等多边活动。其中,最有效的外交成就是天然气出口多元化,这一政策改变了依赖俄罗斯出口天然气的局面。

2012年2月12日,土库曼斯坦举行了总统大选,别尔德穆哈梅多夫以97.14%的得票率获得了第二个5年任期连任。选举结果表明,别尔德穆哈梅多夫的执政得到了土库曼斯坦人民的拥护。而政府反对派并不认为别尔德穆哈梅多夫政权有什么新意,他们指出,总统某种程度上的民主化改革是为了获得外界的支持。他们认为,除了在外交政策上有一些修改外,新的政权本质上仍然是原政

---

[1] 赵龙庚:《土库曼斯坦:改革开放走新路》,《和平与发展》2008年第2期。

权的化身,既没有保障公民的自由,也没有实行经济私有化。[1]甚至有人称别尔德穆哈梅多夫为"今天的尼亚佐夫"。

别尔德穆哈梅多夫执政以来,虽然采取了一些措施推进政治民主进程,但他仍然保留了尼亚佐夫对权力运作的一些做法。

一、频繁更换高官以保证权力在握。为了防止官员们建立权力网,威胁到自己的地位,尼亚佐夫频繁更换官员,政府官员几乎每两至三年就更换一次。据统计,被尼亚佐夫撤职的副总理有60多人,部长有200多个。[2]别尔德穆哈梅多夫上台以后,陆续调整了高层领导人。其中,解除了尼亚佐夫总统的警卫局长阿·列杰波夫和总统事务局副局长扎丹的职务,并以腐败和滥用职权的罪名将前者判处20年的徒刑[3];此后又撤换了内务部、情报部和国防部的领导班子;2010年,为了整顿吏治,加强对经济和文教卫部门的管理,在内阁增设一名主管科技创新的副总理;2013年,在一次内阁部长扩大会议上,解除了包括副总理兼总统事务机关管理局主任穆哈梅多夫在内的数位高级官员的职务,说他们具有严重缺点以及滥用职权。频繁更换高官不仅挫伤了大多数官员的积极性和创造性,使他们谨小慎微,而且反映了当局的不自信,以及政权中存在的专制政体中的人治。

别尔德穆哈梅多夫在频繁更换官员的同时,建立了以本部族为中心的统治。执政以后,别尔德穆哈梅多夫将家族成员和部族代表安排在了关键部门,特别是经济部门。2008年8月20日,土库曼斯坦议会通过了《石油天然气资源法》,依据该法政府成立了由总统控制的国家油气资源管理和利用总署,该总署驻伦敦的代表是他

---

1 《土库曼斯坦再次修宪》,顾凡译,《中亚信息》2008年第7期。
2 钟娅:《土库曼斯坦政权缘何能平稳过渡》,《当代世界》2007年第2期。
3 赵龙庚:《土库曼斯坦:改革开放走新路》,《和平与发展》2008年第2期。

的女婿；他的儿子谢尔达尔在获得博士学位以后，担任了农业部所属的"Туркменгалла"联合会主席。此外，总统的侄儿和外甥们还控制着国内家用电器市场和建筑业。

二、尼亚佐夫曾不止一次地对宪法进行修改，以延长总统任期；别尔德穆哈梅多夫也利用修改宪法对总统任期进行修改。由别尔德穆哈梅多夫总统亲自领导的宪法起草委员会曾于2008年对宪法进行修改，此后于2016年又提出修改宪法，由别尔德穆哈梅多夫担任主席的宪法起草委员会建议将总统任期从原来的5年延长到7年，取消了关于总统任职年龄不能超过70岁的规定；而且对同一个人担任总统的次数未做任何限制。

三、树立个人崇拜。在竞选总统期间，别尔德穆哈梅多夫保持低调，很少在电视上露面，报刊上也几乎没有刊登过他的肖像，这种谦逊态度和沉稳表现赢得了人们对他的尊敬和好感。上台以后，他着手废除前总统尼亚佐夫一些个人崇拜的做法。然而，随着地位的巩固，别尔德穆哈梅多夫也深受土库曼人个人崇拜之风的影响，开始了一些对自己个人崇拜的做法，如镀金的别尔德穆哈梅多夫塑像立了起来。个人崇拜也因此成为土库曼斯坦政治实践的主要方式。

总的来说，别尔德穆哈梅多夫在战略上持审慎态度，国内所开展的一切活动围绕着提升总统威望、展示国家经济发展和人民生活富裕。首都阿什哈巴德成为白色大理石之城，宽阔的街道、众多的公园和无数的喷泉向人们展示了国家领导人的成就和经济的快速增长。

别尔德穆哈梅多夫总统对外宣称要努力构建一个多党的社会政治制度。2012年以前，民主党一直是土库曼斯坦唯一的政党，全国共有5000多个基层组织，并在5个州建立了州委会，在16个市建立了市委会，在50个区建立了区委会。2012年，别尔德穆哈梅多夫总统在大选中获得连任之后，当年开始大力推进民主进程，允许公民自由结社建党，并于2013年与执政党民主党脱离关系。然而，在以别尔德穆哈梅多夫为首的政府的严密管控下，新建立的工业家和企业家党、农业党都是亲政府的，反对党并未建立起来。

2017年2月12日，土库曼斯坦进行了新一届总统大选，中央选举委员会通过了对各政党和公民倡议小组所提名的4名总统候选人的注册。他们是民主党候选人别尔德穆哈梅多夫、工业家和企业家党候选人阿塔雷耶夫、农业党候选人奥拉佐夫，以及公民倡议小组提名的候选人安纳涅佩索夫。结果，别尔德穆哈梅多夫以近98%的支持率开启了第三任期。选举结果表明，别尔德穆哈梅多夫在土库曼斯坦的绝对权威已经树立起来。

独立以来，土库曼斯坦在理论上确立了三权分立的总统共和制政治体制，而在政治实践中，土库曼斯坦实行的是以强人政治为主的威权政治体制；与尼亚佐夫不同的是，别尔德穆哈梅多夫更加注重通过制度化的政治安排以实现威权统治。应该指出，在冲突与对立不断的国际环境中，土库曼斯坦在威权政治体制下，保持了政治稳定、民族和谐的局面；别尔德穆哈梅多夫政权带领着土库曼斯坦人民迈向"民族复兴与强盛"的新时代。这些成就是土库曼斯坦领导者始终坚持创建民主、法制国家，始终依托油气资源以保证经济的快速发展，始终把提高居民生活水平作为社会政策的结果。

第十三章
稳步推进的经济改革

在土库曼斯坦制定的中长期发展战略中,提出了政府优先完成的三项任务:一、不断提高人均国内生产总值水平;二、建设具有高度投资积极性项目,增加生产性项目;三、使土库曼斯坦达到世界发达国家水平。[1] 2003 年以后,土库曼斯坦国内生产总值稳步提高,到 2012 年,世界银行将土库曼斯坦定义为中高收入国家。

第一节 加速实施的市场经济改革

独立初期,土库曼斯坦根据本国国情制定了"循序渐进向市场经济过渡"的经济战略,这一战略于 1996 年以后取得了成效;2003 年以来,土库曼斯坦经济继续朝着市场经济的方向发展,特别是在 2011 年以后,所有制改造的步伐加快了。

从 2011 年底开始,土库曼斯坦经济与发展部陆续公布了国有企业私有化清单。其中,2011 年 5 月 12 日公布的第一批私有化名单有 29 家企业,主要是纺织和食品加工业;5 月 14 日公布的第二批私有化名单有 34 家企业,大部分是畜牧产业;在第三批私有化名单中,有 7 项商业、4 项服务业、5 项食品、2 项电视机收音机维修和 1 项于 1997

---

[1] 施玉宇:《〈土库曼斯坦至 2020 年经济、政治和文化发展战略〉国家纲要》,《俄罗斯中亚东欧市场》2004 年第 2 期。

年停工的建筑。[1]2014年11月5日、26日和2015年2月9日，政府公布了第六、七、九批私有化清单，对畜牧业领域的国企进行拍卖；2014年12月10日公布了拟拍卖的第八批国有企业清单，主要有纺织业和食品加工；2015年4月6日公布了拟拍卖的第十批国有企业清单，以服务业、贸易和果蔬加工为主；同年5月13日公布了拟拍卖的第11批国有企业清单，以食品加工和日用品生产为主；同年5月18日公布了第12批私有化清单。到2015年底，土库曼斯坦总共公布了27批拟拍卖的国有企业清单，拍卖的企业大多数是食品加工、畜牧业、纺织品、日用品加工，以及未完成的建筑。[2]

在此形势下，2013年私人登记注册的企业占总登记法人的67%，多数是利用自有资金开展的工业项目。[3]到2014年底，土库曼斯坦共有25000家私营企业，它们在国内生产总值（不包括油气行业）中占比为68%。[4]2010年，政府制定的《2011—2030年银行系统发展纲要》确定了金融业未来的发展方向，提到了调整银行结构和实现资本化，以及对国有银行实行股份制改造。截至2015年，土库曼斯坦共有13家银行，其中6家国有商业银行、3家股份制银

---

1 《土库曼斯坦共25000家私营企业，在GDP中占比68%》，中华人民共和国商务部2017-01-04。

2 分别见中华人民共和国商务部《土库曼经济和发展部第六批私有化企业清单》（2014-11-06）、《土库曼经济和发展部第七批私有化企业清单》（2014-11-26）、《土库曼经济和发展部公布第八批私有化企业清单》（2015-01-09）、《土库曼经济和发展部公布第九批私有化企业清单》（2015-02-16）、《土库曼经济和发展部第十批私有化企业清单》（2015-04-17）、《土库曼经济和发展部第11批私有化企业清单》（2015-05-13）、《土库曼经济和发展部第12批私有化企业清单》（2015-05-18）、《土库曼经济和发展部第27批私有化企业清单》（2015-12-17）。

3 《土库曼斯坦2008—2013年经济发展成果》，中华人民共和国商务部2014-11-16。

4 《土库曼斯坦共25000家私营企业，在GDP中占比68%》，中华人民共和国商务部2017-01-04。

行、3家外资分行、1家外资银行代表处。[1]

目前，除国家所有制外，土库曼斯坦已经形成了社会团体和私人、外国法人、合资企业、国际组织等多种所有制形式。尽管如此，非国有经济的改造还存在一些问题：

一、油气企业的改造没有大的进展。为进一步挖掘油气领域的潜力，土库曼斯坦政府正在推动油气行业国有资产的私有化改制，然而，从2015年拍卖的国有资产清单来看，油气部门的私有化进展不大，为了改变这种状况，2016年12月7—8日，政府举行了为期两天的"土库曼斯坦石油和天然气2016"国际会议，此举反映了政府加大油气行业改造的决心。

二、航空公司等大型企业的私有化改造也没有进展。为了激发航空运输业的潜力和加速航空业的国际化进程，2012年，土库曼斯坦通过了《土库曼斯坦航空法》，其宗旨是将国家航空公司改建成股份制公司，依据该法，包括飞机、机场、设备及其他财产都可以是私人所有。然而，几年过去了，像航空公司这样的大企业的私有化没有实质性进展。

三、农村私有化，特别是土地私有化几乎没有进展。独立以后，土库曼斯坦在农业改革计划中实行"新农村"政策，大力推行长期租赁制，广泛实行将土地交给私人耕种。总统尼亚佐夫一再强调土地出租，他说："我再说一遍，要把土地租给农民，让他们自己耕种"，"我们将再次审核我国的农村政策，讨论把土地转为租赁制问题"。有关土地私有的改革，尼亚佐夫总统在1993年2月3日发表的有关"新农村"政策的文章中说："现在共有3323人在私有部门工作，有8.2万公顷土地交给了他们，其中有3.2万公顷已被

---

[1] 朱苏荣：《推动中国——土库曼斯坦金融合作》，《金融时报》2015-02-09。

开发。"接着他又说,"请把土地租赁给那些准备耕种土地的家庭,租赁土地的家庭只需经过5—7年便可成为土地的真正主人。"到1994年10月,土库曼斯坦境内共建立300个农户经济,国家拨给他们的土地有2800公顷。[1]

2003年以后,土库曼斯坦加强了产业结构的调整,经济多元化政策得到落实。根据2000年出台的《2010年社会经济改革战略》,土库曼斯坦在2006—2010年的经济任务是保持经济稳定增长,调整经济结构,加速向资本含量低的领域发展。

在农业领域,土库曼斯坦的粮棉调整取得了成效。2003年以后,粮食产量继续增长,2004年的粮食和面粉产量同比增长5%[2];2006年的小麦产量达到了创纪录的350万吨[3]。在粮食自足的前提下,2006年,土库曼斯坦再次对粮棉生产进行了调整,发展棉花又成为经济发展的优先方向,保障粮食供应、提高棉花产量成为农业的首要任务。此外,发展果蔬也成为农业的一个重要方面,政府规定各州要保证蔬菜、水果的自给自足,不能从外地调运,更不能从国外进口。为了促进农牧业的发展,土库曼斯坦对某些食品征收关税,限制进口。到2015年,进口食品类产品只占进口额的6.1%。[4]2010年,政府陆续出台了《提高小麦收购价格的决议》、《国家收购小麦种子和棉花补贴的决议》等对农民有利的措施。

1997年以后,土库曼斯坦的畜牧业得到发展,家禽数量开始回转上升。养羊业得到了发展,其中,以私营生产单位饲养的羊群

---

[1] 〔土库曼〕萨·阿·尼亚佐夫:《永久中立,世代安宁》,赵常庆等译,第241—242页。

[2] 《2004年土库曼斯坦经济发展统计》,岳萍译,《中亚信息》2005年第3期。

[3] 王伟:《土库曼斯坦植棉业的发展状况》,《中亚信息》2007年第5期。

[4] 《土库曼斯坦将对某些种类食品征收关税,限制进口》,中华人民共和国商务部2015-09-07。

增长最快。据国家统计与信息研究所提供的资料，2006年，绵羊和山羊的总头数增加了119%。[1] 别尔德穆哈梅多夫总统在国家经济发展的"新思路"中强调，农业是国民经济的重要领域，应对农业实行私有化改造，对家畜、农产品和土地免征税。

2003年以后，土库曼斯坦工业产业结构虽无大的变化，也有一些积极因素。工业领域在加强了石油、天然气资源开采和加工的同时，也加快了发展电力、纺织业和食品加工业。诸如机械制造业、化工业等以往薄弱的产业，在政府的重视下开始发挥作用，其中化工业发展迅速。

农业的发展带动了化工业的发展。土库曼斯坦有潜力的化肥生产是钾肥，列巴普州的钾盐储量丰富，利用钾盐可以生产氯化钾、硫酸钾、氢氧化钠、氯的化工产品等，使无机肥年产量提升至55万吨。[2] 2005年以后，土库曼斯坦与白俄罗斯化工股份公司达成开发钾矿的协议，拟分两期建设，一期建设期四年多，产能140万吨，二期产能将至400万—450万吨。截至2011年12月，项目完成勘探设计和部分厂房前期基建，此后进展缓慢。2014年，中国中工国际与土化学康采恩达成生产钾肥的合作意向，土方在卡尔雷克钾矿附近提供一个新的钾矿，中土双方进行开发和加工，修建钾肥厂。

在第三产业方面，服务业得到了较大发展。2003年，土库曼斯坦通信部与中国华为集团共同实施的亚欧光缆通信线路的工作启动，东起中国上海、西至德国法兰克福的亚欧光缆（TEA）总长度为27000千米，其中有708千米在土库曼斯坦境内。按照项目计

---

[1]《土库曼斯坦的养羊量创本国历史纪录》，杨建梅译，《中亚信息》2006年第7期。

[2]《土库曼斯坦经贸指南》，中华人民共和国商务部2006-08-26。

划，将建设 20 多个固定和移动的数字化自动电话管理终端系统，总容量为 14 万个号码，线路投入运营后将推动土库曼斯坦通信网络实施数字化改造。2006 年，有 500 多个自动电话站在土库曼斯坦的通信网系统内运营，整个自动电话管理终端系统的总容量接近 50 万个号码。[1]同年，在马德里举办的年度国际实业竞赛中，土库曼斯坦电信公司荣获白金奖。按《2020 年以前土库曼政治、经济和文化发展战略》的规划，到 2020 年，土库曼斯坦的电话机数量将达 225 万部。[2]

  2003 年以后，土库曼斯坦旅游业得到发展。土库曼斯坦具有悠久的历史文明，国内有罕见的古建筑群、独一无二的自然景观，为发展旅游业奠定了基础。2006 年 5 月初，土库曼斯坦旅游与体育委员会、外交部和欧洲安全合作组织驻阿什哈巴德代表处共同组织了促进旅游业持续发展研讨会，国内外专家在会上就土旅游业的前景和机遇，以及具体的旅游线路、专业人才的培养及土与国际旅游业的合作等问题进行了研讨。会议还讨论了包括出版定期刊物、建立旅游业门户网站、加强专业人员的培训、打造本国的旅游品牌等等具体措施。2007 年 5 月 13 日，别尔德穆哈梅多夫总统宣布，将在里海岸边的土库曼巴什市建设自由经济区，欢迎国内外公司在这里投资兴建旅馆和娱乐中心，以推动旅游业的发展。在 2007 年 5 月 21 日召开的内阁会议上，讨论了在里海岸边建设旅游度假基础设施、发挥旅游潜力的问题。据估计，土库曼斯坦将投资 10 亿美元发展该市的旅游业。[3]此外，政府拟制定市场准入制度，给私营旅游公司提供平等的从业条件。

---

1 杨建梅：《具有国际水平的土库曼斯坦信息产业》，《中亚信息》2006 年第 8 期。
2 《土库曼斯坦经贸指南》，中华人民共和国商务部 2006-08-26。
3 《土库曼斯坦计划推动旅游业发展》，聂书岭译，《中亚信息》2007 年第 7 期。

尽管政府出台了促进产业合理化的措施，但土库曼斯坦的产业结构仍未有实质性的改变。2007年组建的新政府实施的仍然是"能源富国"政策，在《2011—2030年社会经济发展纲要》中，石油天然气的开采与加工、电力工业和纺织业仍然是国家的三大支柱行业。

在经济改革进程中，土库曼斯坦继续执行独立初期的对外开放政策。2004年，土库曼斯坦与美国政府签署了贸易与投资框架协议；2009年，欧洲议会批准了《土库曼斯坦-欧盟贸易协定》，该协定旨在放宽相互出口的限制。

2003年以后，土库曼斯坦对外贸易保持快速增长，虽然并非逐年增长，但大多数年份呈现出增长态势。土库曼斯坦对外贸易的国家不断扩大，截至2015年，已经与100多个国家建立了经贸联系。[1] 其中，主要的贸易伙伴有中国、俄罗斯、伊朗、土耳其、阿联酋、乌克兰、格鲁吉亚、意大利、美国和阿富汗。

引进外国资本，发展合资企业是经济对外开放的主要任务。政府不仅招聘了很多外国专家顾问，而且采取各种优惠条件吸引和鼓励外商直接参与国营企业的非国有化。2007年，新一届政府特别重视外资引进工作，出台了保护外资的法规和优惠政策。随着国内投资的增加，土库曼斯坦吸引外资逐年增长，2012年，外资在国民生产总值中的占比为15.6%。根据联合国贸易和发展组织《世界投资报告2012》公布的数据，土库曼斯坦成为世界吸引外资指数最高的十个国家之一。[2]

---

[1]《土库曼斯坦独立25年固定资产投资超过1440亿美元》，中华人民共和国商务部2016-09-17。

[2]《土库曼斯坦进入吸引直接外国投资指数世界前10名，20年吸引外资1172亿美元》，中华人民共和国商务部2015-12-08。

2003年以来，土库曼斯坦基本上保持了自2000年以后的经济增长速度，国内生产总值（GDP）呈现持续性增长态势。2005年，土库曼斯坦的GDP增长率是13.01%；2008年GDP增长率为14.7%，由于金融危机的影响，GDP增长率开始下降，2009年只有6.1%；2010年以后开始回升，GDP增长率是9.2%，2012—2014年，GDP增长率分别达到了两位数11.1%、10.2%、10.3%；2015年，受国际经济形势起伏的影响，GDP增长率又降到6.5%。[1]

土库曼斯坦两位数的连续增长主要是依赖能源出口获得的。国际能源价格波动严重影响着土库曼斯坦经济的发展。如2008年国际金融危机之后，国际市场对能源需求的急剧下滑，导致土库曼斯坦经济增长速度放缓，2009、2010年的增长率只有一位数。从2012年起，由于国际大宗商品价格上涨和能源价格走高，以能源型产品为主要出口的经济又出现了两位数的增长率。

随着经济的稳定增长，土库曼斯坦的固定资产投资不断增加。2008—2013年，土库曼斯坦固定资产投资增长2.3倍，国家投资占68.5%[2]；2014年各类投资总额增长6.7%，固定资产投资额在GDP中占比44%[3]；2015年固定资产投资额为530亿马纳特，增长率8.2%[4]。截至2016年，独立25年来，固定资产投资累计1440余亿美元。[5]根据《2011—2030年社会经济发展纲要》，为保障经济快速增长，土库曼斯坦仍将保持较大的投资力度。

---

[1] 王海燕：《中亚国家经济形势现状与趋势》，孙力主编：《中亚国家发展报告（2016年）》，社会科学文献出版社，2016年，第65页表1。

[2] 《土库曼斯坦2008—2013年经济发展成果》，中华人民共和国商务部2014-11-16。

[3] 《土库曼斯坦2014年主要经济指标》，中华人民共和国商务部2015-01-20。

[4] 《土库曼斯坦2015年宏观经济概况》，中华人民共和国商务部2016-01-13。

[5] 《土库曼斯坦独立25年固定资产投资超过1440亿美元》，中华人民共和国商务部2016-09-17。

土库曼斯坦经济平稳快速发展,财政基本稳定,政府收支状况良好。2015年,国家财政收入超额完成0.6%,支出是年初计划的90%,78.7%财政资金用于社会领域。地方预算收入超额完成1.7%,支出96.4%。[1] 土库曼斯坦是外债负债率较低的国家,外汇储备丰富,政府偿债能力较强,2012年以后,负债率有所上升,2013年外债负债率为21.42%,在中亚国家中排名第四;与低负债率相对应的是外汇储备的逐年递增,2013年达到293亿美元,在中亚国家中仅次于哈萨克斯坦,这为土库曼斯坦偿债提供了良好的保障。[2]

土库曼斯坦通货膨胀率虽然起伏不定,但物价水平相对稳定。2008至2017年,通胀率分别约为:14.5%、−2.67%、4.45%、5.28%、5.31%、6.81%、6.01%、7.41%、3.63%、5.98%。[3] 2008年的通胀率高达两位数,为了抑制通货膨胀,在2009年发行新货币马纳特的同时,开始实施固定汇率制度,与美元的兑换汇率稳定为2.85:1[4],此后通胀的情况有所缓解。2012至2013年,通胀率分别是5.31%和6.81%。尽管仍存在很多问题,但与独立初期相比,土库曼斯坦的经济改革取得了一定成效。

第二节　起支柱作用的油气产业

土库曼斯坦的矿产资源十分丰富,主要有石油、天然气、芒硝、碘、有色及稀有金属等,其中80%的国土上蕴藏着石油、天然气,因此,石油和天然气产业是土库曼斯坦的支柱产业。据1999

1　《土库曼斯坦2015年宏观经济概况》,中华人民共和国商务部2016-01-13。
2　朱苏荣:《推动中国-土库曼斯坦金融合作》,《金融时报》2015-02-09。
3　《土库曼斯坦经济数据》,世界经济信息网:http://www.8pu.com/gdp/country_TKM.html。
4　朱苏荣:《推动中国-土库曼斯坦金融合作》,《金融时报》2015-02-09。

年土库曼斯坦公布的数据，天然气可开采储量达23万亿立方米，石油储量为120亿吨。[1] 据《世界能源统计年鉴》，截至2014年底，土库曼斯坦天然气剩余可采储量为17.5万亿立方，占世界总储量的9.4%，仅次于伊朗、俄罗斯、卡塔尔，位居世界第4位。

石油在土库曼斯坦的分布是不均衡的，主要集中在南里海地区。土库曼斯坦所属的里海沿海面积有7.8万平方千米，大陆架石油远景为110亿吨[2]，估计蕴藏有65亿吨石油和5.5万亿立方米的天然气[3]。19世纪50年代，该地区已经开始进行石油开发，苏联时期开始了大规模的开采，到独立前夕的1990年，石油开采量达到570万吨。[4] 独立初期，由于经济下滑，土库曼斯坦石油开采量减少，1995年和1996年的开采量分别是450万和440万吨，到1998年，石油开采量是630万吨，1999年是740万吨，2000年是780万吨。[5] 截至2014年，土库曼斯坦已发现144个油气田，其中已开采34个。[6] 在土库曼斯坦历次制定的经济发展战略中，扩大石油的勘探和开采都是经济发展的重点，是国家财政投入的优先方向。根据政府制定的《2020年土库曼全国社会经济改造战略》，到2020年石油产量将达到1亿吨。[7]

土库曼斯坦石油加工企业大多数是苏联时期建成投产，1943年以后，苏联在土库曼共和国陆续建成了克拉斯诺沃茨克炼油厂（今土库曼巴什石油加工厂）、内比特达格炼油厂（今巴尔坎纳巴

---

1 赵常庆：《中亚五国新论》，昆仑出版社，2014年，第88、89页。
2 施玉宇编著：《土库曼斯坦》，第19页。
3 赵常庆：《中亚五国新论》，第89页。
4 《土库曼斯坦石油天然气产业发展现状及前景预测》，聂书岭译，《中亚信息》2007年第10期。
5 赵常庆：《中亚五国新论》，第86页。
6 同上书，第89页。
7 刘娜：《土库曼斯坦富足的油气资源》，《中亚信息》2010年第11期。

特炼油厂)和查尔朱炼油厂(今谢津炼油厂)。独立以后,土库曼斯坦大力发展石油加工业,其中,加工设备和技术更新成为扩大加工的主要方向。目前,谢津炼油厂已经成为土库曼斯坦最大的炼油厂,年加工能力600万吨,加工深度为90%[1],产品有汽油、液化气等。土库曼巴什石油加工企业是全国第二大石油加工厂,可以生产汽油、柴油、重油、沥青、液化气等石油化工产品。为了对该厂进行现代化改造和技术更新,日本、德国、美国、法国、土耳其、伊朗和以色列的企业参与了改造。2015年,土库曼巴什石油加工厂综合体开始启用新的重油真空蒸馏、烯烃烷化、汽油混合、烯烃异构化等装置,将加工出100万吨汽油原料和液态天然气。[2] 巴尔坎纳巴特炼油厂是土库曼斯坦第三大石油加工企业,年加工能力300万吨,主要生产成品油和液化气。独立以后建成投产的较大的石油加工企业还有切列肯炼油厂,该厂设计年产250万吨成品油,主要生产柴油和石脑油。[3]

土库曼斯坦天然气的大规模开发始于苏联时期。1964、1976和1982年,苏联中央政府组织力量在土库曼共和国境内分别发现了萨曼德佩、道列塔巴特-顿麦兹、马莱伊三大气田,奠定了今天土库曼斯坦天然气开采的基础。独立以后,土库曼斯坦大力勘探天然气,其中格泽尔古姆、艾吉扎克、欧尔杰克利、南埃克列姆是比较大的气田;卡杜杰别、古伊杰克、鲍萨克贝梅兹、埃克列姆、卡克列达克是比较大的凝析气田。

土库曼斯坦天然气的大规模开采也始于苏联时期的20世纪70

---

[1]《土库曼斯坦能源简介》,《国土资源情报》2009年第10期。
[2]《土库曼斯坦石油加工领域创新发展》,中华人民共和国商务部2016-05-31。
[3]《土库曼斯坦能源简介》,《国土资源情报》2009年第10期。

年代。独立前夕的 1990 年，天然气开采量为 850 亿立方米左右。[1] 独立以后，由于天然气出口受到限制，天然气的开采量一直未能达到 1990 年的水平。其中 1996、1997、1998、1999、2000 年的开采量分别是 352、173、33、229、470 亿立方米。[2] 按 2020 年土库曼全国社会经济改造战略，到 2020 年天然气的开采应该达到 2400 亿立方米。[3]

土库曼斯坦天然气产量低的主要原因是天然气出口渠道不畅，出口问题未得到根本改善。为了解决出口，政府一方面寻求出口的多元化，另一方面积极发展天然气加工业；其中不受输气管道限制的液化气生产是主要的加工方式。2003 年，土库曼斯坦已经有几家液化气生产厂建成并投入生产，90% 的液化气向国外出口。[4]2004 年，土库曼斯坦液化气的产量达到 35.96 万吨，比 2003 年增长 22%[5]；2005 年以后，土库曼斯坦在边境地区陆续建起一些存储和出口液化气的终端站，如土库曼巴什炼油厂和谢拉赫斯液化气终端站；同年，政府与伊朗石油能源公司签订了关于在基扬雷镇建设液化气装运设施的合同，年装运能力为 18 万—20 万吨；2006 年液化气出口量增加到了近 40 万吨[6]；2007 年 6 月初，谢尔赫塔巴特终端站建成，它是伊朗帕尔斯油气公司承建的，目的是增加土库曼斯坦液化气的出口能力。截至 2016 年，土库曼巴什石油加工厂、纳伊

---

1 徐树宝等：《土库曼斯坦油气地质和资源潜力》，《石油科技论坛》2007 年第 6 期。

2 赵常庆：《中亚五国新论》，第 86 页表 2-1。

3 刘娜：《土库曼斯坦富足的油气资源》，《中亚信息》2010 年第 11 期。

4 伊里旦·伊斯哈科夫：《土库曼斯坦竭力改变原料出口国地位》，《中亚信息》2003 年第 2 期。

5 《2004 年土库曼斯坦经济发展统计》，岳萍译，《中亚信息》2005 年第 3 期。

6 《土库曼斯坦石油天然气产业发展现状及前景预测》，聂书岭译，《中亚信息》2007 年第 10 期。

普天然气加工厂是较大的天然气加工企业。2015年，土库曼巴什石油加工厂生产液化气30多万吨，大部分用于出口，每年大约有23万—26万吨液化气出口到格鲁吉亚、伊朗、阿富汗、塔吉克斯坦、巴基斯坦等国家。[1] 随着世界液化气需求量急剧增加，政府计划在2020年前将液化气的年产量增加到200万吨[2]，为此准备在国家东部丙烷-丁烷含量较高的天然气田修建20多家天然气加工厂。[3]

土库曼斯坦是油气出口国，国内开采的石油和天然气大部分用于出口，它们对政府财政有着重要意义。2005年，天然气、石油及石油产品出口额占土库曼斯坦出口总额的82.2%[4]；2014年，天然气出口收入占商品出口额的60%以上，是政府全年财政预算收入的30%以上[5]。可见，油气出口是土库曼斯坦财政收入的重要来源。

土库曼斯坦出口石油的方式有管道运输，以及海路和陆路运输，其中以海运为主。海运是在土库曼斯坦的三个港口装运。其中一条海运线路是在巴什港口装船，横跨里海运到里海西岸阿塞拜疆的巴库港，然后利用巴库—第比利斯（格鲁吉亚）—杰伊汉（土耳其）管道，运到土耳其，再出口到欧洲各国；这条线路的运输量大约占土库曼斯坦石油出口的60%。另一条线路是在土库曼斯坦的奥卡雷姆和阿拉特扎港口装船，运往里海西岸的马哈奇卡拉港口（俄罗斯），然后经管道或铁路运到新罗西斯克港口（俄罗斯），或者从奥卡雷姆和阿拉特扎港口装船后经里海运到俄罗斯的阿斯特拉罕港口，然后通过伏尔加河和顿河运到乌克兰；这条线路的运输量

---

[1]《土库曼斯坦计划扩大出口液化气》，中华人民共和国商务部2016-03-21。
[2]《土库曼斯坦能源简介》，《国土资源情报》2009年第10期。
[3]《土库曼斯坦石油天然气产业发展现状及前景预测》，聂书岭译，《中亚信息》2007年第10期。
[4] 纪军：《土库曼斯坦没有颜色革命》，《中国社会导刊》2007年第5期。
[5] 王海燕：《土库曼斯坦天然气多元化出口战略》，《大陆桥视野》2015年第23期。

大约占土库曼斯坦石油出口的15%。还有一条线路也是经里海运到伊朗的涅卡港，利用伊朗的管道经波斯湾出口；这条线路的运输量大约占土库曼斯坦石油出口的25%。[1]

土库曼斯坦每年国内消费天然气不足200亿立方米（2008年消费190亿立方米）[2]，其余全部出口。苏联解体之后，土库曼斯坦的天然气出口遇到了新问题，出口过境受制于俄罗斯。独立前夕的1990年，土库曼共和国天然气出口量721亿立方米，2014年土库曼斯坦天然气出口量416亿立方米，下降了40%以上。[3] 土库曼斯坦不得不采取"输出多元化"政策，另辟出口途径。截至2009年，土库曼斯坦拥有四条天然气输送管道，即一条通往俄罗斯、两条通往伊朗、一条通往中国。

通往俄罗斯的管道是20世纪70年代初建成的北线，即中亚—中央管道，在2008年以前，北线一直是土库曼斯坦天然气出口俄罗斯的唯一通道，截至2008年，俄罗斯从中亚进口天然气总量的63.7%来自土库曼斯坦。[4] 由于天然气的输出完全依赖这条管道，因此，土库曼斯坦天然气的出口在数量和价格上都受制于俄罗斯。此外，这条管道在投产初期运转良好，随着时间的推移，输气能力急剧减弱。[5]

2007年12月20日，土库曼斯坦与俄罗斯、哈萨克斯坦政府签署《关于建设沿里海天然气管道的协议》，约定对中亚—中央管道系统进行必要改造，协议还商讨了建筑一条从土库曼斯坦别列克压气站至俄罗斯亚历山大洛夫·盖计量站的新管道。2009年4月，

---

1 《土库曼斯坦能源简介》，《国土资源情报》2009年第10期。
2 同上。
3 王海燕：《土库曼斯坦天然气多元化出口战略》，《大陆桥视野》2015年第23期。
4 《土库曼斯坦能源简介》，《国土资源情报》2009年第10期。
5 《土库曼斯坦天然气工业的发展计划》，杨建梅译，《中亚信息》2009年第6期。

中亚—中央管道发生爆炸，土库曼斯坦向俄罗斯的供气中断。同年底，俄土双方企业签署协议，俄罗斯从土库曼斯坦采购天然气的数量将降低至每年90亿至110亿立方米。[1] 2010年1月，土库曼斯坦恢复向俄供气。然而，土俄双方于2007年拟定新建的沿里海管道于2011年10月宣布暂停。随着俄罗斯购买天然气数量的下降，土库曼斯坦加速寻求新的出口国。

独立以后，土库曼斯坦先后开通了通往伊朗和阿富汗等国的管道。伊朗的油气资源也十分丰富，然而气田集中在伊南部地区，往北部输送的成本很高，于是，伊朗政府决定从土库曼斯坦购买天然气供应北方。1997年修建的科尔佩杰—库尔特—库伊天然气管道，起自土库曼斯坦的科尔佩杰油气田，经库尔特到达伊朗的库伊，它是土库曼斯坦绕过俄罗斯的中亚天然气出口管道的第一条线路，管道的设计输气能力为80亿立方米/年。[2] 2000年，通往伊朗的又一条输气管道开通。然而，由于以上管道每年向伊朗出口的天然气数量有限（2014年仅为65亿立方米）[3]，因此，它们的开通未能从根本上改变土库曼斯坦天然气出口难的状况。真正解决天然气出口难的是通往中国的东线管道的开通。

2006年，中土两国政府签署了《关于实施中土天然气管道项目和土库曼斯坦向中国出售天然气的总协议》，规定从2009年起的30年内，土库曼斯坦每年将经中国—中亚天然气管道向中国输送300亿立方米天然气[4]；协议计划修建全长7000千米的中国—中亚天然气管道。2007年7月，中国—中亚天然气管道A线动工，

1　王海燕：《土库曼斯坦天然气多元化出口战略》，《大陆桥视野》2015年第23期。
2　寇忠：《中亚输气管道建设的背景及意义》，《国际石油经济》2008年第2期。
3　王海燕：《土库曼斯坦天然气多元化出口战略》，《大陆桥视野》2015年第23期。
4　赵青松：《中国与土库曼斯坦经贸合作的历史、现状及前景展望》，《新疆财经》2013年第6期。

2009年12月，建成投入运营。管道西起阿姆河右岸土乌（乌兹别克斯坦）边境，经乌兹别克斯坦中部抵达哈萨克斯坦，从哈萨克斯坦南部进入中国的霍尔果斯，与中国境内的西气东输二线连接，年设计输气量为300亿至400亿立方米。这条被誉为新时期能源"丝绸之路"的天然气管道从开通到2013年8月31日，向中国出口天然气总量达到了606.45亿立方米。[1]2014年，土库曼斯坦输往中国和俄罗斯的天然气分别为255亿立方米和90亿立方米，在土天然气出口总量中的占比分别是61.3%和21.6%。[2]中国成为土天然气出口的最大市场。中国—中亚管道的开通运营，最终实现了土库曼斯坦多元化出口天然气的战略目标。

与此同时，土库曼斯坦还积极开拓南亚市场。2010年12月，土库曼斯坦与巴基斯坦、印度在阿什哈巴德签署了TAPI项目的协议。TAPI管道项目早在1995年已经提出，当时还启动了经济技术论证；然而，这一项目因阿富汗战争而搁置下来。2009年的土俄天然气纠纷以后，土库曼斯坦总统别尔德穆哈梅多夫重提建筑TAPI天然气管道，这一项目开始了实施阶段；土天然气康采恩宣布将在2015年底前开工建设在本国境内的管道。然而，整条管道的建设仍然充满着不确定性。

独立以后，土库曼斯坦政府在油气领域投入了大量资金。2001—2010年的十年里，对油气领域的投资总额达到460亿美元，其中，外商直接投资比例为74%（346亿美元），贷款比例8%（36.8美元）。[3]2009年，政府计划在未来15年投资250亿美元进

---

[1] 赵青松：《中国与土库曼斯坦经贸合作的历史、现状及前景展望》，《新疆财经》2013年第6期。

[2] 王海燕：《土库曼斯坦天然气多元化出口战略》，《大陆桥视野》2015年第23期。

[3] 《土库曼斯坦经贸指南》，中华人民共和国商务部2006-08-26。

行里海领域油气的开发,并且计划投资150亿美元扩大出口管线系统能力[1];这些资金中的一部分将来自外资。在2005—2020年期间,土库曼斯坦对油气工业投资将超过600亿美元,其中40%以上是外国直接投资。[2]

为了吸引外资,土库曼斯坦对外资能源企业采取了多方面的优惠政策。土库曼斯坦《外国租赁法》规定,外国投资者进行勘探、开采以及加工自然资源,租赁期可达5—40年。土库曼斯坦相关法规另有规定:合资企业在外商没有收回其投资成本之前,可以免缴利润税;外商将其所获得的利润用于再次投资时,免缴再投资税。[3]在关税方面,对运入土库曼斯坦的采取优先开发石油天然气作为外资法人(企业)注册资本投入的财产和用于企业生产产品所需的财产免征关税和进口税,对外资法人(企业)运入土库曼斯坦供外国职员自用的财产也免征关税。[4]

独立以来,油气产业一直是土库曼斯坦的支柱产业,特别是在2009年实现天然气东向出口之后。2017年,政府制定了有关油气产业的发展规划,拟进一步提高土库曼斯坦油气加工能力,并对各项加工规定了具体指标。

第三节 优先发展的电力工业

电力行业是土库曼斯坦的重要经济部门。利用天然气发电是

---

1 张新花:《中国的中亚能源策略》,新疆大学博士学位论文,2009年,第50页。
2 敏玉:《土库曼斯坦的油气工业》,《国土资源情报》2008年第1期。
3 蔡丽:《土库曼斯坦共和国投资法律制度研究》,新疆大学硕士学位论文,2012年,第8—9页。
4 陈绪学:《中土油气合作管理模式研究》,西南石油大学博士学位论文,2011年,第34—35页。

土库曼斯坦将油气资源转化成出口产品的方式之一，天然气发电成为土库曼斯坦优先发展的领域。独立初期，土库曼斯坦成立了能源部，其下管辖负责电力设施建设的电力工程集团，以及负责管理和经营电站和电网的国家电力集团。为了发展电力工业，政府加强了电力部门技术人员的培训和对原有电站的改造。

2013年，土库曼斯坦电力领域19名技术和管理人员在中国商务部对外援助人力资源开发合作项目的安排下，到中国接受培训；电力研修班的学员们通过专题讲座、参观考察圆满完成了研修任务。2014年，土库曼斯坦首都阿什哈巴德举办了"电力工业主要发展方向"的国际展览，目的是促进电力部门与外界的交流。

土库曼斯坦能源丰富，利用天然气发电的潜力很大，但是，国内的电站和电网大多数是苏联时期修建的，这些设备的损耗较大，效率低。独立以来，土库曼斯坦积极吸引外资改造原有设备和开发新电站、架设新电网，以使电力部门更加有效地为国民经济的建设服务。

截至2005年，土库曼斯坦的马雷热电站、别兹梅因热电站、巴尔坎纳巴特热电站、谢津热电站、阿巴丹热电站、阿什哈巴德热电站、元首市热电站等七家热电站，均使用天然气发电，总输电量为3057.2兆瓦。[1] 土库曼斯坦的输变电线路主要有500、220、110千伏三种，其中500千伏的输变电线路共有两条，即长度为370千米的马雷—卡拉库尔线和长度为379千米的谢津—达绍古兹线，220千伏的线路总长度为2000千米，110千伏的总长度为7600千米。[2]

---

[1] 《土库曼斯坦经贸指南》，中华人民共和国商务部 2006-08-26。
[2] 陈宗器：《土库曼斯坦电力行业简介》，《电器工业》2002年第8期。

2006年，土库曼斯坦与美国通用公司和土耳其恰雷克能源公司签订了电力合作协议，采用先进设备，使土库曼斯坦在不增加天然气消费量的情况下，将现有的装机容量扩大 0.5 倍。2007 年，土库曼斯坦投资 2700 万美元，由电力工程集团在法拉普建设大功率变电站、布尔达雷克变电站，并架设大约 115 千米长、110 千伏的法拉普—萨曼杰普—亚希尔杰普输电线，以提升阿姆河右岸地区的工业潜力。[1] 2009 年上半年，土库曼斯坦先后建成大型发电站两座，即位于里海沿岸开发区的阿瓦扎电站和离首都不到 100 千米的阿哈尔电站；两座新电站均为燃气动力发电，功率都达到了 254 兆瓦，它们是独立以来土库曼斯坦新建电站中设备和技术最先进的大型火力电站，它们的建设将对阿瓦扎国家旅游开发区和阿什哈巴德市的发展起到重大作用。2009 年，巴尔坎老电站也得到扩建，功率增加到 380.50 兆瓦。[2]

2009 年，为了将首都周边的阿什哈巴德电站、阿哈尔电站和阿巴丹电站连起来，土库曼斯坦启动了架设一条近百千米的 220 千伏输电线路的工程；此外，500 千伏的巴尔坎—阿什哈巴德—马雷高压线开工，此线的架设将土库曼斯坦东西部供电连为一体；为了改善阿姆河右岸地区的供电，架设了帕拉哈特—别尔维尔特—阿塔梅拉特输电线；为了改善南约洛坦等地区的供电，架设了马雷—塔赫塔巴扎尔线。[3]

据土库曼斯坦官方统计，2009 年前 8 个月电力行业实现产值 1.1 亿美元，同比增长 53.5%，发电总量 105 亿千瓦时，超过去年同期 5.4 个百分点，出口 18 亿千瓦时，同比增长 24.7%，免费向

---

[1] 《土库曼斯坦能源简介》，《国土资源情报》2009 年第 10 期。
[2] 《2010 年土库曼斯坦电力业快速发展》，中亚研究网 2011-04-19。
[3] 同上。

土居民供电超过 14 亿千瓦时。[1]

土库曼斯坦还加强了与外国公司的合作。2014 年电力工业的再建项目有马雷州变电站建设，这一项目是土库曼斯坦与美国通用公司欧洲、中亚和非洲区合作项目，是加强通用公司参与土库曼能源基础设施建设领域项目之一，是年，双方讨论了马雷州变电站建设项目的准备工作。

按政府制定的《土库曼斯坦电力行业 2013—2020 年发展方案》，在 2020 年以前，该国要建设 14 个燃气发电厂，总产能达到 385.4 万千瓦。[2] 截至 2016 年，土库曼斯坦共有 13 座电站发电，包括 14 组蒸汽机组和 32 组燃气机组。[3]

除满足国内需求外，土库曼斯坦电力约 40% 用于出口，主要出口国是伊朗、阿富汗、塔吉克斯坦等周边国家。[4] 土库曼斯坦的高压输电网通过 500 千伏和 220 千伏线路与中亚统一电力系统相连；此外，还有两条 220 千伏的线路与伊朗相连（伊朗—巴尔坎斯、沙特卢克—伊朗），有一条 110 千伏线路与阿富汗相连。[5]

伊朗是土库曼斯坦电力出口的主要方向，其主要线路有两条：一条是从土库曼斯坦的巴尔坎纳巴特通往伊朗的甘巴特；另一条是从土库曼斯坦的马雷经谢拉赫斯到达伊朗的马什哈德。通过伊朗的输电线路，土库曼斯坦的电力可以出口到伊朗和土耳其，伊朗塔瓦尼尔公司和土耳其输电公司于 2003 年与土库曼斯坦签订了电

---

1 《土库曼斯坦电力行业发展迅速》，中华人民共和国商务部 2009-09-22。
2 《土库曼斯坦扩大电力出口》，中华人民共和国商务部 2015-05-30。
3 《土库曼斯坦到 2020 年前发电量可达 263.8 亿千瓦时》，中华人民共和国商务部 2016-12-12。
4 赵青松：《中国与土库曼斯坦经贸合作的历史、现状及前景展望》，《新疆财经》2013 年第 6 期。
5 《土库曼斯坦资源和主要产业情况》，中华人民共和国商务部 2014-05-30。

力合作协议，约定土库曼斯坦每年经伊朗向土耳其出口3亿千瓦时电力。2005年，土库曼斯坦向伊朗和土耳其分别输出电5.98亿千瓦时和5.34亿千瓦时。[1]

阿富汗也是土库曼斯坦电力出口的主要国家之一。土库曼斯坦和阿富汗政府于2002年签订电力合作协议，约定土库曼斯坦向阿富汗出口电力。2005年，土库曼斯坦向阿富汗出口电力约3.25亿千瓦时。[2]此外，经阿富汗的输电线路，土库曼斯坦的电力可以出口到塔吉克斯坦。2007年，土塔两国曾为电力输送达成协议，即2007—2009年秋冬季（当年10月至次年4月）塔吉克斯坦电力短缺期间，土库曼斯坦将每年向塔吉克斯坦提供10亿千瓦时电力。[3]2015年，一条500千伏的输电线工程进入收尾阶段，该大型项目的完成将经阿富汗向塔吉克斯坦和巴基斯坦输出电力。[4]

土库曼斯坦已经制定了在2020年实现年出口电力60亿千瓦时的目标[5]，为此，政府将继续改造旧有电力设备和建造一些新电站。

第四节 致力于农牧产品加工的纺织业

农牧产品棉花、羊毛、蚕丝是土库曼斯坦纺织业的主要原料。独立前夕的1990年，土库曼共和国的棉花种植面积占农作物播种总面积的50.6%，大约有62.5万公顷[6]，棉花产量仅次于乌兹别克共

---

1 《土库曼斯坦能源简介》，《国土资源情报》2009年第10期。
2 同上。
3 同上。
4 《土库曼斯坦计划建设14个燃气发电厂》，亚欧网2015-06-18。
5 乔刚等：《中亚5国电力发展概况及合作机遇探析》，《电力电容器与无功补偿》2015年第3期。
6 杨建梅：《中亚五国纺织工业发展状况》，《中亚信息》2007年第3期。

和国，在苏联各共和国中居第二位；畜牧业以养羊为主，羔皮产量在苏联各加盟共和国中也居第二位；养蚕业发达，蚕茧产量在苏联总产量中的占比是10%，在苏联各加盟共和国中居第三位。

棉花是土库曼斯坦纺织业的主要原料来源。独立初期，为了满足国内对粮食的需求，缩小了棉花的种植面积。1996年农作物种植总面积由独立前1990年的123.2万公顷，扩大到133.9万公顷，棉花的种植面积53.7万公顷，占种植面积的40.1%。[1] 1996年以后，土库曼斯坦的棉花产量出现大幅度下滑，政府出台了一些扶持棉农的政策，如给棉农提供优惠贷款，棉农一半的生产费用由国家承担，等等。此后，棉花种植成为农业领域的优先发展方向之一。独立以后，土库曼斯坦灌溉农田面积从150万公顷增至180万公顷；其中棉花种植面积增加近25%，土库曼斯坦采用稳定政策，截至2014年12月，棉花种植面积始终保持在57万公顷。[2]

羊毛是土库曼斯坦纺织业的另一原料来源。养羊业是土库曼斯坦的传统产业，牧场主要集中在阿姆河中游一带，这一地区盛产的卡拉库尔羊毛享誉世界。为了促进养羊业的发展，政府在独立初期制定了优惠的扶持政策，如养羊户免费使用草场和水源地，免缴所有税赋，养羊户可以得到一半的新生仔畜作为劳动报酬，等等。在以上政策的扶持下，羊的存栏数连年增加，到2006年春季，全国羊的存栏数达到了2010万只。其中，卡拉库尔羊的养殖是养羊业中的重点，截至2007年，该国年产120万张卡拉库尔羊羔皮。然而，由于本国毛皮加工技术落后，大约75%（约90万张）的卡

---

[1] 土言：《土库曼斯坦的农业生产结构、农业外贸和农业科技》，《东欧中亚市场研究》1999年第4期。

[2] 苏来曼·斯拉木泰来提·木明：《中亚水资源冲突与合作现状》，《欧亚经济》2014年第3期。

拉库尔羊羔皮以原皮的形式出口，只有25%（约30万张）在国内加工。[1]

养蚕业也是土库曼斯坦纺织业的原料来源。苏联时期，土库曼共和国的养蚕业仅次于乌兹别克和阿塞拜疆两个共和国，蚕茧产量占苏联总产量的十分之一，在加盟共和国中居第三位。[2] 独立以后，土库曼斯坦继续发展养蚕业，蚕丝产地集中在阿姆河中游和科佩特洛格北坡。为了促进蚕业的发展，政府在独立初期开始采取鼓励性措施，总统号召种植桑树，为种植桑树者和蚕农提供一切便利，如提供生产工具和运输机械，政府还出面统一收购蚕茧以鼓励养蚕。1999—2000年间，中国为土库曼斯坦提供了1000万元人民币的无偿援助，土库曼斯坦纺织工业部利用这笔资金改造了马雷地区的蚕种农场。在这些措施下，土库曼斯坦蚕茧产量稳步增长，截至2006年，年产蚕种750公斤。[3]

土库曼斯坦的棉花、羊毛和蚕丝为本国的纺织业提供了充足的原料，然而，独立以前，土库曼共和国的纺织业很落后，全国只有4家较大的纺织企业，每年只能加工1万吨皮棉，约占全国皮棉产量的3%[4]，本国生产棉花的三分之二以原料形式输往其他国家出口。独立以后，政府将纺织业作为国民经济的重点新兴产业加以扶持，积极发展纺织业，希望将本国从原料出口国转变为工业制造国和成品出口国。土库曼斯坦成立了纺织行业的管理部门纺织工业部，部长由主管纺织工业的副总理担任；2000年成立了纺织工业发展基金会，在基金会成立的当年，土库曼斯坦的纺织业产值增长

1　杨建梅：《中亚五国纺织工业发展状况》，《中亚信息》2007年第3期。
2　土言：《土库曼斯坦的农业生产结构、农业外贸和农业科技》，《东欧中亚市场研究》1999年第4期。
3　《土库曼斯坦经贸指南》，中华人民共和国商务部2006-08-26。
4　《土库曼斯坦大力发展纺织工业》，聂书岭译，《中亚信息》2005年第4期。

了38%，增幅仅次于天然气开采，位居第二。[1]

2001年，政府制定了《2010年前纺织工业发展规划》，该规划要求，到2010年本国生产的皮棉至少有60%在国内加工。同年，政府还制定了《2010年前轧棉工业发展规划》，该规划要求，到2010年土库曼斯坦的皮棉产量将增至90万吨，其中有54吨将在国内加工成最终产品。[2]为了完成以上任务，政府计划在2005年至2010年间兴建或改造16家纺织企业。[3]2005年，由6家小型纺织厂联合组建的阿什哈巴德纺织综合体正式投产，该综合体可以加工25种各类布匹和多品种产品，年产值将达7100万美元[4]，成为独联体最大的纺织企业之一。同年，还新建了另外两个纺织厂——位于列巴普州哈拉齐区的棉纺厂和位于马雷州韦基尔巴扎尔区的纺织厂。2005年棉花的加工能力提高到40%以上。[5]从2006年起，国家将每年6月的第1个星期天定为纺织工人节。截至2006年，纺织建筑项目占全国工业建筑项目合同总金额的25.6%，自独立以来已建成19个大型纺织综合体，十余个正在建设中。2007年新政府上台以后，继续扶持本国纺织工业，将改造老企业、新建大型综合体作为工作的重点。政府计划在2010—2020年间将建造6个纺织企业和综合体、8个纺纱厂，改造阿什哈巴德市棉纺厂、马雷市4个纺纱厂、马雷市和土库曼纳巴德市制衣厂以及马雷市畜毛初加工厂。计划到2020年，土库曼斯坦的皮棉深加工能力将

---

[1] 韩维：《土库曼斯坦2000年经济发展状况及问题》，《东欧中亚市场研究》2001年第10期。
[2] 杨建梅：《中亚五国纺织工业发展状况》，《中亚信息》2007年第3期。
[3] 《土库曼斯坦经贸指南》，中华人民共和国商务部2006-08-26。
[4] 《土库曼斯坦大力发展纺织工业》，聂书岭译，《中亚信息》2005年第4期。
[5] 赵青松：《中国与土库曼斯坦经贸合作的历史、现状及前景展望》，《新疆财经》2013年第6期。

达 50 万吨。[1]

截至 2012 年底，国家累计投资 16 亿美元，建成了一批现代化的纺织企业。较大的企业有土库曼巴什牛仔布厂、土库曼巴什纺织厂、基普恰克纺织厂、格奥克杰平斯克纺织厂和巴伊拉姆阿里纺织厂。2013 年，土库曼斯坦已经拥有 74 家纺织企业；这些企业的纱线年产量为 17.7 万吨，棉布 1.86 亿平方米，针织面料 1.1 万吨，毛面料 7200 吨，针织及成衣 8000 万件。[2] 2015 年，棉纱产量 12 万吨，棉布 2.09 亿平方米，分别是 1991 年的 24.4 倍和 7 倍。[3] 由于纺织业的发展，棉花加工的比重从 1991 年的 3% 上升到 2016 年的 51%。[4]

截至 2016 年，土库曼斯坦已经拥有从棉花加工到成品生产的一整套较为完备的纺织工业体系。以马雷市为中心形成了棉纺、毛纺业和皮革加工等轻工业基地；以全国第二大城市查尔朱为中心的阿姆河中游形成了毛纺、棉纺和丝纺织业基地；以全国第三大城市塔沙乌兹市为中心发展了棉花和食品加工等；在科佩特洛格山北坡的大片绿洲上，阿什哈巴德拥有 50 多家工业企业[5]，其中，地毯产业在国内外享有盛名。

土库曼斯坦纺织业的发展并在国际市场上占有一席之地，很大程度上是土库曼斯坦与具有丰富经验的外国企业合作的结果。中亚地区最大的纺织企业土库曼巴什纺织企业是土库曼斯坦与土耳其、日本三国兴办的合资企业，能够完成从棉花加工到成品针织品、缝

---

1 《土库曼斯坦经贸指南》，中华人民共和国商务部 2006-08-26。
2 《土库曼斯坦纺织行业概况分析》，中商情报网 2014-03-26。
3 《土库曼斯坦独立 25 年固定资产投资超过 1440 亿美元》，中华人民共和国商务部 2016-09-17。
4 《土库曼斯坦纺织业最新发展情况》，全球纺织网 2016-05-25。
5 思瑜：《土库曼斯坦的 5 个经济区》，《东欧中亚市场研究》1999 年第 4 期。

纫制品生产的全套生产过程。土库曼巴什纺织企业的设备是日本、德国、意大利、美国和土耳其等国生产的现代化设备,产品获得了 IWAY 国际质量认证,这表明其生产工艺符合国际安全与环保标准。土库曼巴什牛仔布厂是土库曼斯坦于 1994 年与土耳其一家公司建立的合资企业,该厂产品质量符合国际质量标准,全部出口国外。

为了扩大出口,政府采取了出口优惠和进口限制的关税措施。2000 年 9 月 1 日起,土库曼斯坦开始对进出口商品征收关税,其中对本国能够自产的纺织品征收了 100% 的进口关税,纺织品中的粗平纹布、棉纺牛仔布、棉纱、棉絮、针织棉布、针织棉内衣、牛仔布服装和纯棉长袍等均征收了 100% 的关税[1],对手工地毯征收 200% 的进口税[2]。2008 年 8 月 1 日生效的《进出口商品海关征税规定》在免征出口关税和非限量出口商品中排前四位的分别是缝纫制品、针织品、鞋、布。[3] 2011 年,政府计划在里海建立一个新口岸,预计于 2017 年底完工,新港口的货运量将从现在的 1000 万吨增加到 2500 万吨,届时将有力地促进该国棉花及纺织品的出口。[4]

总统指出:国家将为纺织业发展达到新的水平创造一切条件,为实施大型行业项目进行大量投资。他认为,不仅需要提高纺织行业产能,还要生产适销对路的新产品,引进先进的技术和完善的生产管理方法。他强调,应全面推进行业投资、现有企业改造和现代化新企业建设,发展生产性基础设施。[5]

---

[1] 段秀芳:《中亚国家现行外贸政策及其评价》,《俄罗斯中亚东欧研究》2007 年第 3 期。
[2] 《土库曼斯坦经贸指南》,中华人民共和国商务部 2006-08-26。
[3] 《土库曼斯坦资源和主要产业情况》,中华人民共和国商务部 2014-05-30。
[4] 《土库曼斯坦纺织行业概况分析》,中商情报网 2014-03-26。
[5] 《土库曼斯坦将扩大纺织业出口》,中华人民共和国商务部 2016-10-08。

经过20多年的发展，纺织业已经成为土库曼斯坦国民经济的重点产业之一，初步形成了棉纺、毛纺和丝纺三大主线的纺织工业体系。

第五节　继续开放的对外经济

在国内经济稳定发展的形势下，土库曼斯坦加强了对外经济开放的政策。2003年以后，政府对行政部门做了调整。2006年，撤销了外国投资管理局，它的职能由经济和财政部执行，于是，经济和财政部成为引进外资的主要管理机构，除了参与制定各项宏观经济政策外，还有管理外商投资，对投资项目进行鉴定、注册并颁发许可证，监督投资项目的实施情况，对外资企业进行注册等职能。[1]

2003年以后，政府采取了一系列推进外贸的措施，使对外贸易得到迅速发展。首先，实施了汇率改革。在对外经济活动中，由于汇率双轨制（美元与马纳特兑换的两种兑换率）阻碍了统计和招商等工作，政府于2007年底开始汇改，并且宣布从2008年5月1日起，在全国范围内实行单一汇率，消除了官方汇率与商业汇率之间存在的差距，建立统一和高效的外汇管理体系；2009年，发行了新货币马纳特，新币发行以后，国家开始实行固定汇率制，兑换美元的汇率稳定为1美元兑换2.85马纳特。2008年以来，土库曼斯坦选定的汇率不仅降低了全球金融危机对国民经济的影响，而且使外贸进出口额保持高速的增长势头。

---

[1]《土库曼斯坦经贸机构名录之一——各大部委》，中华人民共和国商务部2014-05-09。

其次,对进出口关税进行了调整。2008年8月1日,新出台的《进出口商品海关征税规定》生效,它明确了进出口商品关税的计算和缴纳程序,反映了政府鼓励出口的倾向,此外,还列出了免征出口关税和非限量出口的商品名单,其中主要有缝纫制品、针织品、烟草、酒精饮料、小轿车、矿泉水等本国支持的农牧加工业产品。

2003年以后,除2008年国际市场需求萎缩导致2009年外贸额下降外,土库曼斯坦对外贸易额基本处于不断上升的趋势,而且基本上都是顺差。2007—2012年的进口增长率分别是26.7%、29.3%、-24.1%、8.0%、46.9%、19.3%;同一时期,出口增长率分别是36.1%、41.9%、50.5%、-8.0%、28.8%、24.4%。[1]在国际市场萎缩的情况下,2009年出口达到了50.5%的高峰,这与天然气摆脱了管线单一的限制有很大关系。2013年外贸总额达350亿美元,比2007年增长近1.7倍。2014年前8个月,土库曼斯坦外贸总额与去年同期相比增长6%,外贸结构得到改善。[2]2003年以后,土库曼斯坦的对外贸易继续保持着进口额下降、出口额上升的势头,贸易呈现顺差趋势,2007—2012年的顺差金额分别是46、64.23、8.75、22.32、46.22、50.26亿美元。[3]

与独立初期相比,土库曼斯坦的对外贸易结构仍然没有发生本质变化,主要的出口产品仍然是天然气和液化气、原油和石油产品,以及皮棉和纺织品;主要的进口产品有机械设备、交通工具、食品和日用消费品。

---

[1] 亚洲发展银行:《2013年亚洲发展展望》。
[2] 《土库曼斯坦2013年外贸总额达350亿美元》,中华人民共和国商务部2014-11-17。
[3] 亚洲发展银行:《2013年亚洲发展展望》。

关于土库曼斯坦引进外资的情况，从2007年起，政府开始在各种场合大肆宣传改革开放政策，大力宣传本国良好的投资环境。2009年10月15—17日，土库曼斯坦工商联合会与英国IC Energy公司共同举办了"土库曼斯坦国际投资论坛"，论坛规模空前，总统别尔德穆哈梅多夫亲自参加论坛并讲话。2016年12月7—8日，以石油和天然气为主题的国际会议在土库曼斯坦召开，会议介绍了土库曼斯坦油气行业未来的优先发展方向和外国油气公司参与的大型项目，相关人士表示，特别鼓励外国的直接投资，并欢迎所有形式的投融资合作。

政府确定了引进外资的优先方向：引进外国公司的先进设备和技术；引进投资以开发土库曼斯坦里海海域的油气资源；引进外资参与现有油气加工企业的改造及创立；引进外资对天然气设施进行改造以及铺设新的运输管线。其中，建设天然气输送管道成为引进外资的首选项目，土库曼—伊朗—欧洲管道项目主要是伊朗出资，伊朗提供了90%的财政拨款。[1]此外，基础设施建设也是引进资本的优先领域，据国家统计与信息研究所公布的资料，截至2006年4月1日，国家各部委与外国公司的在建工程有242个，其中，生产设施建设工程资金在所有在建工程总金额中的占比为58.7%。[2]2013年，外国投资占土库曼斯坦总投资额的21%，主要用于油气资源勘探和开采、轻工和建筑领域。[3]

独立以来，土库曼斯坦在吸引外资方面的成就很大。据有关报

---

1 赵惠、杨恕：《中亚国家利用外资情况简析》，《东欧中亚市场研究》2001年第2期。

2 《来自世界26个国家的外国公司参与土库曼斯坦的建设》，杨建梅译，《中亚信息》2006年第6期。

3 《土库曼斯坦2008—2013年经济发展成果》，中华人民共和国商务部2014-11-16。

道，2005—2015 年，土库曼斯坦共获得外国投资 1172 亿美元。据联合国贸易和发展组织《世界投资报告 2012》，土库曼斯坦成为世界吸引外资指数最高的十个国家之一。[1]

---

[1]《土库曼斯坦进入吸引直接外国投资指数世界前 10 名，20 年吸引外资 1172 亿美元》，中华人民共和国商务部 2015-12-08。

第十四章
社会改革与社会保障

社会保障不仅是土库曼斯坦政治、经济改革得以进行的社会基础，而且是国家安定的重要因素。独立以后，土库曼斯坦在社会保障方面制定了一些专门性法律和有关的战略规划，在依托本国丰富油气资源的基础上，实行高福利的社会保障政策。从1995年起，政府在社会改革中提到了建立社会保险制度，然而时至今日，以市场经济为导向、以社会保险为核心的社会保障体系在土库曼斯坦还未建立起来，以社会福利、政府补贴和优抚等方式为公民提供就业、养老、医疗、教育等服务的保障形式仍占据主导地位。

第一节 以福利为主的社会保障

苏联时期，土库曼共和国执行的是统一的、由国家财政负担的社会保障制度，其主要特征是全覆盖和低水平。尽管这一保障制度存在着一些不公平的现象，但大多数人仍能够享受到国家法定的一些基本保障。由于经济发展不平衡，中亚五个加盟共和国的社会保障往往需要苏联中央的补贴，因此，土库曼共和国覆盖全体国民的社会保障制度能够一直实施到苏联解体。

独立以后，社会保障是土库曼斯坦保持社会稳定和人心安定的重要措施。执政的民主党的社会纲领提到：在向市场关系过渡中确保居民的社会保障政策，不允许继续降低人民的生活水平。独立初期，社会保险在土库曼斯坦未建立起来，政府仍然是社会保障的主体，社会保障以社会福利、政府补贴和抚恤金的形式出现。

土库曼斯坦的社会福利制度具有全体公民享受的普遍性。政府提供的福利制度包括免费、廉价供应和优惠等形式。从1993年1月1日起，政府开始实施向全国居民提供天然气、水、电、食盐免费供应的福利政策。根据宪法，土库曼斯坦全体居民享受免费教育和免费医疗服务。土库曼斯坦地广人稀，每平方千米人口仅为11人，国内天然气和石油资源丰富，这些有利条件为政府实行高福利政策创造了条件，因此，土库曼斯坦是世界上唯一一个向自己国民免费提供天然气、水和电的国家。2007年，别尔德穆哈梅多夫当选总统后宣布："像第一任总统一样，我也将继续为人民谋福利的政策，居民将得到免费的天然气、电力、水和食盐，面包、汽油和居房将维持低价不变。"[1] 2017年，总统别尔德穆哈梅多夫签署法令，调整天然气、电力、住房及公用设施、交通及通讯服务价格，即不从事经营活动的土库曼斯坦公民，使用天然气超过免费限额（自建房屋：50m³/月，楼房：20m³/月）后，按20马纳特/千方计费。该法令自2017年11月1日起施行。[2]

除社会福利制度外，政府还实行价格补贴制度。补贴制度分为两种：一种是针对土库曼斯坦全体居民的，如对食品、住房、交通、医疗等基本生活必需品和基本服务提供的补贴。其中住房方面，对私有住房房租实行补贴和对私房实行不征税政策；在生活必需品方面，向全体公民廉价供应燃油、食品；在交通方面，对公民

---

[1] 钱平广：《土库曼新总统的承诺》，东方早报2007-02-15。
[2] 《土库曼斯坦确定新的天然气、电、住房及公用设施、交通及通讯服务费率》，中华人民共和国商务部2017-10-16。

使用交通、电话通信设备等公共设施实行价格补贴和廉价服务。另一种是政府对特定人群提供的补贴,如对多子女家庭和对贫困户发放的补助金;对老年人发放的生活补贴和对职工工资、学生奖学金等各项的优惠补贴。此外,土库曼斯坦的社会保障还包括抚恤,其中主要是对伤残人员提供抚恤金。1998年,政府通过了《国家救济法》。

为了维持社会福利,政府在社会领域的开支巨大。1993年,政府给居民发放的补助金达3亿马纳特。[1] 2015年,土库曼斯坦国家财政资金的78.7%用于社会领域。[2] 2006年,尼亚佐夫总统开始缩减开支,大幅度削减伤残抚恤金。2007年,别尔德穆哈梅多夫上台以后,继续执行高福利政策;同年,政府制定了《社会保障法》,并于2007年7月1日正式生效。

《社会保障法》规定:在职职工要缴纳保险,每名员工都必须强制性投保;社保金额为员工工资额的20%,全部由雇主承担。同时还规定:全体居民享受免费教育和免费医疗;国家在公共交通、电话通信设备方面继续实行价格补贴政策;对多子女家庭和单亲母亲家庭发放补助金。2014年10月20日,总统别尔德穆哈梅多夫在一次会议上的讲话中谈到了2015年社会经济发展目标,与会者一致赞同政府继续实施高福利政策,其中包括免费使用天然气、电力和饮用水,降低公共事业服务收费等政策。

2016年上半年,总统别尔德穆哈梅多夫在一次政府工作总结会议上宣布,国家社会福利制度阻碍了市场经济的改革,必须逐步修改独立初期制定的一些法律,逐步取消政府向公民提供的大量福

---

[1] 孙壮志:《中亚五国经济转轨中的失业与就业问题》,《东欧中亚研究》1997年第3期。

[2] 《2022年土库曼斯坦经济状况及投资环境分析》,环球印象2022-01-14。

利。随着市场经济的发展，土库曼斯坦开始实施社会保险制度，它主要体现在养老和医疗保障中。

养老保障是社会保障中的主要部分。苏联时期，土库曼共和国实行国家担保型养老保障制度，养老由中央政府统筹，通过政府和企业融资，个人无须缴费，影响养老待遇的主要因素是工龄。[1]独立以后，土库曼斯坦继续执行苏联时期的养老保障制度。1992年宪法规定：公民在年老、患病、残疾、丧失劳动能力、失去供养和失业的情况下，享有社会保障权（第34条）。2006年，尼亚佐夫总统采取了社会紧缩政策，大幅度削减养老金，这一做法使土库曼斯坦国民的利益受到了损害。[2]2007年，别尔德穆哈梅多夫上台以后，恢复了养老金（每月大约30美元）制度，退还了前任政府取消的退休金。这一时期开始实施新的养老保障制度。

新的社会保障制度改变了原来国家担保型养老保障制度，确立了养老保险、政府对弱势群体补助和发放抚恤金的养老保障制度。在养老保险制度中，除国家提供基本保障外，还采用雇主和雇员共同缴费、政府负责运行的模式。《社会保障法》规定，个人按工资的1%的比例缴费，雇主缴费率为20%，实行完全积累制。

《社会保障法》颁布以后，土库曼斯坦逐渐建立了以养老保险为核心的现收现付型养老保险制度。按法律规定，在职员工年满62岁（男性）和57岁（女性）退休之时，可以领取退休金；《社会保障法》制定了提前退休制度，特殊行业的工作者，如军人、飞行员等可以申请提前退休，退休年龄男性50岁，女性48岁。

除在职员工的退休金外，《社会保障法》规定：所有公民都拥

---

[1] 阎坤：《国际养老保障模式及其对我国的启示》，《财政研究》1998年第7期。
[2] 赵龙庚：《土库曼斯坦：改革开放走新路》，《和平与发展》2008年第2期。

有获得养老金的权利,土库曼斯坦实现了养老保险的全覆盖。苏联时期的养老保障并未覆盖全社会,对此苏联中央政府逐步进行了改革。为了实现全面养老,苏联政府于1990年4月颁布了新的《国家养老金法》,按新法,政府计划从1991年1月1日起分阶段地展开养老改革。然而,由于经济下滑,苏联中央政府不仅未能完成这项改革,而且原来的养老金水平还从平均工资的62%下降到46%。土库曼斯坦新的社会保障制度扩大了退休金发放的范围。在《社会保障法》出台以前,土库曼斯坦农业工人退休后没有退休金,在新的社会保障制度中,农业工人,甚至是没有劳动工龄的人以及生养三个和三个以上孩子的妇女都可领取养老金。此外,新的社会保障制度还建立了补助和抚恤金形式的养老保障。目前,土库曼斯坦基本实现了养老保障全覆盖。

近年来,随着国家对社会领域投入的增加,养老金也在不断提高。2015年,政府财政资金的78.7%用于社会领域。[1]土库曼斯坦财政部公布的数据显示,土库曼斯坦2015年1—2月预算收入部分完成103.6%,支出实现90.7%,其中79%的预算资金投入到社会领域的发展,及时发放工资、养老金、国家补助和奖学金。[2]从2016年1月1日起,包括政府机关、独立核算企业、公共机构人员的工资、养老金、国家津贴、学生和受训人员助学金等普遍上调10%;卫国战争参加者的最低月津贴为966马纳特、最高月津贴为1302马纳特;卫国战争前后方老战士及配偶月津贴为1185马纳特;国家退休金基数下线为231马纳特,国家津贴基数下线为220马

---

[1] 《土库曼斯坦2015年宏观经济概况》,中华人民共和国商务部2016-01-13。
[2] 《土库曼斯坦国家预算2015年1—2月超额完成3.6%》,中华人民共和国商务部2015-03-17。

纳特，国家最低工资标准为590马纳特。[1] 按2016年最低工资标准590马纳特计算，土库曼斯坦的养老金替代率[2]达到了76%。这一比例基本可以保持退休前的生活水平。

尽管如此，土库曼斯坦在养老等社会保障方面还存在一些问题，这些问题的解决有待于土库曼斯坦经济的发展和社会保障体系的完善。

第二节　以法律为基础的就业保障

1972年6月28日，土库曼共和国颁布了《劳动法》，独立以后，1993年10月1日，土库曼斯坦议会对《劳动法》进行了修改和补充；此后，土库曼斯坦又陆续颁布了《居民就业法》、《劳动保护法》等有关劳动保障的法律。

土库曼斯坦《劳动法》的制定比较详细。首先，是对公民的劳动权提供保障。《劳动法》第2条规定：公民的劳动权利由土库曼斯坦宪法保障，劳动权利包括选择适合自己的职业、工作种类、工作地点的权利，以及失业保障权利。除法律规定的情况外，禁止强制劳动。第16条是对招工的规定：任何直接或间接限制权利或在招工时因性别、人种、民族、语言、社会地位、财产状况、居住地点、宗教关系、信仰、社会团体归属以及其他与劳动业务素质无关

---

[1]《土库曼斯坦工资、退休金、津贴、奖学金又将有提高》，兰州大学土库曼斯坦研究中心2015-07-10。
[2] 养老金替代率指劳动者退休时领取的养老金与退休前工资收入之间的比率。这一数字是衡量劳动者退休前后生活保障水平差异的基本指标。养老金替代率的具体数值通常是以"某年度新退休人员的平均养老金"除以"同一年度在职职工的平均工资收入"所得。目前国际公认的较为合适的养老金替代率为70%—85%的水平。

的情况而做出歧视或优待的规定皆不被允许。[1]

其次，《劳动法》对雇主与职工之间关系的规定，保障了劳动者的权益。《劳动法》规定：双方必须签订劳动合同，劳动合同以书面形式签订；对劳动合同的期限分为不定期、3年以内定期、以特定工作的完工时间为限，在劳动合同期限满之时，如果劳动关系实际继续存在，并且没有一方提出终止，那么，合同可以认为是不定期延长；禁止要求完成劳动合同未规定的工作，企业行政部门（雇主）无权要求劳动者完成劳动合同未规定的工作；终止劳动合同的条件是双方协议、合同到期、劳动者应征入伍。《劳动法》还规定：雇主只有在企业破产、改组、裁员或员工失职、无故脱岗等情况下才可解雇员工，且一般情况下须征得企业内工会组织的同意；解聘在册职工须提前两个月通知本人；因裁员以及缩编而解聘职工时，行政部门须在原企业为其安排其他工作；对失业者提供社会保障。[2]

第三，《劳动法》对劳动报酬有如下规定：在劳动合同中，必须写明计算薪金的方式，即计时制、计件制和其他方式；薪金的计算和发放方式由企业自主决定。《劳动法》还规定：劳动者要求同工同酬，不得有任何歧视，工资不得低于法定最低标准。非工人过错造成不能完成工作定额时，依法按其实际完成的工作量发放工资，月工资不得低于固定工资额的2/3；因为工人过错造成工作定额不能完成时，按其实际完成的工作量发放工资。非工人过错而生产出残次品时，根据其完成的工作，按较低的标准发放工资；这时月工资不得低于其固定工资额的2/3。因加工材料的缺陷未被及时

---

[1]《土库曼斯坦劳动法典》，陈国环译，《中亚信息》2001年第7期。
[2] 同上。

发现而导致成品成为残次品，以及不是因为工人自身原因而是在产品交接后质检人员发现其有缺陷时，按照生产出合格品时的工资标准支付工资。只有在土库曼斯坦法律规定的情形下才可以扣雇员薪酬，任何一次工资扣款的额度不得超过全部工资的 20%，在法律特别规定时也须支付职工 50% 的工资。[1]

第四，《劳动法》对劳动条件的规定：劳动者享有获得符合安全及卫生要求的劳动条件，要求补偿因工作危害健康造成的损失；在丧失劳动能力以及法律规定的其他情况下，根据年龄享受社会保障。《劳动法》还规定了带薪休假制度：劳动者享有各工种极限工作时间段所规定的休息，以及每年度的带薪休假；禁止克扣休假补贴。[2] 此外，《劳动法》还对组织工会以保障职工权利进行了规定。

在法律条文基础上，政府采取了一些积极措施，制定了有关劳动保障的一系列中长期计划。如在保障公民的劳动权方面，2008 年，土库曼斯坦工业家企业家联盟成立，目前有 14500 家私企，解决了大约 15 万人的就业问题[3]；2015 年，政府出台了《完善劳动就业和创造新的就业岗位 2015—2020 年纲要》，并就纲要制定了具体措施，有关机构研究了用工市场和劳动需求，为公民安置就业提供帮助。除了扩大用工和以贷款帮助公民创业外，政府还限制企业使用外国员工。2016 年，土库曼斯坦移民局公布了《外国公民和无国籍人士在土库曼斯坦就业程序条例》的新规定：土境内企业在招收外国公民就业及颁发劳动许可时，必须遵循土公民优先的原则；外国人在土企业员工中的比例不得超过 10%。

尽管有以上法律保障和政府措施，但在实际执行中仍然存在以

---

[1] 《土库曼斯坦劳动法典（续）》，陈国环译，《中亚信息》2001 年第 9 期。
[2] 同上。
[3] 《土库曼斯坦开始允许私营企业出口》，中华人民共和国商务部 2016-06-12。

下一些问题：

一、工业吸收的就业有限。土库曼斯坦全国80%以上的国土被卡拉库姆沙漠所覆盖，在引阿姆河水灌溉的卡拉库姆运河沿岸，人口密度大，出现了劳动力过剩的情况。尽管政府积极引导农村劳动力转移，但工业只能吸引9.9%的劳动力[1]，因此，就业情况仍十分严峻。

二、现行户籍制度限制了本国公民自由选择工作地点的劳动权利。大城市由于建设的需要，寻找工作相对于地方来说要容易些，失业人口较多的地区的居民外出到首都阿什哈巴德或诸如土库曼巴什等大城市寻找工作的现象普遍。然而，由于没有临时居留许可证，外来务工人员被视为非法而受到驱逐。

三、特殊人群就业难的问题仍然存在。在劳动保障中，尽管宪法和《劳动法》规定了全体居民有劳动的权利，但女性就业的比例不大。一部分女性出于传统的家庭观念、生活习惯而放弃从业的机会，但大部分妇女因生活和学习原因而未能获得工作的机会。此外，在土库曼斯坦劳动市场上，就业人员必须有一定的工作经验，这种要求给刚融入社会的大学生群体带来了困难。由于高等院校毕业学生要有两年的社会实践才能获得毕业证书，而企业和事业单位不能满足他们的实践需求，因此，拿不到毕业证书的大学毕业生也不能顺利找到工作。虽然修订后的《劳动法》为大学生的就业创造了较好的法律环境，但在实际用工中毕业生仍是失业较多的群体。时至2014年，土库曼斯坦劳动就业问题仍然未能得到妥善解决。据《中立的土库曼斯坦报》报道，总统别尔德穆哈梅多夫在总结

---

[1] 孙壮志：《中亚五国经济转轨中的失业与就业问题》，《东欧中亚研究》1997年第3期。

2014年经济工作时批评了相关部门未能制定专门计划以解决这一问题，他指示，必须制定综合计划，明确具体目标，创造就业机会，并提供财政支持。

四、劳动者工资报酬不高。在经济好转之后的1998年，还有24.8%的就业人口日均收入低于1美元。[1]尽管从2005年以来，政府每年都在增加工资，并且决定2005年以后每5年工资提高1倍，但到2008年，土库曼斯坦职工月工资仍不足30美元。[2]根据2016年7月通过的土库曼斯坦总统令，土库曼斯坦最低工资为每月650马纳特。[3]土库曼斯坦的低工资造成了大批人不愿工作的倾向，这一点从政府的长期发展纲要中可以反映出来。在国家纲要中，政府强调：为了提高人民的生活水平，首先应该提高居民的实际收入和加强对劳动的刺激作用，使工资成为保障劳动者及其家庭生活的主要来源。[4]此外，拖欠工资现象的存在也是劳动保障中的问题。尽管土库曼斯坦《劳动法》对工资的发放有明确规定，但拖欠工资的现象仍普遍存在，连续几个月领不到工资、向政府部门上告的土库曼斯坦人越来越多。土库曼斯坦劳动报酬很低和不能按时领取劳动报酬，挫伤了劳动者的积极性。在2015年制定的计划中，已将提高居民的实际收入，最大程度确保劳动人口就业率写入其中。2016年，总统发布命令，自2017年1月1日起，土库曼斯坦在职职工工资上调10%，其中最低月工资为650美元（约合186美元）。[5]

---

[1] 杨进：《贫困与国家转型：基于中亚五国的实证研究》，第84页。
[2] 赵龙庚：《土库曼斯坦：改革开放走新路》，《和平与发展》2008年第2期。
[3] 张琰：《国际能源市场低迷背景下的土库曼斯坦经济》，《欧亚经济》2017年第3期。
[4] 施玉宇：《〈土库曼斯坦至2020年经济、政治和文化发展战略〉国家纲要》，《俄罗斯中亚东欧市场》2004年第2期。
[5] 《土库曼斯坦2017年平均工资上调10%，最低工资为650马纳特》，中华人民共和国商务部2017-01-11。

土库曼斯坦在劳动保障方面尽管还存在着许多问题，但政府认为，随着经济的稳步发展，职工的就业和劳动保障将会得到改善。

第三节　覆盖全体公民的医疗保障

医疗保障是社会保障中的重要组成部分，土库曼斯坦的医疗保障覆盖全体公民。1992年宪法第33条规定：公民有健康保护权，其中包括免费享用国家保健机构网以及允许根据法律和法律规定的程序实行有偿的医疗服务。虽然宪法规定可以实行有偿的医疗服务，但在独立初期，土库曼斯坦基本上实行的是由国家担保和政府管理的公费医疗保障制度。政府于1995年7月21日出台了"国家健康计划"，其宗旨是：改善居民健康状况，提高医疗服务质量，使就医观念从治病向防病转变。[1] 这一天被定为土库曼斯坦国家医疗卫生工作者日。政府于1998年成立了国家医药保健基金会，其职能是采购医疗用品，负责医疗基建和医学科研，指导医学工业的发展等。以上措施反映了政府对国民卫生医疗保障的重视。

1995年，土库曼斯坦开始了医疗体系的改革。根据总统令，从1996年1月1日起开始实行自愿医疗保险制度。截至2002年，全国190万人办理了医疗保险，自愿型医疗保险覆盖率占土库曼斯坦总人口的36.5%。[2]

2003年，总统尼亚佐夫考虑到医疗成本太高，医生严重短缺，好的医生都留在了城市，提出"为什么我们需要这些医院？如果人们生病了可以来首都治病"，认为医疗体系急需改革。于是，政府从应征士兵中挑选了一批医务工作者，解雇了近1.5万名医生和护

---

[1]《土库曼斯坦医疗保健业简介》，中华人民共和国商务部2002-07-10。
[2] 同上。

士，限制其他人进入医疗系统[1]，2005年关闭了首都之外的所有医院[2]。以上改革给土库曼斯坦医疗卫生领域造成了严重后果：淋巴腺鼠疫在全国大面积传播，艾滋病、肝炎和肺结核患者不断增加，到2006年，土库曼斯坦居民的预期寿命还不到60岁，在亚洲排名最后几位。[3]据俄罗斯媒体透露，到2008年，土库曼斯坦儿童死亡率高达7%，反映了医疗保障糟糕的现状。[4]

2007年，土库曼斯坦新任总统别尔德穆哈梅多夫废止了前任总统的法令，让医院重新开放，并签署了关于修改税法典中有关医疗机构内容的法令。据此法令，土库曼斯坦医疗服务机构以及从事药品、消毒剂、医疗用品和设备、整形矫形器具和残疾人用品销售的行业免缴增值税。同年颁布的《社会保障法》，标志着以医疗保险、预防保健及家庭医生制度为主的医疗保障制度在土库曼斯坦初步建立起来。

医疗保险在土库曼斯坦医疗保障制度中处于核心地位。根据《社会保障法》的相关规定：参加自愿型医疗保险的人可以十分之一的价格购买药品及医疗用品，可以在尽短时间内入院治疗。土库曼斯坦医疗保险实行全覆盖，缴费率为工资的4%。[5]

在土库曼斯坦医疗保障制度中，预防保健制度处于至关重要的地位。政府始终重视预防保健工作，加强了针对吸烟、酗酒、吸毒等致病因素的宣教工作。从2006年起，政府预算拨款将向富有效

---

1 《美刊评点全球最失败医改方案，奥巴马恐遭遇滑铁卢》，《环球时报》2009-07-23。
2 赵龙庚：《土库曼斯坦：改革开放走新路》，《和平与发展》2008年第2期。
3 《美刊评点全球最失败医改方案，奥巴马恐遭遇滑铁卢》，《环球时报》2009-07-23。
4 赵龙庚：《土库曼斯坦：改革开放走新路》，《和平与发展》2008年第2期。
5 阿里木江·阿不来提：《中亚社会保障问题研究》，第178页。

益的基层医疗卫生服务倾斜（占全部支出的60%），保健管理机关与医疗企业间的关系发生变化，改为合同制，城市和各区的健康机构成为医疗服务的提供方，而管理机关则为接受方。[1]

在土库曼斯坦医疗保障制度中，家庭医生制度的作用突出。从1996年起，土库曼斯坦取消了以往分片区的医疗服务机制，开始实施家庭医生制度。在这种制度下，国家为每一个片区保留一个家庭医生，这些家庭医生为社区居民提供上门查诊、医疗咨询、疾病预防等最基本的服务，按规定，只有参加医疗保险者才有资格选择家庭医生。家庭医生的主要工作是培养健康生活方式、防治疾病、教导居民自觉和负责任地对待个体健康和公众健康问题。目前，在土库曼斯坦有4000个家庭医疗站，有3000名家庭医生、800多名医士和4000多名护士。[2] 家庭医疗制度的推行，促进了疾病预防工作，为减少病床数量、节约预算资金提供了可能。家庭医生的工资与其服务的患者数及健康指数挂钩。[3]

在土库曼斯坦医疗保障体系中，政府加强了对特殊人群的保障。一、加强了对妇女和儿童的保障。按照《社会保障法》，孕妇的生育费用和未成年人的医疗费用全部由国家承担，并对多子女家庭实行奖励制度。2009年修订的《社会保障法》规定，从2009年7月1日起，婴儿出生、儿童养育和残疾人津贴平均增加27%—28%。[4] 据此方案，母亲照看子女的月补助标准提高了30%，一次性补助提高了25%；每个未满3岁的儿童可以获得约18美元的补助，而生育3个或更多孩子的一次性补助从100美元至200美元不等。[5]

---

1 《土库曼斯坦医疗保健业简介》，中华人民共和国商务部2002-07-10。
2 阿里木江·阿不来提：《中亚社会保障问题研究》，第178页。
3 同上。
4 《土库曼斯坦修订〈社会保障法〉》，黄婷婷译，《中亚信息》2009年第4期。
5 阿里木江·阿不来提：《中亚社会保障问题研究》，第180页。

此外，政府为多子女家庭提供购房贷款；对残疾人、二战退伍老兵等弱势群体实施医疗救助制度，提供免费医疗服务及生活补贴。

二、加大了对工伤或患职业病者的帮扶力度。1995年，政府开始强制实行工伤保险制度。工伤保险一般实行雇主缴费制度，自谋就业人员不在工伤保险范围之内。根据《劳动法》规定，个人工伤等级一般分为三级，且必须经过国家法定部门的鉴定，为此，政府成立了工伤事故的认证机构。员工一旦被鉴定为工伤，直到康复享受全部工资待遇。工伤等级为一级的人员，退休金为平均工资的90%，二级为80%，三级为50%。[1]

政府还加大了医疗卫生方面的投入力度。2011年，土库曼斯坦用于卫生保健领域的资金预算达到24500万美元，比2010年增加20.7%。[2] 预计2020年，社会领域方面通过兴建新医院、卫生所、门诊中心，使保健水平达到世界标准。[3]

尽管如此，土库曼斯坦医疗保障还存在许多问题。基层医疗条件差是主要问题之一。在执行家庭医生制度以后，减少了对基层医院的投入，精简了乡村医院，导致了基层医院医疗水平的下降及医疗条件的恶化。

再者，医疗水平有限。土库曼斯坦医药界与国际联系不多，医疗水平得不到提高。国际组织和代表处在土库曼斯坦的活动局限于举办讲习班和培训班；2010年，国际医疗人道组织"医生无国界"被驱逐出境，由于岗位数量减少，和平队志愿者也不得不离开土库曼斯坦。至于家庭医生的医疗水平就更低了，而一些疾病的进院治

---

[1] 阿里木江·阿不来提：《中亚社会保障问题研究》，第179页。
[2] 《2010年土库曼斯坦经济稳步增长》，《新疆经济报》2010-12-13。
[3] 施玉宇：《〈土库曼斯坦至2020年经济、政治和文化发展战略〉国家纲要》，《俄罗斯中亚东欧市场》2004年第2期。

疗又需要得到他们的同意，致使患者得不到及时医治。

土库曼斯坦的医疗卫生领域还存在许多问题，政府对医疗卫生领域的问题十分重视。2016年，政府在首都阿什哈巴德举办了"卫生2016"国家医疗博览会，包括议会议长、副总理、各部部长在内的领导人出席了博览会开幕式，会上，副总理撒派尔代表总统讲话，强调要大力发展土库曼斯坦医疗卫生事业，提高人民群众的健康水平。

第四节　有待完善的教育保障

独立以后，土库曼斯坦对国民的教育十分重视。1992年宪法规定：每个公民都有受教育的权利；普通中等教育是义务制，每个人都有权在国家教育机关中免费接受义务教育。1993年10月1日，土库曼斯坦第一部《教育法》出台，进一步明确了土库曼斯坦公民的教育权利。2007年2月15日，政府出台了《完善土库曼斯坦教育制度》的法律，对1993年《教育法》进行了修改，新的《教育法》于2009年8月15日正式实施。2013年，对2009年的《教育法》再次进行了补充和完善。

在《教育法》的几次更改中，教育体制不断变化。1993年《教育法》规定土库曼斯坦教育体制由学前教育、普通教育（10年）、高等教育（4—5年）组成。1993年11月18日，总统尼亚佐夫颁布新的教育政策，将普通教育由10年制改为9年制，学生接受9年的基础教育以后可以报考高等院校。1998年，总统又下令缩短高等教育年限，高等教育由原来的4—5年制改为两年制。2007年，新总统别尔德穆哈梅多夫上台以后，强调教育体制是教育改革的基础，是实施国家发展战略的重大决策，他于2007年颁布的第一条总统令就是将9年制的基础教育恢复为10年制，高等教育从两年制恢复为原来的4—5年制。2013年，别尔德穆哈梅多夫总统在政府扩大会议上签署了《关于完善土库曼斯坦教育体系》的命令，为确保教育质量符合世界水平，普通教育从2013—2014学年开始将实行12年制，2013年以后（包括2013年）入学的学生开始接受12年制普通学校义务教育。然而，由于教育领域的财政拨款减少，2016年，土库曼斯坦又恢复了10年制普通教育。截至2016年，土库曼斯坦实施的教育体制是：学前教育、10年制普通教育（或称基础教育）、4—5年制高等教育、研究生教育。

关于学前教育，2013年《教育法》规定：特殊教育学校学生的助学金标准应高于普通学校学生的标准；保障孤儿、留守儿童以及残疾适龄儿童、少年接受义务教育的权利等。[1]2016年9月8日，总统在内阁会议中说，土库曼斯坦新增11所幼儿园，可招收2010名儿童。各州的儿童保健中心可接纳5223名儿童。[2]

关于普通教育阶段，2009年《教育法》规定：地方各级人民政府应当保障适龄儿童、少年在户籍所在地学校就近入学；少年免试入学。据官方统计，到2012年，土库曼斯坦共有中小学1705所、中等专科学校21所。[3]

独立以来，土库曼斯坦高等教育发展迅速。2009年《教育法》规定增加高校招生规模，高校数量逐年增多。到2012年2月，土库曼斯坦的高校21所，其中大学4所，学院17所。[4]随着高校教

---

[1] 李睿、李敬欢：《土库曼斯坦教育状况与改革初探》，《民族教育研究》2017年第3期。
[2] 《土库曼斯坦政府1—8月工作总结》，中华人民共和国商务部2016-09-17。
[3] 《土库曼斯坦国家概况（2）》，中新网2013-08-29。
[4] 肖贵纯：《土库曼斯坦高等教育的特色及启示》，《西北民族大学学报》2012年第5期。

育的发展，2016年土库曼斯坦有大学24所，2016年招收大学生7256人，几乎比2006年的3275人翻了一番。[1]

土库曼斯坦实行义务教育制度。2013年《教育法》第40章规定：符合国家教育条件的土库曼斯坦公民，有权在国立教育机构接受免费教育，政府免费为学生提供一切必要的学习条件。第49章规定：家长在子女达到上学年龄后，有义务送子女入学；学校必须接受适龄儿童、少年入学的诉求；学校有义务提供相应的教学条件；违反本法规定者，将受到严厉的法律制裁。[2]目前，除第二学历教育、函授教育及在民办教育机构的学习外，土库曼斯坦对前述各阶段的学习实行义务教育。

独立初期，土库曼斯坦教育经费主要由国家财政负担。2005年12月2日，总统尼亚佐夫在内阁部长会议上提出，国家预算中将不再包括教育经费，教育经费由地方政府自行承担。新总统上台后，在2009年颁布的《教育法》中，再次明确了教育由国家拨款的规定，2013年《教育法》强调教育经费由国家承担，国立教育机构实行免费教育。政府建立了义务教育的保障机制，明确规定了土库曼斯坦内阁在教育领域的权利及义务：监督管理国家教育机构的教育行为；保障本国公民受教育的权利。[3]然而，由于经济负担过重，2016年，土库曼斯坦进行了两项教育改革，即普通教育从12年制缩减为10年制；高等教育开始向收费制过渡。截至2017年，除土库曼-土耳其国际大学和土库曼斯坦国际人文科学与发展大学外，其他高等院校均实行免费制，并且每个月还给学生发放奖学金。可

---

1 崔正领：《土库曼斯坦高等教育现状考》，《福建茶叶》2019年第8期。
2 李睿、李敬欢：《土库曼斯坦教育状况与改革初探》，《民族教育研究》2017年第3期。
3 同上。

以说，土库曼斯坦在教育保障方面基本上实现了社会公平。

尽管如此，土库曼斯坦教育领域还存在一些问题。首先，家庭贫困的子女进入高等院校的机会受限。土库曼斯坦虽然实行免费教育，但在普通义务教育之后，要达到高等教育水平才能进入高等院校学习。在此过程中，存在着不公平的现象。家长为了让孩子到一所好一点的学校，以向当局者"送礼"获取门票。20万美元可以买到名校的录取通知书。[1] 对于贫困家庭子女来说，进校困难，完成学业后获取毕业证书也同样困难。按土库曼斯坦教育制度的规定，高等院校毕业生在完成学业之后，必须有两年的社会实践才能得到学业认可的文凭。在就业困难的土库曼斯坦，企业和事业单位都接收不了这么多的学生前来实习，因此，仅靠大学生本人的力量不可能得到工作安排。对于找不到关系进入企业或事业单位实践的，还可以拿钱赎买，其费用达到6300马纳特（约2600美元）。[2] 没钱的学生拿不到毕业证，这种情况不在少数。由于土库曼斯坦普遍存在的腐败，这种情况短时期内不可能改变。

其次，教育资源的配备存在着地区差异。从高等院校来看，著名大学，如国立马赫杜姆库里大学、土库曼-土耳其国际大学、政治学院、语言学院、军事学院、财经大学、信息通信学院、旅游学院等集中在首都阿什哈巴德；2007—2011年，在阿什哈巴德及附近地区建成并投入使用10所高校教学楼。[3] 新总统上任后采取了一些措施。2007年以后，土库曼斯坦不断加大教育投入，新增投入的绝大部分用于农村和贫困地区，极大改善了各州的办学条件。

---

[1] 崔正领：《土库曼斯坦高等教育现状考》，《福建茶叶》2019年第8期。
[2] 《文凭问题困扰土库曼斯坦大学毕业生》，谷维译，《中亚信息》2007年第12期。
[3] 肖贵纯：《土库曼斯坦高等教育的特色及启示》，《西北民族大学学报》2012年第5期。

2013年《教育法》细化了国家教育标准以保障教育的统一性：土库曼斯坦国家教育标准由土库曼斯坦内阁制定与批准，国内所有教育机构必须强制执行。国家教育标准包括科目设置、教科书选择、教学、学生评定、教育经费、奖学金等。[1] 以上措施对教育的均衡发展起到了一定作用，但地区差异仍然存在，特别是城乡差别较大。

教育质量是土库曼斯坦教育中的另一个问题。独立以后，土库曼斯坦经济陷入危机，由于财政赤字，教师减员，这一形势在2006年更加恶化。是年，政府规定教育经费开始由地方政府承担，一大批经验丰富的教师又离开了教育领域。俄罗斯教育专家认为，土库曼斯坦的中学教育质量很差，无法与独联体其他国家毕业生一起进入高校学习，特别是过渡到9年制教育以后，毕业生的文化程度更是大打折扣。[2]

为解决教育质量的问题，土库曼斯坦不仅按国际标准完善了教育体制，而且按国际标准增补和修改了大学教学大纲，制定了符合国际标准的教学标准；开展了远程网络教学，积极推行计算机网络教学实践，为年轻一代扩大全球信息资源渠道；建立了高等学校和研究所相结合的有效机制，推进教学与科研一体化进程；重视国际交流，招聘外籍教师，鼓励留学。在尼亚佐夫执政时期，国家采取不承认学籍等手段阻止公民外出留学；2007年新总统上任以后，鼓励青年到欧美等西方发达国家，以及到中国和日本留学，国外大学毕业文凭在国内获得认可。[3] 2013年《教育法》规定：政府为在境

---

[1] 李睿、李敬欢：《土库曼斯坦教育状况与改革初探》，《民族教育研究》2017年第3期。

[2] 贾铁军：《土库曼斯坦留学生的两难选择》，《光明日报》2003-04-10。

[3] 赵龙庚：《土库曼斯坦：改革开放走新路》，《和平与发展》2008年第2期。

外留学的学生提供教育贷款,贷款由中央银行核准后发放。[1]

尽管存在着以上问题,但应该肯定的是,土库曼斯坦独立以来在教育领域所取得的成绩是主要方面。

---

[1] 李睿、李敬欢:《土库曼斯坦教育状况与改革初探》,《民族教育研究》2017年第3期。

第十五章
对外关系与外交活动

独立初期,土库曼斯坦因受周边国家阿富汗和塔吉克斯坦内战等不安定因素的影响,采取了中立的外交政策,这一定位得到了联合国的承认;1995年,土库曼斯坦获得永久中立地位,为独立国家的建设争取到宽松的外部发展环境。独立以来,土库曼斯坦在平等互利原则的基础上,与周边国家建立了友好互助的睦邻关系;在积极中立和对外开放的外交政策下,与俄罗斯、美国和中国等世界大国,以及欧盟、北约等地区组织建立了稳定发展的良好关系。

第一节 理解与信任的中亚国家关系

与邻国及周边国家发展友好合作关系是土库曼斯坦外交政策的重要方向。土库曼斯坦地处中亚西南部,南面和东南面分别与伊朗和阿富汗接壤,西北面与哈萨克斯坦相邻,北面和东北面与乌兹别克斯坦毗邻。独立以后,土库曼斯坦首先加强了与中亚国家的关系。

土库曼斯坦与哈萨克斯坦有458.3千米(也有379千米之说)的边界线。独立以后,曼格什拉克半岛的归属成为两国边界纠纷的主要地区。曼格什拉克位于里海东岸,17世纪以前一直是土库曼人的游牧之地。17世纪30年代,在里海北岸游牧的土尔扈特人沿里海东岸南下,来到曼格什拉克,土库曼人开始离开此地向南迁移。1640年,希瓦汗阿布哈齐来到曼格什拉克,他看到此地的土库曼人大约只剩下七百户左右。[1] 18世纪上半叶,准噶尔人入侵哈萨克草原,哈萨克人向西逃亡,曼格什拉克半岛被哈萨克人占据,残留在这里的土库曼人开始向花剌子模绿洲迁移,半岛成了哈萨克人的居地,这一事件直接影响了20世纪初的民族划界。20世纪70年代,苏联政府在此设立了隶属于哈萨克共和国的曼格什拉克州。

独立以后,土哈两国在此并未发生大的冲突,并很快划定了国界,有关报道说,土哈之间国界的划分在中亚国家中是最早完成的。2001年7月5日,土哈对两国国界进行了勘界,以后达成了协定,协定从2006年8月31日开始生效。尽管如此,双方国界线的最终完成是在2017年。

据哈外长阿布德拉赫曼说,土哈两国总统于2017年4月在哈首都阿斯塔纳签署了《哈土勘界协定》,协定旨在从国际法层面明确两国之间的国境线。同年11月10日,土、哈、乌三国外交部长在乌撒马尔罕市签署了三国边界交界处协议,该协议的签署是土、哈、乌三国边界划分的重要阶段,成为三国领土完整、互相尊重和主权平等的主要支柱。哈外交部曾表示,该协定有利于促进各国相互尊重,维护各国主权和领土完整。[2] 2017年,土总统别尔德穆哈梅多夫访哈,两国总统签署了《战略合作伙伴协议》,进一步深化了两国关系。

独立以后,土吉两国于1992年10月5日建交。两国领导人每年除电话会谈外,还要会晤数次。此外,土吉两国的政治关系

---

[1] 阿布尔·哈齐·把阿秃儿汗:《突厥世系》,罗贤佑译,第300页。
[2] 孙孟禹:《哈萨克斯坦议会批准哈、土、乌三国国界交界点协定》,兰州大学土库曼研究中心 2018-09-14。

主要体现在两国参与的独联体国家首脑会晤、中亚五国领导人峰会、中西亚经济合作组织会议、突厥语国家首脑会晤期间。在会议期间，土吉两国总统经常单独会晤，就发展双边关系问题以及共同关心的地区性问题乃至重大国际问题进行讨论和磋商。[1]

土库曼斯坦与乌兹别克斯坦的边界线是20世纪20年代确定的。独立以后，两国之间没有发生大的边界冲突。虽然有报道说土乌在独立初期很早就开始了划界工作，但双方边界线的划定是在2017年。

2017年3月上旬，在乌总统米尔济约耶夫访土期间，双方达成共识，正式启动边界争议地区的勘界划界的谈判进程，并且成立了两国政府之间的联合勘界划界工作委员会。3月27日至30日，土乌联合勘界划界工作委员会专家组在土库曼纳巴德市举行工作磋商，就委员会的筹备工作交换了意见，并于5月1日至6日，在乌首都塔什干市举行委员会第一次工作会议，讨论两国边界争议地区勘界划界谈判工作规划，以及2017年度联合实地勘察计划，并达成原则性共识。

独立之后，水资源的分配和利用成为土库曼斯坦与塔吉克斯坦关系的重要问题之一。土库曼斯坦国土的90%以上被沙漠覆盖，其中世界第四大沙漠卡拉库姆就占据了土80%的领土，虽然其境内的科佩特山脉和帕罗特米兹山区河流密布，但流量都很小，因此，土库曼斯坦是世界上最干旱的国家之一。由于水资源短缺，20世纪60年代，苏联中央政府在土库曼共和国境内开始建设卡拉库姆运河，引阿姆河之水灌溉卡拉库姆荒漠。阿姆河是中亚流量最大的河流，土库曼斯坦处于阿姆河的中下游，而位于该河上游的塔吉

---

[1] 施玉宇编著：《土库曼斯坦》，第207页。

克斯坦控制着阿姆河总流量的80%以上,阿富汗为8%,乌兹别克斯坦为6%,土库曼斯坦为3%。[1] 土库曼共和国水资源的分配与利用受制于塔吉克共和国。苏联时期,水资源的分配由中央政府计划,如1987年,中央政府分配给吉、塔、土、乌四国的阿姆河用水额度之比依次是0.6%、15.4%、35.8%、48.2%,显然,政府拨给土的阿姆河水比例是比较高的。在水资源的利用方面,中央政府按资源优势互补的模式解决,上游国家在春夏两季放水发电,既解决了本国的能源问题,又为下游国家提供了灌溉用水;在冬季蓄水之时,下游国家应向上游国家提供能源和工农业产品作为补偿。

独立之初,中亚国家基本上沿用了苏联时期水资源的分配方案,即吉、塔、土、乌四国对阿姆河的分水比例为0.4%、13.6%、43.0%、43.0%。[2] 从此分配比例来看,土库曼斯坦得到的份额与乌兹别克斯坦一样,占比很大,而对阿姆河贡献较大的国家(塔吉两国)水资源分配并不多。苏联解体以后,水资源的调控机制丧失了,原来的水资源分配模式难以为继,上下游国家之间为水资源的分配和利用发生了冲突。中亚国家就水资源的分配和管理召开多次会议。在1992年4月19日召开的中亚五国水利部部长会议上,组建了国际水利管理协调委员会,签署了国家之间水资源的保护、利用和管理合作协议,协议确立了水资源是中亚国家整体的共同资源的原则。此后在1992—2002年间,中亚国家召开了8次会议,除1998年会议外,土库曼斯坦均有代表出席。

1993年会议发表了《关于解决咸海及其周边地区危机并保障咸海地区社会经济发展的联合行动的协议》;1995年会议五国发表

---

[1] 赵忠奇:《中亚五国:拯救正在"消亡"的咸海》,《文汇报》2023-09-16。
[2] 姚海娇等:《中亚地区跨界水资源问题研究综述》,《资源科学》2014年第6期。

了《咸海宣言》(即《努库斯宣言》);1999年会议在土库曼斯坦举行,会后五国发表了《阿什哈巴德宣言》。以上会议的召开和协议的签订,并未解决水资源的分配问题。2008年,中亚五国元首在吉尔吉斯斯坦首都比什凯克举行峰会,基本解决了下游国家向上游国家进行补偿的问题。2009年的会议达成临时协议,下游国家保障对上游国家的电力和天然气供应,上游国家则保障下游国家的用水。2009年以后,中亚国家之间的双边谈判、多边谈判仍在频繁进行。

土乌两国的水资源纠纷主要是阿姆河中游引水过度的问题。阿姆河流经帕米尔高原后,从阿富汗和乌兹别克斯坦边境流入土库曼斯坦,在土库曼斯坦的流程达1000千米,出土库曼斯坦境后,阿姆河再次流入乌境内的卡拉卡尔帕克自治共和国,然后注入咸海。土境内修筑的卡拉库姆运河在20世纪80年代以后逐渐完工,它将阿姆河河水引出,灌溉了干旱的卡拉库姆荒漠。独立以来,土库曼斯坦灌溉农田面积从150万公顷增至180万公顷。[1]在被运河引流之后,阿姆河几乎无水流到下游,不仅导致咸海的水量减少,水位迅速萎缩,而且损害了乌下游用水。生活在阿姆河三角洲的卡拉卡尔帕克人因咸海生态的破坏而不能继续他们传统的渔业和农业,土乌关系也因此受到影响。除卡拉库姆运河外,2000年,土库曼斯坦启动了名为"金世纪湖"的建设项目,即在卡拉库姆沙漠中造一个人工湖,该项目的建设将引出更多的阿姆河水,这直接影响了乌的利益。

为了发展经济,土乌两国争相引用阿姆河水的现象还在继续,因此在短时间内,阿姆河下游和咸海缺水的现象无法得到妥善解决。2015年,应乌总统卡里莫夫的邀请,土总统别尔德穆哈梅多夫

---

[1] 苏来曼·斯拉木、泰来提·木明:《中亚水资源冲突与合作现状》,《欧亚经济》2014年第3期。

对乌进行正式访问,双方就跨界河流水资源利用问题进行了交谈。两位总统一致认为,双方在遵守国际公认的国际法准则的原则下,考虑地区国家的利益。

尽管存在以上问题,土乌关系基本上仍朝着增进友好的趋势发展。特别是2007年土新总统上任后,土乌在经贸合作方面有了实质性发展。2007年10月,乌总统卡里莫夫访土,双方签订一系列协议,加强交通领域的合作、打通向西的运输通道也是讨论的重点。[1] 2011年乌土双边贸易额为5亿美元,同比增长了近70%。2012年,在乌总统卡里莫夫访土期间,双方签署了《2013—2014年经济合作条约及政府间商品互供协议》,卡里莫夫指出,两国完全能够将贸易额提高一倍。[2]

在土乌经贸关系中,交通和过境运输成为双方合作的战略方向。穿过乌兹别克斯坦的中亚—中心天然气管道改造项目的进展和中土天然气管道项目的建设,对土实现天然气出口多元化和扩大天然气出口量有着现实意义。2017年,新任乌总统米尔济约耶夫访土,在此期间,两国签署战略伙伴关系的协议。

土哈两国的经济合作呈现发展趋势。在对外贸易方面,土哈贸易呈现出上升趋势,土哈进出口贸易额从2000年到2008年翻了8.7倍;哈对土出口商品主要是小麦、面粉、金属制品、汽车,土对哈的出口产品是天然气和石化产品。[3] 尽管两国贸易呈上升趋势,但土在哈的中亚贸易伙伴中已经从排名第二(仅次于乌兹别克

---

[1] 吴宏伟:《2007年中亚发展形势》,邢广程主编:《俄罗斯东欧中亚国家发展报告(2008年)》,社会科学文献出版社,2008年,第171页。

[2]《乌兹别克斯坦扩大与土库曼斯坦双边贸易额》,中华人民共和国商务部2012-10-18。

[3] 于新:《哈萨克斯坦国际贸易发展特点及与中亚国家贸易发展状况》,中华人民共和国商务部2009-08-13。

斯坦）跌到了末位。[1] 两国经济合作的重点集中在油气开采和运输方面，2007年9月12日，哈总统纳扎尔巴耶夫访土，双方就拓展和深化双方合作的一系列问题进行了讨论，哈方希望参与里海大陆架土库曼斯坦地段的油气开采，共同开发新的油田，双方还准备沿古丝绸之路修一条哈—土—伊（伊朗）铁路，该项目的建成将会使两国的经贸合作提升到一个新的水平。

土吉之间的经济活动不多，主要签订了贸易协定、经济合作协定等双边合作文件。据统计，1996—1999年吉在土出口额中分别占0.6%、3%、3.8%和1.6%，在其进口额中分别占0.8%、0.4%、0.4%和0.6%。总的来说，土吉两国贸易额不大，在土同中亚国家贸易中居末位。[2]

土塔经济交往在独立初期开始。1993年1月，塔总统拉赫莫诺夫访土，两国签署了《外交部相互合作议定书》。土塔经济合作的主要项目是土库曼斯坦、阿富汗、塔吉克斯坦三国铁路的修建。2012年3月，三国总统在土首都阿什哈巴德签署了修建土阿塔铁路（TAT线）的协议书，该铁路总长约400千米，在土境内从阿塔穆拉特至阿基纳有120千米。土阿塔铁路项目的实施，将促进中亚地区交通网络的完善，推动本地区乃至整个欧亚大陆的经贸合作。

总的来看，土库曼斯坦与中亚邻国保持着友好的政治交往和互助互利的经济关系。

第二节　若即若离的土俄关系

土库曼斯坦是1991年在苏联土库曼加盟共和国的基础上形成

1　《谁是哈萨克斯坦在中亚最大的贸易伙伴？》，丝路新观察2023-08-22。
2　施玉宇编著：《土库曼斯坦》，第207页。

的独立国家。根据苏联1924、1936和1977年的三部宪法，土库曼共和国具有外交和外贸权；然而，包括土库曼共和国在内的中亚五个加盟共和国实际上并不享受这种权利，既没有派驻外国的外交代表，在本国内也没有接纳外国的外交代表。这种情况在戈尔巴乔夫执政时期有所改善，1989年9月24日，苏共中央全会通过了《党在当前条件下的民族政策》（行动纲领），纲领规定，在不违背全联盟利益的情况下，各加盟共和国有权独立开展对外政治活动和对外经济活动。然而，放权的政策出台不久苏联就解体了。

独立以后，土库曼斯坦开始独立行使外交权。由于土库曼斯坦在经济、政治、军事和安全等方面与俄罗斯保持了原有的、程度不一的联系，俄罗斯成为土库曼斯坦外交关系的重点。1991年12月21日，土库曼斯坦以创始国身份加入了以俄罗斯为主导的独联体。此后，土库曼斯坦在重大国际问题上与俄罗斯基本保持一致，如在打击国际恐怖主义与极端主义、裁军问题、解决阿富汗局势等问题上两国持有基本相同的立场。尽管如此，土俄关系不像哈俄、吉俄、塔俄那样紧密。1992年，土库曼斯坦加入由俄罗斯主导的独联体集体安全条约组织（简称"集安组织"）。1995年12月12日，联合国承认土库曼斯坦为永久中立国，此后，土库曼斯坦不仅与俄罗斯在政治上保持了一定距离，而且还开始疏远以俄罗斯为主导的独联体。2005年8月26日，土库曼斯坦在独联体召开的喀山会议上宣布退出独联体。土俄两国之间的政治关系在2006年达到了最低点。

在土俄关系中，双重国籍问题一直困扰着土库曼斯坦。1993年，土库曼斯坦与俄政府签署了承认本国俄罗斯族拥有双重国籍的协定，2003年4月，土俄双方重申允许两国居民拥有双重国籍，并签署了相关备忘录。然而，此后不久，土库曼斯坦单方面宣布不承认双重国籍制，2005年，政府出台了否定双重国籍的政策，让境内的俄罗斯族在俄罗斯和土库曼斯坦中做出选择。

土俄关系中的另一冲突是里海划界。苏联解体以前，里海是苏联和伊朗的内湖，在1921年和1940年俄伊两国签订的条约中，对里海已经有明确规定，即苏联与伊朗各占50%的里海水域。1991年苏联解体以后，围绕里海的国家增至五个，除俄罗斯和伊朗外，新增的国家有阿塞拜疆、哈萨克斯坦和土库曼斯坦；原苏联和伊朗签署的里海法律文件失效。里海沿岸五国致力于重新划分里海，五国对里海的划分出现不同意见。俄罗斯、阿塞拜疆和哈萨克斯坦主张按照沿岸各国的海岸线长度扇形划分海底，而土库曼斯坦和伊朗坚持五国按各占20%的份额平分海底。

2006年，土总统尼亚佐夫去世，土俄关系发生了变化。俄罗斯全球化问题研究所所长杰里亚金认为，俄罗斯是世界大国中离土库曼斯坦最近的国家，因此，俄罗斯应该采取一系列特别紧急措施，包括首先保护当地的俄国居民，其次是保护俄国在当地的商业利益，再者俄罗斯应为该国提供各种帮助促使政局稳定。[1] 土新总统别尔德穆哈梅多夫上任以后，改变了尼亚佐夫与俄保持距离的做法，土俄政治关系开始改善。

2007年，俄总统普京访土，两国总统一致认为，双方应该加强政治对话，定期举行高层会晤，扩大并深化两国间的平等互利合作关系，维护地区和世界安全领域的合作，应在双边基础上以及在各种国际组织框架下共同努力打击国际恐怖主义、非法毒品交易和有组织跨境犯罪。土总统别尔德穆哈梅多夫在他的政治和经济改革中，迫切需要得到俄罗斯的支持，普京的到访为两国关系的改善迈出了

---

1 纪军：《土库曼斯坦没有颜色革命》，《中国社会导刊》2007年第5期。

重要的一步。

2010年,土总统别尔德穆哈梅多夫在接见来访的俄第一副总理舒瓦洛夫时说,土库曼斯坦过去、现在和将来都将坚持发展与俄罗斯的互利友好合作关系,俄罗斯是土库曼斯坦的可靠伙伴。2014年,第四届里海沿岸国家首脑峰会召开,里海五国元首签署了有关里海法律地位问题的联合政治声明。俄、阿、哈、土四国同意按照中心线原则划分里海,根据该原则,俄罗斯获得海域的19%,哈萨克斯坦29%,阿塞拜疆21%,土库曼斯坦17%,伊朗14%。不难看出,土库曼斯坦做出了一定的让步。

此后,土俄关系开始升温,土俄高层互动频繁,双方在各方面的交流与合作明确加强。2016年1月27—28日,在俄外长拉夫罗夫访土期间,土总统别尔德穆哈梅多夫表示土俄关系是建立在传统、友好、睦邻的基础之上,建立在互利原则下的战略伙伴关系。此后,土俄两国在地区和全球热点问题上立场接近或一致,特别是在保障和平、安全、可持续发展和应对当代威胁和挑战的问题上。双方确认,坚持巩固和深化两国伙伴关系,实现其巨大潜力,使双边合作达到高质量的新水平。

独立初期,由于缺乏足够的武装力量保卫国土安全,土库曼斯坦的安全依靠俄罗斯提供。1992年7月,土俄两国签署了双边协议,土库曼斯坦由此获得了俄罗斯的军事支持,根据协议,土边防由俄军负责,直到1999年底,俄边防军才撤离。2007年以后,土俄两国的军事联系加强。2008年7月4日,俄国防部长阿纳托利·谢尔久科夫访土,明确了扩大军事合作是两国合作的主要方向,阿纳托利·谢尔久科夫指出,两国国防部将积极开展合作并在近两年将合作提高到新水平。同年,双方达成协议,俄向土出口六套"龙卷风"多管火箭炮系统,这是近年来俄罗斯在该地区的最大一次军售。[1] 按土俄两国军队的合作，2011年10月俄向土海军提供了两艘1241.8型"闪电"级导弹艇。

独立以后，土俄两国在贸易、经济、能源、交通运输、农工一体化等领域开展了有效合作。在贸易方面，土俄贸易额在独联体国家中一直居土对外贸易总额的首位。[2]1997年，俄在土对外贸易中的占比为11%。2003年以后，土俄贸易开始下降，2006年土俄贸易额仅为3.07亿美元，这在土当年90多亿美元的外贸总额中所占比重甚小。[3] 截至2009年3月1日，在土的俄资企业有130家，这些企业在土执行的项目总额为3.72亿美元和39.4亿卢布（折合1.18亿美元）。[4] 总的来说，土方希望与俄罗斯的各大工业建立直接联系，而俄方则将能源领域视为土俄合作的重点。从贸易方面来看，天然气交易是土俄贸易的重点。

土库曼斯坦是世界第四大天然气资源国。独立以前，土油气资源主要满足苏联经济建设的需要；独立以后，土库曼斯坦天然气主要通过俄罗斯油气出口欧洲。由于国际市场对天然气需求的增加，2003年，俄天然气公司与土签署了总量为1.8万亿立方米为期25年的天然气合作协议。2006年6月，由于天然气价格过于便宜，土曾提出过每千立方米增加约现价2倍的价格，即在110—125美元之间，遭到了俄的拒绝。此后，俄从土每年采购天然气在400多亿立方米，如2007—2008年，俄天然气公司在土的天然气采购量保持在420亿立方米水平上。按2003年签署的计划，2009—2028

---

[1] 马俊：《俄龙卷风火箭炮走进中亚，可毁灭攻击敌方坦克群》，环球网2008-06-28。

[2] 施玉宇编著：《土库曼斯坦》，第202页。

[3] 赵华胜：《俄罗斯与中亚国家的双边关系》，《和平与发展》2008年第2期。

[4]《土库曼斯坦与俄罗斯不断加强经贸合作》，中华人民共和国商务部2009-04-02。

年，土每年将向俄罗斯提供 700 亿—800 亿立方米的天然气，但 2008 年爆发国际金融危机，欧洲天然气市场需求量下滑，俄在土采购的天然气逐年减少。2009 年，俄天然气公司只在土采购了 95 亿立方米；2010 年计划的采购量拟定在 105 亿立方米[1]；在 2012 和 2013 年，俄从土进口天然气也只有 100 亿立方米左右；2014 年俄从土的购气量为 110 亿立方米；2015 年俄从土的购气量削减至 40 亿立方米。[2]

在土俄天然气贸易的利益之争仍未得到妥善解决的情况下，土政府只好寻求天然气出口多元化方案，并且向东寻求出口市场的努力取得了显著成果。在土解决天然气运输问题上，土俄两国存在着矛盾冲突。土试图与多国合作建设跨里海天然气管道，俄对此项目提出反对。如果土库曼斯坦能源经跨里海天然气管道运往欧洲，那么，土俄两国的天然气将在欧洲市场上展开竞争。

在投资方面，2009 年 3 月 25 日，土俄两国总统签署联合声明和 10 项政府间文件，其中包括鼓励和相互保护投资的协议、开通铁路和水路直达交通线的协议、边界问题合作协议、内务部门协作协议及相互承认教育文件和证书的协议等。[3] 截至 2013 年，在土库曼开展经营活动的俄罗斯独资及土俄合资企业约 180 家。

土俄两国重视传统人文领域内的交往，尤其是教育、实用技术、文化、创造方向的交流。2008 年 7 月，俄总统梅德韦杰夫在上任后的两个月正式访土，双方发表联合声明，签署了关于在阿什哈巴德设立俄国立古铂金石油天然气大学分校的议定书、两国文化部

---

[1] 奥列格·鲁京：《土库曼斯坦与俄罗斯：合作伙伴还是竞争对手？》，毕明编译，《国际石油经济》2010 年第 6 期。
[2] 《欧盟自 2019 年起从土库曼进口天然气》，《中国能源报》2015-05-11。
[3] 《土库曼斯坦和俄罗斯加强合作》，黄婷婷译，《中亚信息》2009 年第 4 期。

合作备忘录、教育合作协议、外交部合作计划等文件。2011年，土俄关系继续稳步发展，俄罗斯教育和科学部部长弗尔先科访土，两国就教育合作、人才培养、医疗保健的合作交换意见。同年，土政府决定在各驻外机构设立经贸代表处和文化专员，以扩大经贸和人文交往。与独立初期相比，土俄关系中的重要内容已经从军事转向经济，转向以天然气为主的既合作又竞争的关系。

纵观土俄关系的发展，尽管土库曼斯坦对以俄罗斯为主导的独联体国家的活动不感兴趣，然而，正如土总统别尔德穆哈梅多夫所说，俄罗斯是土国的最重要伙伴之一，无论在经济、政治还是人文领域，两国都有很多割舍不开的紧密联系；从发展角度来看，两国领导人都有推进土俄关系发展的意愿。

第三节　从冷到热的土美关系

1991年12月25日，美国承认了包括土库曼斯坦在内的独联体国家的独立，由于华盛顿与莫斯科有晚8个小时的时差，可以说，在苏联最高苏维埃共和国于当地时间12月26日上午宣布苏联解体之前，美国政府已经承认了土库曼斯坦的独立。1992年2月，美国务卿詹姆斯·贝克访问了包括土库曼斯坦在内的独联体国家，与他们建立了外交关系，并于3月15日以前在这些国家建立了大使馆。[1]

在土美关系中，美表现积极，然而，土库曼斯坦对这种热情并未给予相应回应，尽管1994年5月10日土库曼斯坦加入了由美主导的北约"和平伙伴关系计划"。[2] 独立以后，土总统尼亚佐夫奉行

---

[1] *Statement by White House Press Secretary Marlin Fitzwater*, Washington, D.C., Feb. 19, 1992, US Department of State Dispatch, Feb. 24, 1992.

[2] NATO, *Signatures of Partnership for Peace Framework Document*, http://www.nato.website/update, 14-Dec-2006.

保守政策。在政治上，尼亚佐夫领导的土库曼斯坦没有像一些中亚国家那样追随西方的民主化，而是继续苏联时期的一党制；在经济上，由于历史的原因，土库曼斯坦更多地保持着与俄罗斯的联系；在外交政策上，考虑到周边地区国际因素对国家生存与发展的影响和制约，1995年，土库曼斯坦制定了中立的外交政策。

土美关系不但没有实质性进展，更令美国不安的，一是土政府与被美总统布什列为"邪恶轴心"之一的伊朗关系密切，由于能源出口合作[1]的实施，土伊之间的关系走得很近；二是以奉行"中立"国策为由，土对阿富汗内战期间（1989—1995）的双方，即塔利班和北方联盟，不加区别地出售燃料。以上行为引起了美对土总统尼亚佐夫的极大不满，不满情绪在"9·11"以后达到顶点。"9·11"发生以后，2001年底，美采取军事行动打击阿富汗"基地"组织和塔利班政权，中亚一些国家为此让美借用基地、领空，以配合美的反恐行动。在此期间，美曾向土提出在其领土兴建军事基地或利用其领土领空打击恐怖活动的要求。对美国来说，与阿富汗毗邻的土库曼斯坦不仅是进行反恐战争最理想的基地，而且土库曼斯坦的基地还可以对伊朗形成一个包围圈。然而，土对美的要求采取婉言拒绝的态度，总统尼亚佐夫在会见美驻土大使时表示，愿意为反恐联盟提供方便，然而鉴于土国的中立原则，只能为国际反恐联盟提供人道主义援助，而不包括军事用途。

反恐战争结束以后，美助理国务卿帮办帕斯科于2002年6月27日在参议院的发言中对土库曼斯坦的人权和民主状况颇有微词。

---

[1] 土伊达成"换油出口"协议。由于伊朗的产油区集中在波斯湾沿岸，而北部油源稀少，因此由土南部将原油运往伊北部，以满足伊国内对石油的需求，再由波斯湾出口同等数量的原油，油款在扣除一定的过境费用后支付给土。这种合作对两国都有利。

在2002财政年度中，美支持土民主进程和法制健全等事业所提供的经费在中亚国家中是最少的，只有240万美元。[1] 2002年9月，俄罗斯《独立报》发表了一篇题为《尼亚佐夫执政倒计时》的文章，据该文披露，美政府正在积极物色替代尼亚佐夫的人选。[2] 同年11月25日，土库曼斯坦发生了一起刺杀总统尼亚佐夫未遂的事件，尽管最终查明这起谋杀是流亡海外的土反对派策划的，但土政府认为外国势力支持了这一谋杀事件。[3] 美国务院因一名拥有俄罗斯和美国双重国籍的嫌犯被拘捕而向土政府提出强烈抗议。受美国际发展局（USAID）等机构的资助或直接领导的非政府组织开始在土活动，截至2005年8月，土库曼斯坦境内已有138家非政府组织，这些组织大多有美国背景，以参与政治为目的。[4]

土美的紧张关系在2007年有了转机。2006年12月21日，土总统尼亚佐夫因心脏病突发逝世。以美为首的西方国家对土局势异乎寻常地关注，美国务院发言人麦科马克宣布："现在当土库曼人民思考自己未来的时候，美国和其他国家同样将和他们在一起，和他们合作，协助他们。"[5] 美国认为，土美关系即将开启"新的时代"。

2007年，土新总统别尔德穆哈梅多夫上台。2月14日，美助理国务卿鲍彻前往出席总统就职典礼，在此期间两国深入探讨了反恐、能源、民主、健康、教育以及改革计划等问题；与此同时，美国还从奉行"中立政策"的土库曼斯坦获得了利用马雷市大型军用

---

1 祝政宏：《试论"9·11"后美国对中亚地区安全作用的多重性》，《新疆社会科学》2005年第6期。

2 许涛：《不参加独联体活动不借美基地，土库曼得罪人》，《环球时报》2002-12-12。

3 土政府指责俄罗斯支持了这一谋杀事件，在嫌犯中有3名俄罗斯人，1名摩尔多瓦人和1名亚美尼亚人。

4 闫文虎：《浅析俄罗斯和中亚非政府组织》，《俄罗斯研究》2007年第1期。

5 《美国宣布准备与土库曼斯坦临时当局合作》，《中国日报网》2006-12-22。

机场的权利。此后，两国高层频繁互访。2008年4月，别尔德穆哈梅多夫出席北约峰会，在峰会期间与美总统布什会晤；同年，美中央司令部司令威廉·法伦海军上将访土，双方就打击毒品犯罪等安全合作问题交换了意见。

2011年1月，美中央司令部司令马蒂斯将军访土，双方就两国关系现状和前景以及共同关心的国际和地区问题交换了意见；2月，美南亚和中亚事务的助理国务卿布莱克访土，对进一步发展土美关系进行了磋商；同年，美向土派出大使，这是五年来美向土派遣的第一位大使，罗伯特·帕特森大使任期三年，他将代表美政府处理土事务。别尔德穆哈梅多夫在接见帕特森时表达了期待"在平等和互利共赢原则基础下"与美发展外交关系的愿望。

2014年6月12日，美负责南亚和中亚事务的副助理国务卿法蒂玛·苏马尔访土，双方讨论了外国军队撤出阿富汗以后地区安全和土边境保卫等问题，美承诺帮助土训练边境巡逻和禁毒人员，以提高其封锁和巡逻技能，打击跨国犯罪、人口贩卖和洗钱等非法活动。[1]

土美外交关系虽然经历了曲折，但美对土军事和经济援助未曾中断过。美对中亚国家的军事援助起于2000年2月，当年，美在向乌克兰提供军援的同时，向土库曼斯坦和哈萨克斯坦提供了海岸防卫船只；2002年4月，美国务卿奥尔布赖特宣布为每个中亚国家提供300万美元的额外安全援助；2003年，土库曼斯坦和塔吉克斯坦军队的军事训练项目获得美国防部35万美元的援助。1992—2005年，美对土的援助预算总额是25540万美元，这一数字在中

---

[1] *Foreign Operations Assistance: Turkmenistan*, http://www.state.gov/p/eur/rls/fs/2013/212987.html (2014-6-20).

亚国家中是最低的。[1]

土美之间的经济合作是两国关系的重要内容。1993年3月23日，美国与土库曼斯坦签署了《双边贸易协定》，两国开始了直接贸易。2001年双方贸易额达到3亿美元。[2]2004年6月1日，中亚五国在华盛顿与美签订了《贸易与投资框架协定》，美贸易代表罗伯特·佐利克与中亚五国大使出席签字仪式；根据该协定，双方将成立美国-中亚贸易委员会。[3]贸易委员会的任务是：联合地区资源，建立统一的商品和服务市场，实现商品贸易自由化，推动与国际经济和金融体制的整合。[4]1999年，美在土出口额中所占比例为1.3%，在其进口额中所占比例为6.8%。[5]

经济合作的主要方面是能源领域。美布什总统在2001年的《国家能源政策》中指出，扩大里海地区的石油生产不仅有利于该地区的经济，还将有助于缓解可能的世界石油供应的紧张。[6]2006年6月，美召集中亚和南亚有关国家在土耳其召开"能源无国界"会议，研究两地区间的能源开发合作问题。此后，美加紧与土能源合作，2008年，美国务院欧亚能源外交协调员马恩四次访土，双方

1　1992—2005年，美对中亚国家援助预算总额分别是哈（124480万美元）、乌（76090万美元）、吉（80650万美元）、塔（67970万美元）。资料来源：Central Asia: Regional Developments and Implications for U. S. Interests, Jim Nichol, Congress Research Service, Foreign Affairs, Defense, and Trade Division, Updated May 12, 2006, PDF file, p. 16。

2　陈新明：《美国因素及其影响》，《现代国际关系》2005年第2期。

3　陈杰军、徐晓天：《2004年的中亚形势》，《国际资料信息》2005年第2期。

4　〔俄〕С. И. 切尔尼亚夫斯基：《变革时代的中亚》，《国外社会科学》2007年第6期。

5　《土库曼斯坦统计年鉴》，2000年，转引自施玉宇编著：《土库曼斯坦》，第152页。

6　郑羽：《苏联解体以来美国对中亚政策的演变（1991—2006）》，《俄罗斯中亚东欧研究》2007年第4期。

重点讨论了能源合作问题。[1]2011年6月,美国务卿欧亚能源问题特使莫宁斯塔尔访土,并与别尔德穆哈梅多夫总统就扩大两国能源合作、保障国际能源安全等问题交换了意见;同年,美向土派出大使,旨在加强美与土的能源合作。

除能源开采外,能源运输也是土美合作的重点。美支持土区域性天然气管道项目,包括TAPI(土库曼斯坦—阿富汗—巴基斯坦—印度)和跨里海天然气管道(经阿塞拜疆和土耳其到欧洲)。[2]以上项目符合美国利益,华盛顿一直支持建设绕过俄罗斯的运输碳氢化合物的任何新线路。在2006年召开的"能源无国界"会议上,美试图说服巴基斯坦和印度放弃自伊朗输入天然气的计划,转而接受修建TAPI天然气管道计划。2014年,美负责南亚和中亚事务的副助理国务卿法蒂玛·苏马尔访土,探讨了以上天然气管道的铺设和过境问题,他指出,该管道的铺设不仅可使阿富汗获得土库曼斯坦的天然气,还能使阿富汗获得交通建设资金。[3]

除能源领域的合作外,美在土谋求扩大合作领域,为此,美多次在阿什哈巴德举办美国企业展,同时举办高层商务论坛和企业对接活动,双方打算加强在农业机械、民用航空、电力等领域的合作。美负责南亚和中亚事务副助理国务卿乌伊里亚莫姆·托多姆访土,在讨论2016年双方合作发展计划时,美方表达了希望双边合作进一步多元化的愿望。[4]

---

1 《土库曼斯坦和美国讨论加强两国能源合作问题》,国际在线2008-02-29。
2 《土库曼斯坦和美国加强双方合作多元化》,中华人民共和国商务部2016-02-13。
3 《美国副助理国务卿到访土库曼斯坦商谈与阿富汗合作问题》,中华人民共和国商务部2014-06-16。
4 《土库曼斯坦和美国加强双方合作多元化》,中华人民共和国商务部2016-02-13。

文化交流也是土美关系的一个方面。美方试图通过培训提高土教育水平，截至2016年，已有1000名教职工、研究人员掌握了信息和通信技术，培训覆盖了80%的土研究机构和68%的高等教育机构的研究人员。[1]2007年以后，土美两国文化交流以输出美国文化为主，美驻土使馆在土举办的活动较多，如美国电影展、美国黑人历史月、美国民谣乐队巡展等。2014年11月，美文化部门在土举办了为期三天的美国文化节。

除了土美双边关系外，美国还在北约"和平伙伴关系计划"框架下与土发生关系。第二次世界大战结束以后，美国联合欧洲、美洲11个国家，于1949年4月4日在华盛顿签署了北大西洋公约，北大西洋公约组织（简称"北约"）宣告成立。北约在欧洲建立了各种各样的基地、飞机场和导弹系统，因此，北约从一个政治协商和决策机构，转变为执行政治决策的多国一体化的军事组织。

苏联解体以后，1991年12月，北约即提出成立北大西洋合作委员会的计划，以加强与苏联国家的联系。1992年10月，美国提出了建立北约外围合作组织"和平伙伴关系计划"的构想，这一计划于1994年通过。计划通过的当年，5月10日，土于中亚国家中率先加入了该计划。

土北关系最初以军事合作为重点。土库曼斯坦关心与北约的合作，打算加入北大西洋合作委员会，然后作为该组织的成员希望北约在重建土军队方面给予帮助。打击恐怖活动时，土曾为美国执行人道救援的飞机提供空中走廊。2014年北约从阿富汗撤军，2015年，土要求北约帮助护守土阿边界，美国答应了这一请求。

独立以来，土库曼斯坦作为美国全球战略中的一个小角色发展

---

[1] 肖斌：《大国关系变化中的美国与中亚国家关系》，欧亚社会发展研究所2016-05-27。

着与美国的关系，只是由于里海能源和阿富汗战争等因素，土库曼斯坦在美国外交中才占有了重要地位。尽管如此，土美外交关系仍然朝着加强联系的方面发展。从国家利益来看，土库曼斯坦保持与以美国为首的西方国家的合作是维护中亚和平与稳定的多元选择；在新的形势下，土库曼斯坦继续与以美国为首的西方国家加强联系，共同应对边境地区的稳定和能源安全问题。

第四节 以能源合作为主的土欧关系

欧洲联盟组织（简称"欧盟"）是在欧洲共同体的基础上形成的。1952年和1958年，欧洲六国（法国、联邦德国、意大利、荷兰、比利时、卢森堡）分别组建了欧洲煤钢共同体、欧洲经济共同体和欧洲原子能共同体；1965年4月8日，上述三个共同体融为一体，统称欧洲共同体（又称"欧洲共同市场"）；1991年12月，欧洲共同体成员国通过了《欧洲联盟条约》，该条约于1993年11月1日生效，欧盟正式成立。

在欧盟形成之时，正值苏联解体，欧洲联盟国家很快承认了土库曼斯坦的独立，为了扩大国际影响，欧盟积极发展与包括土库曼斯坦在内的中亚新兴国家的关系。土库曼斯坦与欧盟的关系最初只是在欧盟实施的一些援助项目下开展经济合作。欧盟依据欧共体与苏联签署的《1989年贸易和合作协定》，继续与中亚国家发展经济合作，并将合作协定改名为"对独联体国家的技术援助计划"（即"塔西斯计划"）[1]；该计划的目的是促进受援国的经济增长和加强民

---

[1] "塔西斯计划"（TACIS：Technical Assistance for the CIS）的援助对象为苏联地区12个国家，包括中亚五国、外高加索三国，以及俄罗斯、白俄罗斯、乌克兰和摩尔多瓦。

主，维护中亚国家的独立与稳定，避免动荡因素外溢。

独立后不久，土库曼斯坦加入"塔西斯计划"，在此框架下接受了欧盟的援助。截至2006年，土总共接受了6435万欧元的援助。2006年，"塔西斯计划"期满停止；2007年以后，欧盟开始实施"发展合作工具"；2007—2013年，欧盟在此框架内对土的援助款为5300万欧元。无论是在"塔西斯计划"中还是在"发展合作工具"框架下，欧盟对土的援助在中亚国家中是最少的。[1]虽然欧盟对土的援助不多，但土欧之间有着规模仅次于哈欧的贸易往来。2010—2014年，土欧贸易总额从2010年的11亿欧元，增至2014年的20亿欧元，其中进口增加22.1%，出口增加12.4%。[2]

土库曼斯坦参与了欧盟的"欧亚运输走廊计划"。1994年，欧盟向联合国提交了一份名为"没有出海口的中亚新独立的发展中国家及其邻国的过境运输体系：现状和未来行动方案"，这就是以后"欧亚运输走廊计划"的蓝本。项目的主要内容是改造和修建中国—哈萨克斯坦—吉尔吉斯斯坦—乌兹别克斯坦—土库曼斯坦—阿塞拜疆—格鲁吉亚—黑海—欧洲的铁路和公路。其中包括改造里海的阿克套、巴库、土库曼巴什和黑海的波季、巴统等港口；其宗旨是帮助中亚和南高加索新独立国家获得除过境俄罗斯之外的更多的出海口，以便上述地区的国家更快地融入国际社会。有32个

---

[1] 1991—2006年"塔西斯计划"分别援助乌、哈、吉、塔、土16895、16850、10795、6925、6435万欧元（资料来源：European Community Regional Strategy Paper for Assistance to Central Asia for the period 2007-2013；http://eeas.europa.eu/central_asia/rsp/07_13_en.pdf）；在"发展合作工具"框架下，塔、吉、哈、乌、土接受的援助分别是1.28亿欧元、1.062亿欧元、7400万欧元、7060万欧元、5300万欧元（陈柯旭等：《中美欧援助塔吉克斯坦比较研究——关于援助资金、领域分配和效果评估》，《新疆师范大学学报》2014年第3期）。

[2] 根据欧盟统计局（Eurostat）数据库"2010—2014年欧盟与中亚五国进出口额与增幅"计算。

国家参与了该计划,成员国包括欧盟国家、高加索和中亚国家。

需要特别指出的是,能源是土欧经济合作的重点,欧盟石油需求总量的 1/3 以上,天然气的 46% 是依靠俄罗斯供应的[1],土库曼斯坦丰富的天然气资源推动土欧能源合作。欧盟委员会副主席塞夫科维奇指出:对土库曼斯坦而言,出口市场多元化非常重要;对欧盟来说,进口来源多元化也很重要。[2]

2002 年,欧盟曾提出投资总额约 79 亿欧元的"纳布科输气管道计划",该计划是将土天然气通过这条管道从里海运抵阿塞拜疆,然后经土耳其输往欧洲。2006 年 1 月,俄罗斯与乌克兰发生了"断气风波",使欧盟进一步加快了修建纳布科天然气管道的工作。2008 年 4 月,欧盟机构"三驾马车"[3]官员与中亚五国外长在土首都阿什哈巴德会晤,欧盟代表表示愿意进一步深化土欧双边合作,特别强调了能源领域的合作。2009 年 5 月,欧洲议会批准 40 亿欧元的欧盟能源预算,作为建造纳布科天然气管道的部分资金。[4]然而,这一项目因里海地位的界定迟迟未能实现。2014 年 6 月 11 日,欧盟委员会能源理事会副总干事法布里奇奥·巴尔巴索抵达阿什哈巴德,与土外交部领导人探讨了扩大双边能源领域合作事宜。2015 年 4 月 30 日,欧盟委员会代表与土库曼斯坦等国的能源部长在阿什哈巴德会晤,会上欧盟方面表示:双方讨论了涉及跨里海管线的所有问题,并朝着这一战略方向迈进了一大步。欧盟方面透露,从 2019 年起欧盟将从土库曼斯坦进口天然气,以降低对俄罗斯能源的依赖。[5]土总统别尔德穆哈梅多夫认为,土欧之间的合作具有战略意

---

1 聂书岭:《欧盟想直接从中亚进口天然气》,《中亚信息》2007 年第 2 期。
2 《欧盟自 2019 年起从土库曼进口天然气》,《中国能源报》2015-05-11。
3 指欧盟轮值主席国、欧盟委员会、候任主席国。
4 《"能源丝绸之路"渐行渐近》,《经济参考报》2009-12-14。
5 《欧盟自 2019 年起从土库曼进口天然气》,《中国能源报》2015-05-11。

义，土将坚持与包括欧盟国家在内的伙伴关系国保持积极对话。

土欧关系中的政治交往主要反映在欧盟与中亚国家的安全合作领域，欧盟特别注意毒品走私问题。独立以来，毒品走私和毒品犯罪，以及武器走私、贩卖人口等非传统安全威胁着中亚国家。对此，欧盟制定了专门针对中亚国家的毒品行动计划与边界管理计划的相关援助项目。援助项目从2002年启动；2004年，欧盟委员会将两个计划合二为一。土没有加入该援助项目。但在土欧关系中，关于边界管理，欧盟在土乌边界的库尼亚-乌尔根奇建立了一个边界交汇站，用以开展联合边界控制行动。

土库曼斯坦没有与欧盟签署"中亚毒品行动计划"，但土欧之间在打击毒品犯罪方面的合作一直在进行。欧盟在阿什哈巴德、阿拉木图、比什凯克、苦盏、塔什干等机场及主要铁路站点建立了毒品缉查站，提升了缉毒能力。2008年7月16—25日，欧盟在土启动了针对12个军事单位7200名军事人员的"禁毒信息战役"；7月17日，欧盟组织700名学生参加夏令营学习禁毒知识；11月，中亚国家的执法官员在阿什哈巴德参加了为期三天的毒品缉查研讨会，会上交流工作经验和探讨改进办法。欧盟对土毒品缉查设备有所投入，2006年8月，欧盟向土国际海港移交的毒品缉查装备价值超过4.5万欧元。[1]

除安全合作外，土欧双方的政治合作并不密切。欧盟于1994年制定了《走向亚洲新战略》，目标是与亚洲国家进行广泛的对话，建立稳定和平等的伙伴关系。1995—1996年，哈乌吉与欧盟签署了《伙伴关系与合作协议》，1999年《伙伴关系与合作协定》生效。土库曼斯坦未与欧盟签署该协定，欧盟也未在土设立代表团，仅派

---

[1] 刘继业：《欧盟援助下的中亚边界管理合作》，《俄罗斯研究》2009年第6期。

驻了一个有常驻人员的半官方的"欧罗巴站"（Europa Houses），驻站人员享有部分外交官待遇。为了在更高层面上与中亚国家对话，2005年7月，欧盟设立了中亚事务特别代表（EUSR）。[1]2008年4月，欧盟机构"三驾马车"官员与中亚五国外长级会晤在土首都阿什哈巴德举行，在此期间，欧盟与中亚五国举行了六方（中亚五国和欧盟）会谈。尽管如此，以上措施未能促进土欧政治关系的进一步发展。

土欧之间还有教育领域的合作。欧盟在2007年出台的《新战略》中，拟定在2007—2010年对中亚教育领域拨款2500万欧元[2]，使教育成为欧盟对中亚援助资金投入最多的项目。土欧教育之间的合作关系从欧盟的"坦普斯计划"中表现出来。土库曼斯坦于1997年加入该计划，计划的三个优先和工作重点是教学课程改革、大学管理改革以及促进高等教育与社会的联系。2007—2012年间，"坦普斯计划"已吸引中亚150所高校，教育援助金额从500万欧元增加到了1500万欧元。[3]

应该指出，土欧在贸易、能源、运输等经济领域的合作紧密，截至2016年，欧盟是土前三大贸易伙伴之一；与此同时，双方在政治、人文等领域的合作也在顺利展开。

---

1 赵青海：《欧盟新中亚战略评析》，《国际问题研究》2007年第5期。
2 徐刚：《欧盟中亚政策的演变、特征与趋向》，《俄罗斯学刊》2016年第2期。
3 肖甦、时月芹：《"一带一路"视域下中国与中亚五国教育交流合作30年审思》，《比较教育研究》2022年第12期。

第十六章
国际组织与国际地位

为了获得国际社会的承认,扩大本国在国际上的影响力,1992年以来,土库曼斯坦积极参与国际事务,加入了联合国、欧安组织、独联体、伊斯兰会议组织、亚洲开发银行等40余个国际和地区组织;其中,与联合国、欧安组织、独联体组织的关系密切,并在其中发挥了积极作用。

第一节 积极支持联合国、欧安组织的活动

1992年3月2日,联合国接纳土库曼斯坦为正式成员国;当年10月,土总统率代表团参加了联合国第47届大会。此后,土派代表团出席了历次联合国大会,自觉地履行了联合国的各项决议,主动配合联合国的工作和支持联合国的决议,并且承担了联合国的各项义务。

鉴于独立初期面临的地区环境,土库曼斯坦选择了永久中立的外交政策,并向联合国提交了"永久中立国"的申请。1995年12月12日,根据俄罗斯、中国、美国、法国、土耳其、伊朗等25国共同提案,第50届联大全票通过《关于土库曼斯坦永久中立决议》,确认了其中立地位。[1]

---

[1] 《土库曼斯坦何以成为"永久中立国"》,人民网2015-12-11。

中立地位确立以后，土库曼斯坦效仿瑞士、奥地利等中立国家，积极介入对本地区冲突的调解。为了保证中亚地区的稳定和安全，土库曼斯坦参与了联合国调解阿富汗冲突的行动。1997年，中亚五国元首通过了《阿拉木图宣言》，对阿富汗内战升级表示关注与不安。1999年，联合国安理会呼吁阿富汗各派势力停火。同年2—3月，土首都阿什哈巴德成为阿富汗交战双方的谈判地点，塔利班与反塔联盟的代表在此签署了停火、交换战俘的初步协议。同年4月，土外长谢赫·莫拉多夫表示，塔利班已经成为一支真正的政治力量，国际社会应该就阿富汗问题与其对话。2001年，联合国秘书长安南致函土总统尼亚佐夫，肯定了土库曼斯坦在解决阿富汗问题上的独特作用。[1] 此外，根据土的提议，塔吉克斯坦政府与反对派在土首都阿什哈巴德市成功举行和平谈判。

土库曼斯坦推行的"积极中立"政策决定了它在地区及全球事务中可以发挥重要作用，如利用中立国地位配合联合国禁毒工作。1999年，土政府组织召开了联合国禁毒署关于中亚国家在禁毒领域开展合作的国际研讨会；2002年9月22—23日，联合国秘书长安南正式访土，就反毒品、合理利用水资源等问题与土进行了交谈。

2007年12月10日，为了协助和平解决中亚地区争端，联合国决定成立一个预警机制——中亚地区预防性外交中心（以下简称"预防中心"），由于土库曼斯坦在地区问题的调解中多次充当了国际论坛的平台，因此联合国把预防中心的总部设在土首都阿什哈巴德市。[2] 联合国副秘书长帕斯科在成立大会上指出：预防中心的成立体现了联合国和中亚国家的伙伴关系，中心将以造福中亚人民

---

[1] 施玉宇编著：《土库曼斯坦》，第239页。
[2] 《联合国中亚地区预防性外交中心举行成立仪式》，中华人民共和国外交部 2007-12-10。

为己任，促进地区繁荣与稳定。土总统别尔德穆哈梅多夫在成立大会上发表讲话说："中亚地区还面临贩毒、有组织犯罪、宗教极端、恐怖主义等威胁，中亚地区预防性外交中心的成立将有效预防本地区危机和冲突，促进中亚各国在政治、经济、交通、水资源利用及人文等领域合作。"[1]

土政府积极支持预防中心的工作，特别是在反恐斗争领域。2011年11月30日，预防中心在土首都阿什哈巴德召开了"中亚地区实施联合国全球反恐战略"会议，中亚五国代表就本地区反恐形势和反恐建议在会上做了发言。预防中心的工作推动了联合国《全球反恐战略》在中亚地区的落实，在协助稳定阿富汗局势和促进地区合作等方面发挥了重要作用。

联合国十分注意中亚经济和文化的发展。在2000年9月举行的联合国千年首脑会议上，世界各国领导人就消除贫穷、饥饿、疾病、文盲、环境恶化和对妇女的歧视等问题商定了一套指标，这些指标被称为"千年发展目标"。为了实现"千年发展目标"，联合国经社理事会下属的两个区域委员会（欧洲经济委员会和亚洲及太平洋经济社会委员会）拟定了"中亚经济专门计划"，该计划由联合国经社理事会、联合国秘书处和联合国机构驻中亚的办事处以及中亚合作组织执委会协助实施。[2] 据联合国有关机构的确定，土库曼斯坦牵头能源领域。土库曼斯坦在联合国框架内提出了全球经济和能源、稳定的交通运输系统、生态保护等一系列重要倡议。

土库曼斯坦积极支持预防中心解决中亚国家的水资源争端。

---

[1]《联合国中亚地区预防性外交中心举行成立仪式》，中华人民共和国外交部 2007-12-10。

[2] 张宁：《中亚一体化合作机制及其对上海合作组织的影响》，《俄罗斯中亚东欧研究》2006年第6期。

2009年4月28日，联合国秘书长潘基文在哈萨克斯坦阿拉木图召开的拯救咸海国际基金会首脑会议上致辞说，预防中心将协助中亚五国寻求解决水和能源问题的长久方法，如有需要，联合国其他专门机构也可提供援助和技术支持。[1]预防中心于2009年7月10日召集关于水资源利用和农业灌溉的高级别会议，联合国秘书长中亚事务特别代表、预防中心主任米罗斯拉夫·延恰说："该中心将依照国际法准则，通过独立评估，帮助塔吉克斯坦、乌兹别克斯坦和本地区其他涉及水资源纠纷的国家解决这一问题。"[2]土库曼斯坦积极参与联合国有关环保和水资源管理、自然与人为灾害治理等国际重大问题的讨论，并且协助联合国解决这些问题。2017—2019年，土库曼斯坦将担任拯救咸海国际基金会的轮值主席国，积极与联合国成员国、联合国秘书处开展有关方面的合作。

2013年1月29日，联合国安理会发表声明，称赞预防中心以跨边界威胁、区域稳定、水资源与能源管理、环境恶化、反恐合作为重点开展的工作，帮助加强了中亚地区的和平与稳定，促进了良好的邻国关系与合作，协助中亚国家应对该地区和平与可持续发展所面临的国内和国际挑战，为联合国提供了一个预防性外交机制的典范。

随着全球经济的发展，能源和交通成为全球安全体系中的一个重要问题。作为能源大国的土库曼斯坦发出了关于能源生产国可靠稳定过境及其在保障可持续发展和国际合作中的作用的倡议，为维护全球能源安全奠定了基础。2008年12月19日，倡议在联合国第63届大会上通过，并且在联合国的主导下，制定了与能源运输相

---

[1] 《中亚五国协调立场治理咸海》，《光明日报》2009-04-30。
[2] 《联合国将帮助中亚国家解决水资源纠纷》，央视网2009-07-11。

关的国际公约。根据联合国的有关决议，2009年4月23日，以能源合作为主题的国际会议在土首都阿什哈巴德召开，与会各方就在联合国框架内制定能源生产、过境运输和消费的国际法律文件等，以及就如何确保可靠和稳定地向国际市场运输能源的问题进行了探讨。截至2016年，联合国国际专家组仍在就制定能源领域的多边国际法律文件而努力。

土库曼斯坦与联合国及其专门机构合作的重点还表现在交通领域，土提出了关于维持稳定的交通运输系统的倡议。2016年11月26日，联合国第一届可持续交通全球会议在阿什哈巴德召开，会议讨论了交通领域的国际合作、发展多边交通走廊和交通基础设施等问题。土政府表示，将积极践行关于创建交通走廊所提出的倡议，力求将中亚打造成欧亚大陆范围内重要的大型交通枢纽。

2017年3月15日，土总统别尔德穆哈梅多夫在庆祝土成为联合国正式成员25周年大会上表示，与联合国发展多层次伙伴关系是土库曼斯坦对外政策的关键方向。[1]在联合国框架内，土库曼斯坦在国际事务中发挥了主体国家地位的作用，有效利用了联合国讲台向世界介绍了自己在国际和地区事务中的作用，并提出了自己的看法和倡议，提高了国家的国际地位。

独立以后，土库曼斯坦与欧安组织建立了关系。为了处理欧洲安全事务和欧洲国家在经济、科学、技术和环境方面的合作，欧洲25国于1972年在芬兰首都赫尔辛基召开大使级会议，会议草拟了《赫尔辛基最后建议蓝皮书》；经过几年酝酿，1975年8月，以上国家签署了《赫尔辛基最后文件》，该文件的签署标志着欧洲安全与合作会议（简称"欧安会"）正式成立。

---

1 《土高度重视发展与联合国关系》，《中亚信息》2017年第3期。

1991年，苏联解体，土库曼斯坦独立。1992年1月30日，欧安会部长理事会在捷克共和国的首都布拉格举行，会上决定吸收包括土库曼斯坦在内的中亚五国为欧安会正式成员国，1992年2月5日，土库曼斯坦正式签署加入欧安会的文件。1994年12月，欧安会首脑会议在匈牙利首都布达佩斯召开，会上决定从1995年1月1日起，欧安会更名为"欧洲安全与合作组织"（简称"欧安组织"）。为了加强欧安组织与土库曼斯坦之间的合作，1998年7月，欧安组织的常设理事会决定在土首都阿什哈巴德建立欧安组织中心。

阿什哈巴德欧安组织中心在土库曼斯坦的主要工作是促进民主进程和保障人权，保持地区稳定和阻止地区冲突的发生。

首先，欧安组织中心十分关注人权领域。如特别关注2006年在土被拘留判决的两名法国新闻记者的案件，他们以鼓励公众不满情绪、非法收集信息、向外国公民非法传送材料等罪名被拘留。2006年8月25日，被拘留的两名新闻工作者在一次封闭审判中分别被判7年和6年监禁；8月28日，欧安组织有关人员批评了土对新闻工作者的判决，谴责土在处理这一案件中缺乏透明度。此外，欧安组织承诺，将协助新闻工作者报道有关公众感兴趣的事件。促进人权的另一工作重点是为土弱势群体和低收入公民提供法律帮助。其次，欧安组织中心的工作还涉及经济领域，如支持和赞助土农村地区的农民协会，为其周转资金和义务训练提供保证；此外，还为土经济可持续发展提供支持，支持土国家环境行动计划。第三，在文教领域提供帮助。如中心拟定一些援助项目，给老师和学生提供课本和教材等。

土库曼斯坦领导者认为，欧安组织在解决重大国际问题时发挥着重要作用，土将继续在欧安组织中发挥积极作用。

第二节 立足本国利益的独联体关系

独立国家联合体是土库曼斯坦参与创建的区域性组织。1991年12月8日,俄罗斯、乌克兰和白俄罗斯三国总统在白俄罗斯首都明斯克签署了成立"独立国家联合体"的协议;12月13日,中亚五国领导人在土库曼斯坦首都阿什哈巴德开会,一致同意以创始国身份加入独立国家联合体;12月21日,包括土库曼斯坦在内的原苏联11个加盟共和国元首在哈萨克斯坦首都阿拉木图签署了《阿拉木图宣言》,独立国家联合体(简称"独联体")正式成立。

在独联体起核心作用的是俄罗斯。独联体成立之初,俄罗斯希望在独联体国家中建立一个拥有统一军事力量的防御联盟,于是提出了以签署《独联体集体安全条约》为基础的军事一体化设想,其主要内容是:任何一个缔约国一旦面临侵略,其他几国要根据联合国宪章第51条的规定行使集体防御的权利,向受侵略国提供包括军事援助在内的必要援助,并用各种手段援助受难国。[1]

土库曼斯坦在独联体成立之初参与了旨在独联体国家建立军事、经济和政治一体化的活动。1992年5月15日,在乌兹别克斯坦首都塔什干召开的独联体第5次元首峰会上,土库曼斯坦与哈、乌、塔中亚三国签署了《独联体集体安全条约》,参与了独联体国家的军事一体化。以后,土多次参加这方面的活动。

1994年7月18日,土库曼斯坦派观察员参加了在莫斯科举行的独联体国家国防部长理事会会议,会上讨论了加强独联体国家军事安全合作、独联体范围内的维持和平行动等问题,通过了《独联体国家集体安全构想》。根据这一构想,俄罗斯可动用战略核力

---

[1] 潘德礼主编:《俄罗斯》,第540页。

量来制止其他国家可能对《独联体集体安全条约》参加国发动的侵略。1995年1月25日，土库曼斯坦外交部长出席了在莫斯科召开的独联体外交部长理事会。同年2月10日，独联体国家首脑会议在哈阿拉木图举行，其他国家的总统和总理出席了会议，而土库曼斯坦派议长和副总理出席，此次会议通过了《独联体集体安全条约》参加国集体安全构想、建立独联体国家防空联合体系的协定，哈、塔、吉中亚三国赞同俄罗斯关于共同保卫独联体外部边界的构想。同年3月30日，土库曼斯坦承办了独联体国家边防军司令理事会，会议讨论了保卫独联体外部边界的构想草案。土库曼斯坦对独联体外部边界问题持反对态度。此后土总统没有出席5月26日在明斯克召开的独联体国家元首理事会，而是派代表参加；与会各国元首讨论了与独联体集体安全条约有关的一系列文件，俄罗斯等七国领导人签署了保卫独联体成员国与非成员国家之间的边界（即独联体外部边界）条约；乌克兰代表没有在此文件上签字，他们认为，没有独联体外部边界，只有每个具体国家的内部和外部边界；土库曼斯坦也没有在该条约上签字。在同年11月2日召开的独联体国防部长理事会上，土库曼斯坦等少数国家对恢复独联体对空防御系统的文件草案持否定态度。1996年5月14日，土边防部门的领导人出席了在亚美尼亚首都埃里温举行的独联体国家边防军司令会议，本次会议仍然是讨论关于共同保卫独联体国家边界问题，签署了边防军司令委员会参与实施同集团犯罪做斗争的计划。同年10月29日，土库曼斯坦没有出席讨论独联体国家的军事安全问题以及中亚地区局势的独联体国家国防部长理事会会议。1998年4月8日土边防军司令部代表参加了在塔吉克斯坦杜尚别召开的独联体边防军司令理事会会议，会议就独联体各国边防军协调行动和建立统一信息空间等问题达成一致。

总的来看，除在关于共同保卫独联体外部边界的构想和建立空间防御系统两方面存在着不同意见外，土库曼斯坦对独联体国家的军事一体化是支持的。

在独联体国家的政治合作方面，土库曼斯坦也采取了积极支持态度。1992年9月15—16日，土议会出席了在吉首都比什凯克举行的独联体跨国议会第一次会议，大会决定建立独联体各国议会的合作机制，以及法制、经济、财政、环境保护等专门委员会。1993年1月22日，土政府首脑出席了在白俄罗斯首都明斯克举行的独联体10国元首和政府首脑会议，独联体7国首脑签署了《独联体章程》，该文件第一次明确了独联体的性质、组织机构和运行机制；土没有在章程上签字。1993年12月24日，土承办了独联体国家元首第14次会议，会议通过了《关于发展合作与加强信任的宣言》（即《阿什哈巴德宣言》），认为尊重主权、相互信任、开放和平等互利的伙伴关系应当成为独联体各国之间关系的基础。1996年5月17日土出席了在莫斯科召开的独联体12国首脑会议，会议通过了《支持俄罗斯民主进程的联合声明》等文件，俄总统叶利钦提出了加深独联体一体化的三项原则：各国保持自己的主权、对其他国家敞开大门、独联体管理机构的组成拥有灵活性；会上审议了《1996—1997年推进独联体一体化进程的远景计划》草案，与会各国还讨论了与有组织犯罪做斗争等问题。1996年9月12—13日土出席了在白俄罗斯维斯库利举行的独联体国家安全和情报机关领导人会议，决定成立直属独联体国家元首理事会和政府首脑理事会的跨国委员会，以加强在反犯罪和刑事侦缉领域的合作；此外，还成立了统一的信息库以协调反犯罪斗争，土安全情报机关领导人未在成立上述机构的文件上签字，土将作为观察员参加这些机构。1997年3月17日，土政府决定退出独联体国家公民互免签证协议，土政府表示，退出互免签证协议并不意味着土将中断与独联体国家的联系。1999年9月30日—10月1日，土出席了在乌克兰首都基辅举行的独联体内务部长理事会会议，会议主要任务是协调独联体国家与有组织犯罪斗争的行动、交流有关情报和经验，决定建立一个临时机构以协调打击恐怖主义的活动。

可以说，土库曼斯坦对独联体国家之间的政治合作还是积极参与的，特别是在打击恐怖主义方面。不过，土库曼斯坦对独联体国家之间的经济合作持保守态度。

1993年1月4日，土库曼斯坦在塔什干与其他中亚国家领导人会晤，讨论中亚五国在政治和经济方面进行合作以及建立统一的中亚市场等问题，在坚持走独立发展道路的同时，土赞成与其他国家，首先是与俄罗斯建立合作关系，并决定在平等原则上保留统一的卢布区。同年5月14—15日，土出席了在莫斯科举行的独联体首脑会议，土领导人没有在独联体经济联盟宣言上签字。同年9月24日，土未出席在莫斯科召开的独联体首脑会议，此次会议签署了《独联体经济联盟条约》，根据条约成员国之间将建立共同的经济空间，互相给予最惠国待遇，建立统一的信贷政策等；土表示将在一定条件下参加这一联盟。同年12月24日，土承办了独联体国家元首第14次会议，会上决定接纳土加入独联体经济联盟。1994年9月9日土代表出席了在莫斯科召开的独联体国家政府首脑理事会会议，会议讨论了独联体国家一体化问题，决定建立独联体跨国经济委员会和支付联盟，土没有在建立跨国经济委员会的协议上签字。1997年10月9日土总理出席了在吉首都比什凯克召开的独联体国家政府首脑会议，会议讨论了加强独联体经济一体化，签署了相应文件，审查了独联体跨国经济委员会提交的一系列文件，还讨论了各国在交通政策方面加强协作、建立独联体统一的农贸市场等问题。土没有出席2000年8月18—19日在乌克兰克里米亚举行的独联体国家非正式首脑会议；该会就独联体的发展前景、扩大相互经济合作以及中亚地区形势等问题交换了意见。

土库曼斯坦对独联体框架下的经济合作不感兴趣，没有参加任何一个独联体国家的区域性经济组织（其中有欧亚经济共同体、统一经济空间、中亚合作组织、古阿姆集团等）。2005年8月26日，在俄罗斯喀山召开的独联体国家元首会上，土代表宣布了土总统尼亚佐夫的声明，即土打算放弃独联体正式成员国资格，只以独联体联系国身份出席会议。俄塔社报道称：土库曼斯坦从来没有在与其他国家同等权利的基础上加入独联体，因为它并未签署独联体章程。[1]

作为独联体的一员，土库曼斯坦与独联体的关系愈走愈远，在独联体军事和经济的一体化过程中，既不参与独联体国家的军事政治联盟——集体安全条约组织，也不参与由俄白等国组成的欧亚经济共同体，其原因主要是土库曼斯坦反对独联体发展成为一个超国家的机构。

在当前复杂的国际环境中，中立原则是维护土库曼斯坦国际地位的最佳政策。然而，作为曾经的独联体成员，土库曼斯坦在恪守中立基本原则的基础上，积极参与独联体国家间的双边或多边合作，特别是参与独联体国家间的经济和文化领域的合作。截至2016年，土库曼斯坦尚未参与上合组织，但有积极参与的趋势。土政府认为，土库曼斯坦将有针对性地研究与上合组织这个重要区域组织的一切可能的合作形式。

---

1 《独联体出现第一道裂缝，土库曼斯坦扬言率先退出》，光明网2005-08-30。

参考书目

中文书目

周一良、吴于廑主编：《世界通史》（中古部分），人民出版社，1972年。
王治来：《中亚史纲》，湖南教育出版社，1986年。
魏良弢：《西辽史研究》，宁夏人民出版社，1987年。
金宜久主编：《伊斯兰教史》，中国社会科学出版社，1990年。
黄宏、纪玉祥主编：《原苏联七年"改革"纪实》，红旗出版社，1992年。
纳忠：《阿拉伯通史》（上），商务印书馆，1997年。
彭树智主编：《阿拉伯国家简史》，福建人民出版社，1999年。
赵常庆主编：《中亚五国概论》，经济日报出版社，1999年。
张毅笺释：《往五天竺国传笺释》，中华书局，2000年。
王正泉主编：《剧变后的原苏联东欧国家（1989—1999）》，东方出版社，2001年。
中国现代国际关系研究所民族与宗教研究中心编著：《周边地区民族宗教问题透视》，时事出版社，2002年。
李景阳：《基本经济制度转变中的社会冲突——对俄罗斯的实证分析》，东方出版社，2002年。
赵常庆主编：《十年巨变——中亚和外高加索卷》，东方出版社，2003年。
薛克翘、赵常庆主编：《简明南亚中亚百科全书》，中国社会科学出版社，2004年。
张千帆等：《宪政、法治与经济发展》，北京大学出版社，2004年。
施玉宇编著：《土库曼斯坦》，社会科学文献出版社，2005年。
马大正、冯锡时主编：《中亚五国史纲》，新疆人民出版社，2005年。
冯绍雷、相蓝欣主编：《俄罗斯经济转型》，上海人民出版社，2005年。
胡振华主编：《中亚五国志》，中央民族大学出版社，2006年。

张志刚等:《当代宗教冲突与对话研究》,经济科技出版社,2011年。
王四海等:《金色的土库曼斯坦》,中国地质大学出版社,2011年。
陈绪学:《中土油气合作管理模式研究》,西南石油大学博士学位论文,2011年。
杨进:《贫困与国家转型:基于中亚五国的实证研究》,社会科学文献出版社,2012年。
蔡丽:《土库曼斯坦共和国投资法律制度研究》,新疆大学博士学位论文,2012年。
阿里木江·阿不来提:《中亚社会保障问题研究》,企业管理出版社,2013年。
赵常庆:《中亚五国新论》,昆仑出版社,2014年。

译著

《苏联国民经济建设计划文件汇编》(第三、四、五个五年计划),人民出版社,1957年。
〔西班牙〕罗·哥泽来滋·克拉维约:《克拉维约东使记》,杨兆钧译,商务印书馆,1957年。
〔古希腊〕阿里安:《亚历山大远征记》,李活译,商务印书馆,1979年。
〔苏联〕维·巴尔托里德:《中亚简史》,耿世民译,新疆人民出版社,1980年。
苏联科学院经济研究所编:《苏联社会主义经济史》第2卷,生活·读书·新知三联书店,1980年。
苏联科学院经济研究所编:《苏联社会主义经济史》第3卷,生活·读书·新知三联书店,1982年。
〔苏联〕帕·彼·伊凡诺夫:《中亚史纲》,董兴森、吴筑星译,《中亚史丛刊》1983年第1期。
〔波斯〕拉施特主编:《史集》第1卷第1分册,余大钧、周建奇译,商务印书馆,1983年。
〔波斯〕拉施特主编:《史集》第1卷第2分册,余大钧、周建奇译,商务印书馆,1983年。
〔古希腊〕希罗多德:《历史》(上),王以铸译,商务印书馆,1985年。
〔摩洛哥〕伊本·白图泰:《伊本·白图泰游记》,马金鹏译,宁夏人民出版社,1985年。

〔苏联〕Б.Г.加富罗夫：《中亚塔吉克史》，肖之兴译，中国社会科学出版社，1985年。

〔波斯〕拉施特主编：《史集》第3卷，余大钧译，商务印书馆，1986年。

〔俄〕М.А.捷连季耶夫：《征服中亚史》第3卷，西北师范学院外语系译，商务印书馆，1986年。

〔苏联〕Л.Л.雷巴科夫斯基编：《苏联人口七十年》，郭丽群译，商务印书馆，1994年。

〔土库曼〕萨·阿·尼亚佐夫：《永久中立，世代安宁》，赵常庆等译，东方出版社，1996年。

〔伊朗〕阿宝斯·艾克巴尔·奥希梯扬尼：《伊朗通史》，叶亦良译，经济日报出版社，1997年。

〔印度〕巴布尔：《巴布尔回忆录》，王治来译，商务印书馆，1997年。

苏联科学院历史研究所编：《苏联民族-国家建设史》（下），徐桂芬等译，商务印书馆，1997年。

〔瑞典〕多桑：《多桑蒙古史》（上），冯承钧译，上海书店出版社，2001年。

〔巴基斯坦〕A.H.丹尼、〔俄〕V.M.马松主编：《中亚文明史》第1卷，芮传明译，中国对外翻译出版公司，2002年。

〔匈〕雅诺什·哈尔马塔主编：《中亚文明史》第2卷，徐文堪、芮传明译，中国对外翻译出版公司，2002年。

麻赫默德·喀什噶里编著：《突厥语大词典》第1卷，校仲彝等译，民族出版社，2002年。

〔俄〕B.A.李特文斯基主编：《中亚文明史》第3卷，马小鹤译，中国对外翻译出版公司，2003年。

〔伊朗〕志费尼：《世界征服者史》（上），何高济译，商务印书馆，2004年。

〔英〕柯宗等：《穿越帕米尔高原》，吴泽霖译，民族出版社，2004年。

阿布尔·哈齐·把阿秃儿汗：《突厥世系》，罗贤佑译，中华书局，2005年。

〔英〕威廉·穆尔：《阿拉伯帝国》，周术情等译，青海人民出版社，2006年。

〔法〕勒内·格鲁塞：《草原帝国》，蓝琪译，商务印书馆，2009年。

〔美〕埃尔顿·丹尼尔：《伊朗史》，李铁匠译，东方出版中心，2010年。

〔伊朗〕恰赫里亚尔·阿德尔主编：《中亚文明史》第6卷，吴强、许勤华译，中国对外翻译出版公司，2013年。

外文书目

V. V. Barthold, *Turkestan Down to the Mongol Invasion*, first Published in English, 1928.

Le Strange, *The Lands of the Eastern Caliphate*, Cambridge University Press, 1930.

Muhammad Narshakhī, *The History of Bukhara*, ed. and tr. by Richard N. Frye, Medieval Academy of America, 1954.

W. K. Fraser-Tytler, *Afghanistan: A Study of Political Developments in Central and Southern Asia*, Revu Francaise De Science Politique, 1954.

C. E. Bosworth, *The Ghaznavids: Their Empire in Afghanistan and Eastern Iran 994-1040*, Edinburgh University Press, 1963.

J. A. Boyle, *The Cambridge History of Iran*, Vol. 5, Cambridge University Press, 1968.

V. V. Minorsky Translation and Explained, *Ḥudūd al-'Ālam*, London, 1970.

R. N. Frye, *The Cambridge History of Iran*, Vol. 4, Cambridge University Press, 1975.

F. H. Skrine, E. D. Ross, *The Heart of Asia – A History of Russian Turkestan and the Central Asian Khanates from the Earliest Times*, Adamant Media Corporation, 1981.

Edward Allworth, ed., *Central Asia: 130 Years of Russian Dominance, A Historical Overview*, third edition, Duke University Press, 1994.

M. S. Asimov, C. E. Bosworth, eds., *History of Civilizations of Central Asia*, Vol. 4 (I), UNESCO Publishing, 1998.

Martha Brill Olcott Natalia Udalova, *Drug Trafficking Along the Great Silk Road: The Security Environment in Central Asia*, Russia and Eurasian Program, Carnegie Endowment for International Peace, 2000.

Nizam al-Mulk, *The Book of Government or Rules for Kings*, Routledge/Curzon, 2001.

Izz al-Din Ibn al-Athir, tr. by D. S. Richards, *The Annals of the Saljuq Turks*, Routledge, 2002.

Chabryar Adle, Irfan Habib, eds., *History of Civilizations of Central Asia*, Vol. 5, UNESCO Publishing, 2003.

World Bank (2005a), *Growth, Poverty and Inequality, Eastern and the Former Soviet Union*, Washington D.C., 2005.

后　记

继六卷本《中亚史》之后，五卷本《中亚五国史研究》的付梓，标志着本人历时四十多年的中亚史研究完成了。如果将储备各种知识的二十多年的学习阶段也算在内的话，那么本人一生只做了梳理中亚地区历史这一件事。在完成《中亚史》和《中亚五国史研究》的撰写之后，作者理应对它们的价值做一点反思。

关于这两套书针对的读者人群和写作初衷有以下几点：

一是让初学中亚史的读者能够在较短时间内对中亚历史有一个提纲挈领的了解。为达到这一目标，两套书必须具有系统性，应该做到结构合理完整、内容详略得当、表达措辞准确。我认为《中亚史》这一目的已经达到了。网上有人评价说，这是一套非常好的中亚入门史书，整体看下来就可以了解中亚史的框架。

对于初学者，还应该了解这两套书的以下情况。第一，关于中亚人名。书中出现的人名，几乎无一例外地采用了中国古籍的记载，以及以往著作使用的、人们所熟悉的人名，而没有按外文的发音规律新造人名，如库泰拔、俾路支、阿布杜拉等等。这样做的目的是避免给本已觉得中亚历史难读的初学者制造新的障碍。第二，关于中亚地名。书中出现的地名，基本上也是采用中国古籍的记载和约定俗成的地名，即采用了当时著作所赋予的名字，而不是如今的称谓，如元朝时期的报达（今巴格达）、不花剌（今布哈拉）、忽毡（今苦盏）等等。有的地名在第一次出现时标出或加注了今地名，在总体阅读中可能会给初学者带来一些不便。尽管如此，采用各时代文献所记地名既是一部历史著作展现历史感所需要的,也是初学者积累历史地理知识所必需的。

二是让已经进入中亚史领域的读者,对中亚历史有一个全面的了解。因此两套通史性著作讲究面面俱到,让这部分读者或丰富自己的中亚知识,或将已有的散乱知识系统化,对中亚形成一个全貌的认识。我认为《中亚史》的这一目的也基本达到了。有人评价说,这套书的好处有三:条理清晰,体系完整;史料涉及浩如烟海;文笔通俗,浅显易懂。

三是给中亚史研究的学者提供一些可能性。两套书是通史性著作,不可能对每一个问题都信马由缰地铺开来论述或深入探讨,因此存在着许多再研究的空间,如阿姆河和锡尔河对中亚历史、对中亚民族关系的影响,如联合国十分重视的咸海问题,如独联体、上合组织的系统研究以及中亚国家在其中所发挥的作用等等。我认为《中亚史》的这一目的也部分达到了,它的出版激起许多研究者探讨中亚朝代和中亚文化的热潮。

如果将两套书分别比作一幢建筑的话,那么它是一幢中式建筑而不是西式建筑;它的外观和内部结构都是作者按中国著书立说的方式独立设计和执行的。如果你从不同角度观察这一建筑,会发现它与其他建筑存在着不一样的地方。因此,以上三类读者在宏观的视野下都会产生一种崭新的、与其他著作不一样的感觉。但是,如果你将建筑物推倒,你看到的只是人们所熟悉的、没什么新意的、令人大失所望的砖头。不可否认的是,这幢建筑的材料来自人们所熟悉的,有些甚至是被广泛使用的中外著作。作者从各类中英文文献中搬来了这些"砖头",经过主观的甄选、细致的整理、认真的辨识,最终用来构建了自己的"建筑"。读者将在这一"建筑"中了解系统和全面的中亚历史知识。

对于《中亚五国史研究》，以下情况需要向读者交代：

一是研究资料方面的缺憾。在《中亚五国史研究》的上篇中，由于资料的缺乏，研究尚处于起步阶段，还存在一些不足。如丝绸之路的研究很多，但它在中亚五国境内的走向却未见研究；如中亚民族形成的研究也不少，但除塔吉克族外的中亚四个民族是如何从欧罗巴人种演变成蒙古利亚人种突厥族群的，以及地域、政权在中亚五国的民族形成过程中的作用如何，哪些部落对民族的形成起着关键的作用等等问题，除了介绍苏联时期的考古资料外，国内的研究很少；再如中亚五国今天的国土是如何形成的，作者见到的大多数研究只是笼统地说苏联划界，几乎没有见到追根溯源的、系统的研究。以上是一部通史性著作不能回避的问题，作者做了一些尝试。尽管作者对它们的考察和研究着力不少，但仍然不太满意，这些问题的研究还有待完善。

在《中亚五国史研究》的中篇和下篇中，有关独立国家政权的构建、国家意识形态的构建，独立以后的宗教和民族问题的处理等问题，由于中亚五国独立建国时间不长，学界对它们的研究还未能做到深入剖析和宏观概括，因此，《中亚五国史研究》对各国政体的变化、宗教和民族政策的变化，主要依据各国历年来颁布的宪法和宪法修正案的条款，以及各国不同时期颁布的政令来推导和论述，推论中不免带有主观性，只能起到抛砖引玉的作用。

二是最新研究成果的使用情况。《中亚五国史研究》的撰写始于2010年，2018年交稿。习近平主席于2013年提出的建设"丝绸之路经济带"的倡议掀起了中亚研究的热潮，学界在经过一段时间的研究之后陆续发表了一些研究成果。但本书只采用了2017年以前的研究成果，在日新月异的研究面前，这部通史性著作难免挂一漏万，会出现成果使用不全面，甚至所用数据说明问题的力度不够的情况。

三是中亚形势的新变化。2016年以后，中亚形势发生了一些新变化，主要是一些国家的新老领导人进行了权力交接。2016年乌兹别克斯坦总统卡里莫夫突然病逝，2019年哈萨克斯坦总统纳扎尔巴耶夫宣布辞去总统职务。两位中亚强国总统的变动引起研究者对前任统治者的执政理念、政府的方针政策的重新审视，2019年以后的研究可能有更加细致入微的分析，可能会对权力的运作有更加准确的观察，因此评价也可能会更加客观。

《中亚五国史研究》的出版，要感谢关心和帮助我的很多人。特别是浙江大学博士王凤梅，在大半年的时间里，几乎每天晚上都在帮助本书完善和核对注释。还要感谢以商务印书馆编辑程景楠女士为首的编辑团队，他们勤奋敬业的工作态度和认真负责的精神让我钦佩。

两套书的出版，如果一石激起千层浪，好评、差评如潮都是好事，说明它们激发了读者对中亚的兴趣，是有价值的；如果石沉大海、无人问津，那才是作品和作者最大的悲哀。欢迎读者批评指正。

蓝　琪

2024年3月1日